KB268415

웰컴샘의
My LOVE,
POPS
ENGLISH

초판 인쇄일 2026년 1월 30일
초판 발행일 2026년 2월 10일

지은이 김환영
발행인 박정모
발행처 도서출판 혜지원
등록번호 제9-295호
주소 경기도 파주시 회동길 445-4(문발동 638) 302호
전화 031)955-9221~5
팩스 031)955-9220
홈페이지 www.hyejiwon.co.kr   인스타그램 @hyejiwonbooks

편집 진행 김형진, 이희경
표지디자인 이미소
영업마케팅 김준범, 서지영
ISBN 979-11-6764-095-6
정가 17,000원

웰컴샘의 My LOVE, POPS ENGLISH

김환영 지음

혜지원

행복한 영어, 즐거운 영어, 팝송으로 배우는 영어!
웰컴샘의 My Love, Pops English!

젊은 날에는 아무렇지 않게 흥얼거리던 팝송도 이제는 추억 속에서 조용히 머무르고, "이 나이에 다시 시작해도 될까" 하는 망설임이 먼저 앞서기도 합니다.

하지만 노래는 기억합니다. 우리가 어떤 시간을 지나왔는지, 어떤 감정으로 사랑했고, 어떤 밤을 견뎌 냈는지를요. 그래서 『웰컴샘의 My Love, Pops English』는 영어를 '공부'로 꺼내기보다, 노래처럼, 추억처럼 조심스레 다시 불러보자는 제안으로 시작되었습니다. 『I Love Pops English』가 많은 사랑을 받은 이후, 더 많은 팝송으로 영어를 배우고 싶다는 독자들의 요청에 따라 『웰컴샘의 My Love, Pops English』가 탄생했습니다. 이 책은 1970년대부터 1990년대까지 전 세계적으로 사랑받았던 팝송들 중, 한국인이 가장 좋아하고, 영어 학습에 적합한 44곡을 골라 넣었습니다.

이 책은 단순히 팝송을 듣는 데서 그치지 않습니다. 각 노래마다 다음과 같은 구성으로, 실질적인 영어 학습을 돕습니다. [영어 가사], [핵심 단어], [한글 해석], [가사 속 주요 문장풀이], [핵심 문장을 응용한 생활영어 대화문]까지 배우기 때문에 말하기 능력을 효과적으로 향상할 수 있으며 또한, 팝송으로 영어를 공부하면 가사 속에 담긴 생생한 영어표현을 배울 수 있고, 리듬에 따라 노래를 부르면 자연스럽게 발음이 교정되어 영어 발음학습에도 큰 도움이 됩니다. 이 책에는 팝송을 부르고 싶은 영어 초보자들을 위해 [노래 따라 부르기] 코너에서 '영어 발음 한글표기'를 하여 누구나 쉽게 노래를 따라 부를 수 있습니다. 마지막 장 [Music Story]에는 노래에 얽힌 사연을 들려주는 [노래 이야기]와 가수에 대한 정보를 담은 [가수 이야기]를 실어 노래와 문화를 잘 이해할 수 있도록 했습니다.

물론, 이런 질문을 하실 수도 있습니다.

"팝송으로 영어를 배우면 얼마나 도움이 될까?"

"팝송에는 문법적으로 틀린 문장이나 부적절한 표현도 많다던데?"

맞습니다. 팝송은 대중가요이기에 문법에 어긋나거나 일상에서 사용하지 않는 표현이 포함된 경우도 있습니다. 그래서 어떤 팝송을 어떻게 배우느냐가 무엇보다 중요합니다.

대학에서 영문학을 전공하고 캐나다에서 영어 교수법을 익혀 36년 넘게 영어를 가르치며 체득한 강의 노하우와 팝송 영어 라디오 진행 10년, 팝송 영어교실을 26년째 진행하고 있는 저, '웰컴샘 김환영'이 영어를 공부하기 좋은 팝송 명곡 44곡을 자신 있게 실었습니다.

영어를 배운다는 것은 새로운 것을 더하는 일이기도 하지만, 어쩌면 이미 알고 있던 나 자신을 다시 만나는 일일지도 모릅니다. 배우고 싶었지만 미뤄두었던 마음, 다시 시작하고 싶었지만 망설였던 시간들. 이제는 조금 느려도 괜찮고, 완벽하지 않아도 괜찮습니다. 이 책과 함께 노래를 듣듯 영어를 만나고, 지난 시간을 안아주듯 문장을 따라 불러보세요.

지금의 당신에게도, 영어는 여전히 열려 있습니다.

2026년 어느 겨울날에
웰컴샘 김환영

책의 구성과 활용방법

QR코드를 통해 **책 속에 소개된 노래를 들어보실 수 있습니다.**
다만 **저작권 문제로 일부 곡은 제공되지 않을 수 있으며,**
모든 노래는 **유튜브에서 자유롭게 검색해 감상**하실 수 있습니다.

책의 구성은 아래와 같이 5개 STEP으로 나누었고, 각 STEP 별 활용법을 소개합니다.

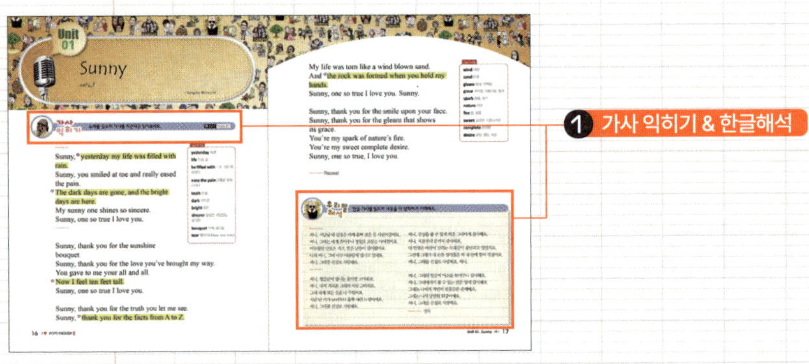

① 가사 익히기 & 한글해석

① 가사 익히기 & 한글해석 : 가사 내용+단어+발음 익히기

영어가사와 한글해석으로 구성되었습니다. 가사를 여러 번 시 낭송하듯 큰소리로 읽습니다. 한글해석은 가능한 직독직해를 하였으며 간혹 이해를 돕기 위해 의역한 문장도 있습니다. 또한, 가사 속에서 꼭 알아야 할 필수 단어(10~15개)를 선별해 영어단어를 공부할 수 있는 Words 파트가 있습니다.

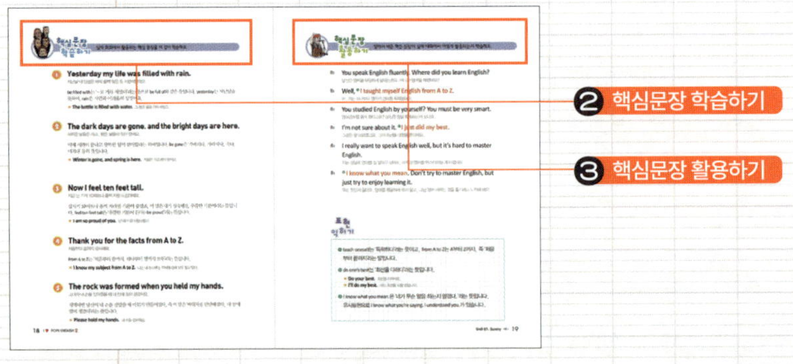

② 핵심문장 학습하기

③ 핵심문장 활용하기

❷ 핵심문장 학습하기 : 가사 속 유용한 문장 익히기

실제 회화에서 활용되는 핵심문장을 더 깊이 학습하는 단계로, 가사 속 유용한 표현 4~5개 문장의 뜻과 해설, 응용표현 및 유사표현을 익히고 암기합니다.

❸ 핵심문장 활용하기 : 영어회화 실력향상을 위한 대화문 연습하기

학습한 핵심문장이 실제 회화에서 어떻게 활용되는지 학습하세요. 실생활에 유용한 대화문을 두 명이 A-B 파트를 나누어 **Role-play** 방식으로 큰소리로 연습해보세요. 다양한 상황과 주제별 영어회화 실력을 향상시켜 줍니다.

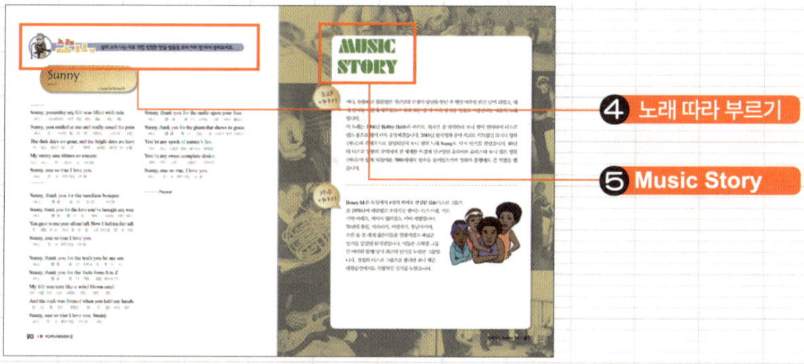

❹ 노래 따라 부르기 : 초보자도 따라 부르며 배우는 코너

실제 소리나는 대로 적은 한글 발음을 보며 여러 번 따라 불러보세요. 영어를 모르는 왕초보도 노래를 따라 부르며 팝송을 배우고 익힐 수 있습니다. 색깔별로 다르게 표시한 부분의 발음에 주의해서 노래를 따라하세요.

> **★ 가사를 발음할 때 주의사항**
> **보라색** 연음 현상으로 두 단어가 하나의 단어처럼 결합되는 곳입니다. 발음에 주의하세요.
> **초록색** 한글에 없는 발음 [f, v, r, th]입니다. 각각의 발음에 유의하며 노래를 부르세요.
> **주황색** 끝이 [d, t]로 끝나는 단어는 발음할 때 거의 밖으로 소리가 나지 않고 약하게 받침소리로 냅니다.

❺ Music Story

노래 이야기와 가수 이야기로 구성되어, 노래에 대한 이해를 위해 가사의 내용을 요약하고 가수와 관련된 사연을 실었습니다. **Music Story**를 통해 노래와 문화를 더 깊이 이해하세요.

학습 방법 & 발음 노하우

✔ 웰컴샘 김환영이 제안하는 '팝송으로 영어를 학습하는 방법'

1. 초보자는 우선 노래를 들으며 모르는 단어를 형광펜으로 밑줄 그으세요. 영어 실력이 있는 사람은 노래를 들으며 가사와 단어를 받아쓰기해보세요.

2. 책의 오른쪽 페이지 [Words] 파트에서 단어의 뜻을 확인 후, 스스로 가사의 내용을 해석해 봅니다. 가사에 쓰인 반드시 알아야 할 주요 단어를 외웁니다.

3. [우리말 해석]을 보면서 본인의 해석과 같은지 내용을 확인합니다. 다른 내용이 있으면 다음 페이지에 다룬 [핵심 문장 학습하기]의 설명을 참고하여 이해합니다.

4. 가사의 내용을 생각하며 큰소리로 읽어보세요. 그리고 노래를 다시 들으며 발음을 체크하고 다시 가사를 시 낭송하듯 리듬을 타며 큰소리로 10회 이상 읽으면 발음이 좋아집니다.

5. 읽기에 자신감이 생기면 가수가 어떤 느낌으로 이 노래를 불렀는지 생각하며 노래를 들으면서 따라 불러봅니다. 가사를 암기하여 노래를 부르면 감정이입이 훨씬 쉬워집니다.

✔ 주의해야 할 영어발음 법칙

1. [t], [d] 발음

t[트], d[드]는 입천장 볼록한 부분에 혀끝을 댔다가 떼면서 바람만 내보내는 소리이며, 끝소리 [t, d]는 받침으로 들어가 거의 들리지 않게 발음해야 자연스러운 미국식 발음이 됩니다.

ex attend [어텐드] department [디팔트먼트] jacket [자켓] light [라잇]
point [포인트] don't [돈]

2. 연음의 굴리는 소리 [t] 발음

t는 강모음과 약모음 사이에 오면 [ㄹ]과 비슷한 굴리는 소리로 변합니다. [강모음+rt+약모음], [-tle], [-ttle]일 때도 마찬가지로 get out [게 라웃]으로 발음됩니다.

ex water [워러] item [아이럼] battery [배러리] bottle [바를]

3. [st]에 [t]는 된소리 [ㄸ]로 발음

ex stop [스땁] star [스따알] study [스떠디] student [스튜던트]

4. [tr] 단어에 t는 [츄]로 발음

> **ex** **tr**y [츄라이] **tr**ee [츄리] **tr**ain [츄레인] **tr**ouble [츄러블] fu**t**ure [퓨쳐]

5. [dr]로 시작하는 발음은 [듀]와 [쥬]의 중간 소리

> **ex** **dr**eam [쥬림] **dr**ink [쥬링크] **dr**ug [드럭] **dr**y [드라이] **dr**ess [드레스]

6. [f]는 [ㅍ], [v]는 [ㅂ] 발음 법칙

[f], [v]는 윗니로 아랫입술을 지그시 깨물고 바람을 세게 내보내는 소리이며, 특히 [f], [v]가 단어 끝에 있을 때 [프], [브]로 발음하면 바람 새는 소리만 나기 때문에 주의해야 합니다.

> **ex** **f**astfood [패스트푸드] gol**f** [골프] co**ff**ee [커피] **ph**one [폰] li**f**e [라잎]
> ha**v**e [햅] gi**v**e [깁] lo**v**e [럽] **v**ery [붸리] **v**ision [비전]

7. [l]의 [ㄹ] 발음 법칙

[l]은 혀끝을 윗니 뒤에 대고 '을'하고 밀면서 소리를 냅니다. 그런데 [l]은 style [스따~일]에서 처럼 단어 끝에 오거나, film [필음]처럼 마지막 자음 바로 앞에 오면 들릴 듯 말 듯 약화됩니다. milk가 [마얼 (ㅋ)]으로 발음되는 이유입니다.

> **ex** **l**ight [라잇] **l**evel [레벨] **l**ike [라익] fi**l**m [필음] mi**l**k [마얼크]

8. [r]의 [ㄹ] 발음 법칙

[r]은 입안을 동그랗게 하고 혀를 살짝 말아올려 입천장에 닿지 않게 [아알] 소리를 냅니다.

> **ex** **r**ight [롸잇] **r**ose [로오즈] **r**oad [로오드] neve**r** [네벌] summe**r** [써멀]
> winte**r** [윈털] hea**r**t [하알트]

9. th의 [θ], [ð] 발음 법칙

[θ], [ð]는 윗니와 아랫니 사이에 혀를 살짝 대고 바람을 불며 [씨], [디]라고 소리를 냅니다. [s]의 [ㅅ], [ㅆ] 소리 와 구별해야 합니다.

> **ex** **th**ink [θiŋk 씽크] **th**ank [θæŋk 쌩크] **th**ree [쓰리] **th**ere [ðɛ́ər 데얼]
> mo**th**er [mʌðər 마덜]

차례
Contents

Play List

01. Sunny
02. You Needed Me *
03. Sympathy
04. What a Wonderful World
05. Hello
06. Take on Me
07. Can't Help Falling in Love
08. All for the Love of a Girl
09. Endless Love
10. A Lover's Concerto
11. When I Need You
12. Why Worry
13. Crazy Love
14. Delilah
15. One Way Ticket
16. Those Were The Days
17. Amazing Grace
18. The Young Ones
19. My Heart Will Go On
20. My Way
21. Woman in Love
22. Cotton Fields

23. I Saw You Dancing
24. Seven Daffodils
25. Heart of Gold
26. The Reason
27. Still Loving You
28. Love Hurts
29. A Little Peace *
30. Hard To Say I Am Sorry
31. One More Time
32. L.O.V.E
33. Lemon Tree
34. Think Twice
35. Heaven
36. Memory
37. My Love
38. 25 Minutes
39. Imagine
40. Sorry Seems To Be The Hardest Word
41. I Want to Break Free
42. Open Arms
43. Could I Have This Kiss Forever?
44. Baby One More Time

⚠ * 표시된 곡은 저작권 문제로 QR코드 리스트에 없습니다.

QR코드를 통해 **책 속에 소개된
노래**를 들어보실 수 있습니다. 다
만 **저작권 문제로 일부 곡은 제공
되지 않을 수 있으며**, 모든 노래는
유튜브에서 자유롭게 검색해 감상
하실 수 있습니다.

노래를 들으며 가사를 차근차근 읽어보세요.

Sunny, ❶ yesterday my life was filled with rain.
Sunny, you smiled at me and really eased the pain.
❷ The dark days are gone, and the bright days are here.
My sunny one shines so sincere.
Sunny, one so true I love you.

Sunny, thank you for the sunshine bouquet.
Sunny, thank you for the love you've brought my way.
You gave to me your all and all.
❸ Now I feel ten feet tall.
Sunny, one so true I love you.

Sunny, thank you for the truth you let me see.
Sunny, ❹ thank you for the facts from A to Z.

words

yesterday 어제

life 인생, 삶

be filled with ~로 가득 채워지다

ease the pain 고통을 완화시키다

truth 진실

dark 어두운

bright 밝은

sincere 성실한, 꾸밈없는, 솔직한

bouquet 부케, 꽃다발

tear 찢어지다(tear-tore-torn)

My life was torn like a wind blown sand.
And ❺the rock was formed when you held my hands.
Sunny, one so true I love you. Sunny.

Sunny, thank you for the smile upon your face.
Sunny, thank you for the gleam that shows
its grace.
You're my spark of nature's fire.
You're my sweet complete desire.
Sunny, one so true, I love you.

.... Repeat

우리말 해석

한글 가사를 읽으며 내용을 더 정확하게 이해해요.

....
써니, 지난날 내 인생은 비에 흠뻑 젖은 듯 시련이었어요.
써니, 그대는 내게 웃어주니 정말로 고통은 사라졌어요.
어두웠던 날들은 가고, 밝은 날들이 찾아왔어요.
나의 써니, 그대 너무 아름답게 빛나고 있네요.
써니, 그대를 진실로 사랑해요.

....
써니, 햇살같이 빛나는 꽃다발 고마워요.
써니, 내게 가져온 그대의 사랑 고마워요.
그대 내게 모든 것을 다 주었어요.
지금 난 키가 10피트나 훌쩍 자란 느낌이에요.
써니, 그대를 진실로 사랑해요.

써니, 진실을 볼 수 있게 해준 그대에게 감사해요.
써니, 처음부터 끝까지 감사해요.
내 인생은 바람에 날리는 모래같이 흩날리고 있었지요.
그런데 그대가 내 손을 잡아줬을 때 내 안에 힘이 생겼어요.
써니, 그대를 진실로 사랑해요. 써니.

써니, 그대의 얼굴에 미소를 보여주니 감사해요.
써니, 그대에게서 볼 수 있는 밝은 빛에 감사해요.
그대는 나에게 자연의 불꽃같은 존재예요.
그대는 나의 달콤한 희망이에요.
써니, 그대를 진실로 사랑해요.

.... 반복

① **Yesterday my life was filled with rain.**

지난날 내 인생은 비에 흠뻑 젖은 듯 시련이었어요.

be filled with는 '~로 가득 차있다'라는 뜻으로 be full of와 같은 뜻입니다. yesterday는 지난날을 뜻하며, rain은 시련과 어려움의 상징이죠.

★ **The bottle is filled with water.** 그 병은 물로 가득 차있다.

② **The dark days are gone. and the bright days are here.**

어두운 날들은 가고, 밝은 날들이 찾아 왔어요.

이제 시련이 끝나고 행복한 일이 찾아왔다는 의미입니다. be gone은 '가버리다, 사라지다, 죽다, 미치다' 등의 뜻입니다.

★ **Winter is gone, and spring is here.** 겨울은 가고 봄이 왔어요.

③ **Now I feel ten feet tall.**

지금 난 키가 10피트나 훌쩍 자란 느낌이에요.

갑자기 10피트나 훌쩍 자라면 기분이 좋겠죠. 이 말은 내가 성숙해진, 우쭐한 기분이라는 뜻입니다. feel ten feet tall은 '우쭐한 기분이 든다(=be proud)'라는 뜻입니다.

★ **I am so proud of you.** 난 네가 참 자랑스럽다.

④ **Thank you for the facts from A to Z.**

처음부터 끝까지 감사해요.

from A to Z는 '처음부터 끝까지, 하나부터 열까지 모두'라는 뜻입니다.

★ **I know my subject from A to Z.** 나는 내가 다루는 주제에 대해 모두 알고 있다.

⑤ **The rock was formed when you held my hands.**

그대가 내 손을 잡아줬을 때 내 안에 힘이 생겼어요.

직역하면 당신이 내 손을 잡았을 때 바위가 만들어졌다, 즉 이 말은 '바위처럼 단단해졌다, 내 안에 힘이 생겼다'라는 뜻입니다.

★ **Please hold my hands.** 내 손을 잡아줘요.

A: You speak English fluently. Where did you learn English?

당신은 영어를 유창하게 말하는군요. 어디서 영어를 배웠어요?

B: Well, ❶ **I taught myself English from A to Z**.

어, 저는 하나부터 열까지 영어를 독학했어요.

A: You studied English by yourself? You must be very smart.

영어공부를 혼자 했다고요? 당신은 정말 똑똑하신가 보네요.

B: I'm not sure about it. ❷ **I just did my best**.

그것은 잘 모르겠고요. 그저 최선을 다했을 뿐이에요.

A: I really want to speak English well, but it's hard to master English.

저는 정말로 영어를 잘 말하고 싶어요, 하지만 영어를 마스터하는 게 어렵네요.

B: ❸ **I know what you mean**. Don't try to master English, but just try to enjoy learning it.

무슨 뜻인지 알아요. 영어를 통달하려 하지 말고, 그냥 영어 배우는 것을 즐기려고 노력해 봐요.

표현
익히기

❶ teach oneself는 '독학하다'라는 뜻이고, from A to Z는 A부터 Z까지, 즉 '처음부터 끝까지'라는 말입니다.

❷ do one's best는 '최선을 다하다'라는 뜻입니다.
  ★ **Do your best.** 최선을 다하세요.
  ★ **I'll do my best.** 저는 최선을 다할 것입니다.

❸ I know what you mean.은 '네가 무슨 말을 하는지 알겠다.'라는 뜻입니다.
  유사표현으로 I know what you're saying. I understand you.가 있습니다.

Sunny, yesterday my life was filled with rain.
써니, 예스터데이 마이 라잎 워즈 필드 위드 레인

Sunny, you smiled at me and really eased the pain.
써니, 유 스마일 댓 미 앤 리얼리 이즈더 페인

The dark days are gone, and the bright days are here.
더 달크 데이즈 아 곤, 앤더 브라잇 데이즈 아 히얼

My sunny one shines so sincere.
마이 써니 원 샤인즈 쏘 씬씨어.

Sunny, one so true I love you.
써니, 원 쏘 추루아일 러~뷰

Sunny, thank you for the sunshine bouquet.
써니, 땡 큐 훠 더 썬샤인 부우켓

Sunny, thank you for the love you've brought my way.
써니, 땡 큐 훠 더 럽 유브 브로트 마이 웨이

You gave to me your all and all. Now I feel ten feet tall.
유 게잎 투 미 유어 올 앤 올. 나우 아이필 텐 핏 토올

Sunny, one so true I love you.
써니, 원 쏘 추루아일 러~뷰

Sunny, thank you for the truth you let me see.
써니, 땡 큐 훠 더 추루쓰 유 렛 미 씨

Sunny, thank you for the facts from A to Z.
써니, 땡 큐 훠 더 팩츠 프롬 에이투자~

My life was torn like a wind blown sand.
마이 라잎 워즈 토온 라이커 윈드 블론 쌘드

And the rock was formed when you held my hands.
앤 더 락 워즈 훠엄드 웬 유 핼드 마이 핸즈

Sunny, one so true I love you. Sunny.
써니, 원 쏘 추루아일 러~뷰 써니

Sunny, thank you for the smile upon your face.
써니, 땡 큐 훠 더 스마일 어폰 유어 페이스

Sunny, thank you for the gleam that shows its grace.
써니, 땡 큐 훠 더 글림 댓 쇼우즈 잇츠 그레이스

You're my spark of nature's fire.
유아 마이 스팔크 오브 네이처스 파이어.

You're my sweet complete desire.
유아 마이 스윗 컴플릿 디자이어

Sunny, one so true, I love you.
써니, 원 쏘 추루 아일 러~뷰

.... Repeat

MUSIC STORY

써니, 암울하고 힘들었던 지난날의 인생이 당신을 만난 후 햇살 비추듯 밝은 날이 되었고, 내게 진리를 깨닫게 해주었으며 내게 모든 걸 다 바친 당신을 진실로 사랑한다는 내용의 노래입니다.

이 노래는 1966년 Bobby Hebb의 곡으로, 원곡은 좀 얌전한데 보니 엠이 편곡하여 디스코 댄스 풍으로 불러 더욱 유명해졌습니다. 2011년 한국영화 중에 최고로 히트했던 코미디 영화 〈써니〉의 주제곡으로 삽입되면서 보니 엠의 노래 Sunny도 다시 인기를 끌었습니다. 80년대 디스코 열풍의 주역이며 전 세계를 뜨겁게 달구었던 유로비트 슈퍼스타 보니 엠은 영화 〈써니〉와 함께 되돌아온 7080세대의 향수를 불러일으키며 영화의 흥행에도 큰 역할을 했습니다.

Boney M.은 독일에서 4명의 멤버로 결성된 팝&디스코 그룹으로 1976년에 데뷔했고 오리지널 멤버는 리즈 미첼, 마르시아 바레트, 메이지 윌리엄스, 바비 패럴입니다. 70년대 유럽, 아프리카, 아랍국가, 동남아시아, 소련 등 전 세계 젊은이들을 열광시켰고 폭넓은 인기를 얻었던 뮤지션입니다. 이들은 스웨덴 그룹인 아바와 함께 당시 최고의 인기를 누렸던 그룹입니다. 전설의 디스코 그룹으로 불리던 보니 엠은 내한공연에서도 폭발적인 인기를 누렸습니다.

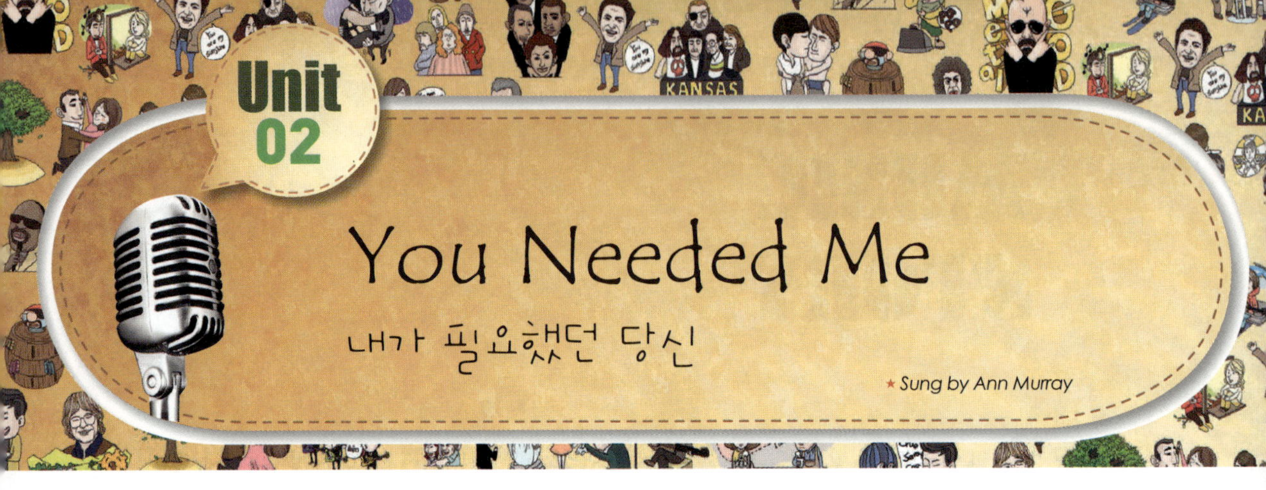

Unit 02

You Needed Me

내가 필요했던 당신

★ Sung by Ann Murray

가사 익히기

노래를 들으며 가사를 차근차근 읽어보세요.

I cried a tear, you wiped it dry.
❶ **I was confused, you cleared my mind.**
I sold my soul, you bought it back for me
And held me up and gave me dignity.
Somehow you needed me.

....

❷ **You gave me strength to stand alone again**
To face the world out on my own again.
You put me high upon a pedestal
So high that I can almost see eternity.
You needed me. You needed me. (×2)

....

And I can't believe it's you.
❸ **I can't believe it's true.**
I needed you and you were there.
And I'll never leave.
Why should I leave I'd be a fool?
'Cause I've finally found someone who really cares.

words

tear 눈물

wipe 닦아내다

confused 혼란스러운

clear one's mind 마음을
맑게 하다

sell one's soul (금전 · 권력
따위를 위해) 영혼을 팔다, 양심
에 부끄러운 일을 하다

dignity 체면, 위엄, 존엄성

somehow 어쨌든, 여하튼

strength 힘(=power)

face 직면하다

on one's own 스스로

**put a person upon a
pedestal** ~를 받들어 모시다
(존경하다)

eternity 영원, 무궁

leave 떠나다

fool 바보

care 마음 쓰다, 관심 갖다

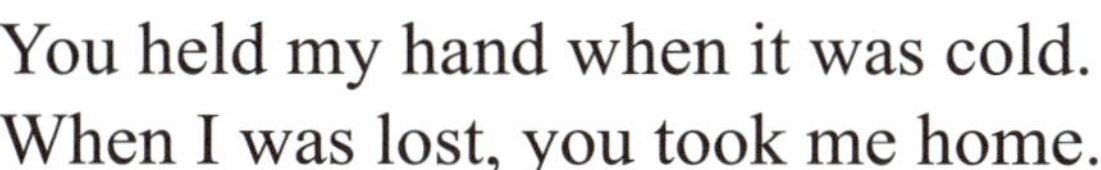

You held my hand when it was cold.
When I was lost, you took me home.
④ You gave me hope when I was at the end
And turned my lies back into truth again.
⑤ You even called me friend.

.... Repeat

우리말 해석 한글 가사를 읽으며 내용을 더 정확하게 이해해요.

내가 슬퍼할 때, 당신은 나의 눈물을 닦아 주었고
내가 혼란스러워할 때, 당신은 내 마음을 달래주었죠.
내가 영혼을 팔았을 때도, 당신은 그것을 내게 되찾아 주었고
나를 높이 치켜세워 나의 자존심을 세워 주었어요.
어쨌든 당신은 나를 필요로 했던 거예요.

....

당신은 내가 혼자 다시 일어설 수 있는 힘을 주었고
스스로 힘으로 세상과 다시 맞설 수 있는 힘을 줬어요.
당신이 날 높이 존중해 주었고
난 영원을 볼 수가 있었죠.
당신은 나를 필요로 했던 거예요. 당신은 내가 필요했어요.

....

그런데 그게 당신이라는 게 믿기지 않아요.
그게 사실이라는 게 믿기지 않아요.
난 당신이 필요했고 당신은 거기에 있었죠.
난 당신을 결코 떠나지 않을 거예요.
진실로 나를 염려해주는 사람을 마침내 찾았는데
바보같이 내가 왜 떠나겠어요?

추울 때면 당신은 내 손을 잡아주었고
내가 길을 잃고 방황할 때면 나를 인도해 주었죠.
내가 절망했을 때 당신은 나에게 희망을 주었고
나의 거짓말들을 진실로 바꿔 놓았어요.
그런 나를 친구라고 불러주기까지 했어요.

.... 반복

① I was confused, you cleared my mind.

내가 혼란스러워할 때, 당신은 내 마음을 달래 주었죠.

confused는 '혼란스러운, 당황한', clear one's mind는 '마음을 비우다'라는 뜻으로 복잡한 마음을 정리하고 새롭게 시작하고 싶을 때 사용합니다.

★ **I'm so confused that I want to clear my mind.** 난 너무 혼란스러워 마음을 정리하고 싶어요.

② You gave me strength to stand alone again.

당신은 내가 혼자 다시 일어설 수 있는 힘을 주었어요.

strength는 '힘, 용기'라는 뜻이고, stand alone은 '홀로서다', 즉 '자립하다'라는 말입니다.

★ **It is too much for my strength.** 그것은 나에게는 벅차다.

★ **God is our strength.** 신은 우리들의 힘이다.

③ I can't believe it's true.

그게 사실이라는 게 믿기지 않아요.

뭔가 믿을 수 없는 상황일 때 쓰는 말로 유사표현은 I can't believe it.입니다.

★ **Can you believe it?** 넌 그것을 믿을 수 있니?

④ You gave me hope when I was at the end.

내가 절망했을 때 당신은 나에게 희망을 주었어요.

at the end '최후에, 끝내는'이라는 뜻으로 '절망하거나 곤란한 상황'에 있음을 말합니다.

★ **I'm at the end of my rope!** 더 이상 어떻게 해야 할지 모르겠어! (즉, 이 말은 '벼랑 끝에 몰렸어'라는 뜻입니다.)

⑤ You even called me friend.

당신은 나를 친구라고 불러주기까지 했어요.

거짓말을 한 나를 믿어주고 친구라고 불러줘서 감동했다는 말입니다.

★ **What should I call you?** 당신을 뭐라고 부를까요?

★ **Just call me Jane.** 그냥 제인이라고 부르세요.

A: Excuse me, ❶ **I didn't catch your name.** What's your name again?

실례합니다, 제가 당신 이름을 모르고 있네요. 이름이 뭐였죠?

B: Oh, my name is Jennifer Park.

아, 제 이름은 제니퍼 박입니다.

A: ❷ **What should I call you**?

제가 뭐라고 부를까요?

B: Just call me Jennifer.

그냥 제니퍼라고 부르세요.

A: OK, Jennifer. I am Morris Kang. You can call me Morris.

좋아요, 제니퍼. 저는 모리스 강입니다. 저를 모리스라고 불러주세요.

B: Morris, ❸ **we're on a first-name basis**.

모리스, 우리는 이름만 부르는 사이가 되었네요.

표현 익히기

❶ 상대방의 이름을 물어보지 않았거나 예전에 물어봤는데 잊어버려 다시 물을 때 쓰는 말로 I don't know your name. '제가 당신 이름을 몰라요.'보다는 좋은 표현입니다.

❷ 유사표현으로 How should I address you? '당신을 어떻게 불러드릴까요?'가 있습니다. 여기서 address는 동사로 '～라고 칭하다, 부르다(=call)'라는 뜻입니다.

❸ first-name basis는 '서로 이름만 부르는 가까운 사이'를 말합니다. 즉, 이 말은 We're close to each other. '우리는 서로 친해요.'라는 뜻이죠.

★ **I'm on first-name terms with Dr. Kang.** 저는 강 박사와 극친한 사이입니다.

You Needed Me

내가 필요했던 당신

★ *Sung by Ann Murray*

I cried a tear, you wiped it dry.
아이 크라더 티얼, 유 와잎 팃 드라이

I was confused, you cleared my mind.
아이워즈 컨퓨즈드, 유 클리어드 마이 마인드

I sold my soul, you bought it back for me
아이쏠드 마이 쏘울, 유 보트 잇 백 훠 미

And held me up and gave me dignity.
앤 핼드 미 업 앤 게이브 미 디그너티

Somehow you needed me.
썸하우 유 나~딧 미

....

You gave me strength to stand alone again
유 게이브 미 스트랭쓰 투 스땐 얼론 어겐

To face the world out on my own again.
투 페이스 더 월드 아웃 온 마이 온 어겐

You put me high upon a pedestal
유 풋 미 하이 어퐌어 페데스털

So high that I can almost see eternity.
쏘 하이 대라이 캔 올모슷 씨 이터너티

You needed me. You needed me.
유 나~딧 미 유 나~딧 미

....

And I can't believe it's you. I can't believe it's true.
앤 아이캔트 빌리브 잇츠 유. 아이캔트 빌리브 잇츠 추루

I needed you and you were there.
아이 나딧 유 앤 유 워 데얼

And I'll never leave. Why should I leave I'd be a fool?
앤 아일 네벌 라~브. 와이 슈다이 리브 아드 비어 푸울

'Cause I've finally found someone who really cares.
코오즈 아이브 파이널리 파운 썸원 후 리얼리 케얼스

You held my hand when it was cold.
유 헬드 마이 핸드 웬 잇 워즈 콜드

When I was lost, you took me home.
웬 아이워즈 로스트 유 툭 미 호옴

You gave me hope when I was at the end
유 게입 미 홉 웬 아이워즈 앳 디 엔드

And turned my lies back into truth again.
앤 터언드 마이 라이즈 백 인투 추루쓰 어겐.

You even called me friend.
유 이븐 코올드 미 프렌드

.... Repeat

MUSIC STORY

1978년 작품으로 빌보드 싱글 차트 정상을 기록했던 이 노래는 남편에 대한 지순한 사랑을 담은 앤 머레이의 대표곡으로 1979년 그래미상 시상식에서 최우수 컨츄리 아티스트상을 받기도 했습니다.

You needed me. '당신이 날 필요로 했던 거예요.'는 내가 슬퍼 눈물 흘리면 눈물을 닦아 주었고, 삶이 혼란스러울 때 내 마음을 안심시켰고, 양심에 부끄러운 일을 하여 힘들 때도 나를 일으켜 세워주고 나의 존엄성을 지켜준 당신, 이 세상에 홀로 설 수 있는 힘과 희망을 준 당신이 나를 필요로 해서 그런 사랑을 쏟아주었고 나를 진실로 아껴주는 당신의 마음을 알고는 떠나지 않겠다라는 내용의 노래입니다. '사랑은 언제나 오래 참고 사랑은 언제나 온유하며'라는 노래가 생각납니다. 이 노래처럼 사랑은 참으로 위대한 것 같습니다.

Ann Murray는 캐나다 출신의 Pop&Country Singer로 1945년 6월 20일 출생했습니다. 미국에서 대활약한 가수이며 그녀의 노래는 대부분 다정한 친구처럼, 연인처럼, 포근한 어머니처럼 편안하고 친근함을 느끼게 해주는 Easy-listening '듣기 편안한' 음악입니다. You needed me는 1978년 그녀가 처음 불러 히트한 곡입니다.

그녀는 1968년 데뷔하여 1집 앨범 〈What About Me〉를 발표했고, 수상경력으로는 1983년 그래미어워드 최우수 여성컨트리 보컬상, 1984년 CMA어워드 올해의 앨범상, CMA 어워드 올해의 노래상, 1985년 CMA 어워드 올해의 그룹 보컬상을 받으며 큰 인기를 얻었습니다.

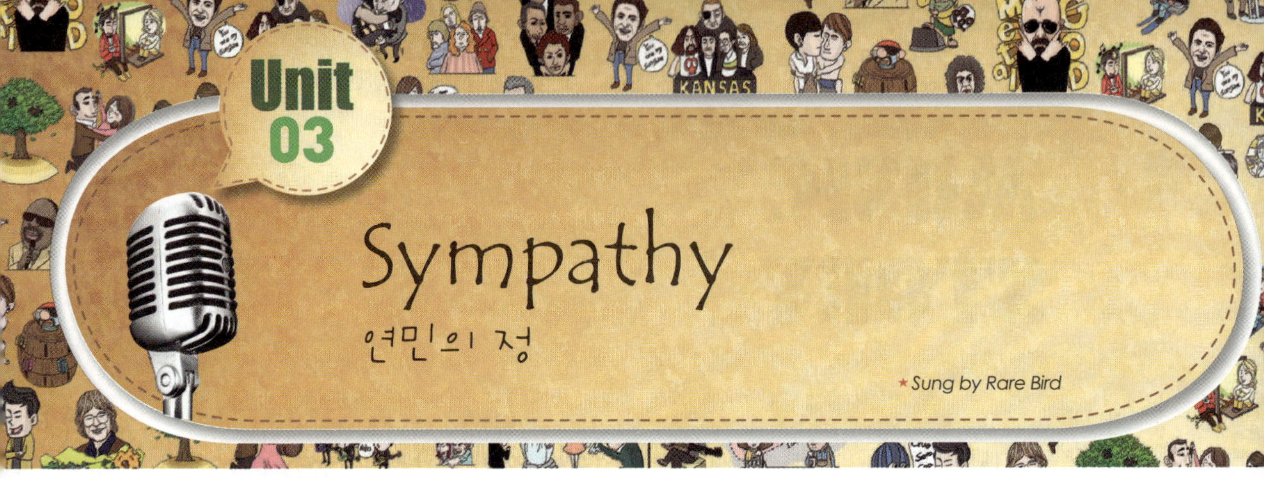

노래를 들으며 가사를 차근차근 읽어보세요.

Now when you climb into your bed tonight,
And when you lock and bolt the door,
❶ Just think of those out in the cold and dark
Cause ❷ there's not enough love to go round.

....

And sympathy is what we need my friend.
And ❸ sympathy is what we need.
And sympathy is what we need my friend.
Cause there's not enough love to go round.
No there's not enough love to go round.

....

❹ Now half the world hates the other half.
And half the world has all the food.
And half the world lies down and cries, we starves
Cause there's not enough love to go round.

.... Repeat

sympathy 연민, 동정
lock (문을) 잠그다
bolt (빗장을) 잠그다
enough 충분한
go round 돌아다니다
think of ~에 대해 생각하다
need 필요하다
half 반, 절반
world 세상, 세계
hate 증오하다, 몹시 싫어하다
cry 울다, 외치다
starve 굶주리다

우리말 해석

한글 가사를 읽으며 내용을 더 정확하게 이해해요.

오늘 밤 당신이 잠자리에 들 때
그리고 당신이 문을 잠그고 빗장을 걸 때
밖에서 추위와 어둠 속에서 떨고 있는 사람들을 생각해 봐요.
왜냐하면 세상엔 사랑이 충분하지 못하니까요.

....

친구여 우리가 필요한 것은 연민의 정입니다.
우리에게 필요한 것은 연민의 정입니다.
그리고 친구여 우리가 필요한 것은 연민의 정입니다.
왜냐하면 세상엔 사랑이 충분하지 못하니까요.
주고받을 사랑이 충분하지 못하니까요.

....

지금 세상 사람의 절반은 나머지 절반을 미워하죠.
세상 절반의 사람들이 모든 식량을 가지고 있어요.
나머지 반은 굶주려 누워서 울부짖죠.
왜냐하면 세상엔 사랑이 충분하지 못하니까요.

.... 반복

1 Just think of those out in the cold and dark.

밖에서 추위와 어둠 속에서 떨고 있는 사람들을 생각해 봐요.

think of는 '~대해 생각하다', those는 '사람들(people)'을 의미합니다.

★ **I think of you everyday.** 난 매일 당신에 대해 생각합니다.

2 There's not enough love to go round.

세상엔 사랑이 충분하지 못하니까요.

go around는 '돌아가다, 돌아다니다'라는 뜻인데, 이 문장에서는 '모두에게 고루 돌아가다'라는 의미입니다. 즉, 모두에게 충분한 사랑이 골고루 가지 않는다는 말로 사랑이 부족하다는 뜻이죠.

★ **We didn't have enough food to go around.** 골고루 돌아갈 만큼 충분한 음식이 없었다.

3 Sympathy is what we need.

우리에게 필요한 것은 연민의 정입니다.

여기서 what은 선행사를 포함한 관계대명사로 the thing which라는 뜻입니다.

★ **That's just what I need.** 그게 바로 내가 필요한 것입니다.
★ **What you need is love.** 당신이 필요한 것은 사랑입니다.

4 Now half the world hates the other half.

지금 세상 사람의 절반은 나머지 절반을 미워하죠.

세상의 절반이 나머지 절반을 미워한다는 말은 많은 사람들이 서로를 미워하고 있어 안타까운 마음의 표현입니다. 그래서 우리에게 필요한 것이 sympathy & love '연민과 사랑'이라고 외칩니다. hate는 dislike '싫어하다'보다는 적의나 혐오의 감정을 품은 것으로 '너무 싫다, 증오하다'라는 뜻입니다.

★ **I hate to do it.** 난 그런 것 하고 싶지 않아요.

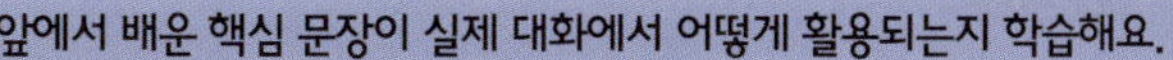

A: **❶ The lecture was really boring. ❷ What do you think?**

강의가 정말로 지루했어요. 당신은 어떻게 생각해요?

B: I think so. Half the students fell asleep.

나도 그렇게 생각해요. 학생들의 반은 졸았어요.

A: His class is too serious. There's not enough fun in his class.

그의 수업은 너무 진지해요. 그의 수업은 재미가 충분하지 않아요.

B: **❸ That's just what I think.**

그게 바로 내가 생각하는 바입니다.

A: I'm not going to take this lecture next term.

저는 다음 학기에 이 강의를 수강하지 않을 거예요.

B: **❹ Neither am I.**

저도 그럴 거예요.

표현 익히기

❶ 사물을 주어로 쓸 때는 boring '지루한'을 쓰고, 사람을 주어로 쓸 때는 bored '심심한, 따분한'을 씁니다.

★ **I am bored to death.** 난 심심해 죽겠어.

❷ 상대방의 생각이나 의견을 물을 때 How do you think about it?은 한국식 영어로 틀린 말입니다. 유사표현으로 How do you like it? '그것 어때요?', How do you feel about it? '그것에 대해 어떻게 느끼십니까?'가 있습니다.

❸ 유사표현으로 I think so. '저도 그렇게 생각해요.', I agree with you. '동의합니다.' 등이 있습니다.

❹ Neither am I.는 위 문장에 대해 같은 의견이라는 뜻입니다. 즉, I'm not going to take this lecture next term, either.를 짧게 말한 것이죠. 부정문에 대해 동의를 표현하면서 '저도 마찬가지예요.'라고 할 때, Neither do I./Neither am I./ Neither can I./Neither did I. 등으로 쓰는데, 앞 문장의 동사에 맞춰 사용합니다.

Sympathy
연민의 정

★ Sung by Rare Bird

Now when you climb into your bed tonight,
나우 웬 유 클라임 인투 유어 벧 투나잇

And when you lock and bolt the door,
앤 웬 유 락 앤 볼트 더 도어

Just think of those out in the cold and dark
저슷 씽크 오브도오즈 아웃 인 더 콜드 앤 달크

Cause there's not enough love to go round.
코오즈 데얼스 낫 이너프 럽 투 고우 라운드

....

And sympathy is what we need my friend.
앤 씸퍼씨 이즈 왓 위 닛 마이 프렌드

And sympathy is what we need.
앤 씸퍼씨 이즈 왓 위 닛

And sympathy is what we need my friend.
앤 씸퍼씨 이즈 왓 위 닛 마이 프렌드

Cause there's not enough love to go round.
코오즈 데얼스 낫 이너프 러브 투고우 라운드

No there's not enough love to go round.
노우 데얼스 낫 이너프 러브 투 고우 라운드

....

Now half the world hates the other half.
나우 해프 더 워얼드 헤잇츠 디 아덜 해프

And half the world has all the food.
앤 해프 더 워얼드 해즈 올 더 푸드

And half the world lies down and cries, we starves
앤 해프 더 워얼드 라이즈 다운 앤 크라이즈 위 스딸브즈

Cause there's not enough love to go round.
코오즈 데얼스 낫 이너프 러브 투 고 라운드

.... Repeat

MUSIC STORY

레어 버드의 1969년 데뷔 앨범에 수록된 록발라드 히트곡인 이 노래는 보컬이 독특합니다. 사랑만이 세상의 모든 아픔을 치유할 수 있다는 내용을 담고 있는 이 곡은 레어 버드의 발표곡 중 가장 조용한 노래입니다.

아주 짧고 간략한 가사이지만 강력한 메시지를 담고 있는 이 노래는 Sympathy is what we need. '우리에게 필요한 것은 연민의 정', 즉 '사랑'이라고 말합니다. 세상에 어렵고 힘들게 사는 사람들, 추위와 어둠에 떨고 굶주리는 사람들이 있는 것은 서로에 대한 sympathy '연민의 정'이 없기 때문이라고 외칩니다. 서로 미워하지 말고 주변 이웃을 돌아보며 사랑하라는 노래입니다.

이 곡은 1980년대로 접어들면서 우리나라에서도 조금씩 알려지기 시작하다가 가수 하남석이 1983년에 '연민의 정'이라는 제목으로 번안하여 발표하면서 원곡에 대한 관심이 커졌다고 합니다. 두 대의 건반으로 환상적인 분위기를 연출하는 이 곡은 광고와 영화, 드라마 등의 배경음악에 자주 등장하며 우리나라 Pop 팬들의 사랑을 받는 애청곡이 되었습니다.

영국 출신의 4인조 언더그라운드 록 밴드 Rare Bird는 1969년에 데뷔했습니다. Sympathy '연민의 정'은 우리나라에서 무척 많은 사랑을 받았죠. 싱글로 발매된 이 곡은 영국의 라디오를 통하여 조금씩 알려지다가 싱글 차트에 진입하여 8주간 머무르며 27위까지 상승했고, 그 후 전 유럽으로 퍼져나가며 유럽 각국의 싱글 차트 상위권을 점령했습니다. 이 싱글 음반판매가 프랑스에서만 50만 장이 넘는 판매고를 기록하였고 유럽 전역에서 100만 장이 넘는 음반 판매고를 기록하면서 레어 버드에게 명성을 안겨주었습니다.

노래를 들으며 가사를 차근차근 읽어보세요.

I see trees of green, red roses too.
I see them bloom for me and you.
❶ And I think to myself, what a wonderful world!

❷ I see skies of blue and clouds of white.
The bright blessed days, dark sacred night.
And I think to myself, what a wonderful world!

The colors of the rainbow, so pretty in the sky
Are also on the faces of people going by.
❸ I see friends shaking hands, saying 'How do you do?'
They're really saying 'I love you.'

❹ I hear babies crying, I watch them grow.
❺ They'll learn much more than I'll ever know.
And I think to myself, what a wonderful world!
Yes, I think to myself, what a wonderful world! Oh yeah.

우리말 해석

한글 가사를 읽으며 내용을 더 정확하게 이해해요.

나는 푸른 나무들과 빨간 장미꽃들을 봅니다.
당신과 나를 위해 피어있네요.
그리고 나는 혼자 생각하죠, 참 멋진 세상이구나!

나는 파란 하늘과 하얀 구름을 바라봅니다.
축복받은 밝은 낮과 신성한 어두운 밤
그리고 나는 혼자 생각하죠. 참으로 멋진 세상이구나!

하늘에 떠있는 무지개 일곱 색깔이 너무나 예뻐요.
지나가는 사람들의 얼굴에도 비추고 있네요.
친구들이 악수하며 인사하는 게 보입니다.
그들은 정말로 '당신을 사랑해요.'라고 말하고 있네요.

나는 아기들이 우는 소리를 들으며 그들이 자라는 것을 봅니다.
그들은 내가 아는 것보다 훨씬 더 많이 배우게 될 거예요.
그리고 나는 혼자 생각하죠. 참으로 멋진 세상이구나!
그래요 나는 혼자 생각하죠. 참으로 멋진 세상이구나! 오예.

tree 나무

rose 장미꽃

bloom 피어나다

think to oneself 혼자 생각하다, 혼자 말하다

sky 하늘

cloud 구름

bright 밝은

blessed 축복된

sacred 신성한

rainbow 무지개

face 얼굴

shake hands 악수하다

grow 자라다

much more than 훨씬 더

1 And I think to myself, what a wonderful world!

그리고 나는 혼자 생각하죠, 참 멋진 세상이구나!

think to oneself는 '혼자 생각하다, 혼자 말하다'라는 뜻이고, what a wonderful world!는 [what a+형용사+명사] 형식의 감탄문으로 '참으로 ~하구나'라는 뜻입니다.

★ **What a beautiful mountain!** 참으로 아름다운 산이구나!

2 I see skies of blue and clouds of white.

나는 파란 하늘과 하얀 구름을 바라봅니다.

이 문장은 I see blue skies and white clouds.로 바꿔 쓸 수 있습니다.

★ **The sky is the limit.** 무제한이다, 기회는 얼마든지 있다.

3 I see friends shaking hands, saying 'How do you do?'

친구들이 악수하며 인사하는 게 보입니다.

[지각동사(see, hear, watch 등)+목적어+동사원형/현재분사(동사+-ing)] 문형은 5형식 문장으로 '~가 ~하는 것을 보다'라는 뜻입니다. shake hands는 '악수를 하다'이며, 누군가를 처음 만났을 때 How do you do? '처음 뵙겠습니다'라고 인사하면 예의 있는 표현입니다.

★ **Let's shake hands.** 우리 악수합시다.

4 I hear babies crying, I watch them grow.

나는 아기들이 우는 소리를 들으며 그들이 자라는 것을 봅니다.

[지각동사(hear)+목적어(사람)+현재분사(동사+-ing)]는 진행의 의미가 있고, [지각동사(watch)+목적어(사람)+동사원형]은 동작의 상태를 나타냅니다.

★ **I heard my mother crying in the room.** 나는 엄마가 방에서 울고 있는 걸 들었다.

5 They'll learn much more than I'll ever know.

그들은 내가 아는 것보다 훨씬 더 많이 배우게 될 거예요.

[much(even, a lot)+비교급]이 나오면 강조의 뜻으로 '훨씬'이라는 뜻입니다. 형용사의 원급을 강조할 때는 일반적으로 [very(so, pretty, quite 등)+형용사]를 쓰며 '매우, 무척, 아주, 꽤'라는 뜻입니다.

A: Look over there! ❶ **The autumn colors are so beautiful.**

저쪽을 보세요! 단풍이 정말 아름다워요.

B: Yes, the mountains are colorful in the fall in Korea.

네, 한국에 가을에는 산들이 다채롭고 멋져요.

A: The skies are blue and the clouds are white. ❷ **What a wonderful world!**

하늘은 파랗고 구름은 하얗군요. 참으로 멋진 세상이에요!

B: Sometimes I think to myself, we're blessed in the world.

때때로 나는 홀로 생각해요, 우린 이 세상에서 축복 받았어요.

A: ❸ **Absolutely.** Thank God I was born in this country.

그렇고말고요. 난 이 나라에 태어난 걸 하나님께 감사해요.

B: So do I.

저도 그래요.

❶ autumn colors는 가을 색깔, 즉 '단풍'을 말합니다. 가을은 autumn, fall이라고 하죠.

★ **Let's go on a trip for autumn colors.** 단풍여행 갑시다.

❷ 감탄문의 형태는 [What a+형용사+명사+주어+동사]로 [주어+동사]가 생략된 것입니다. 혹은 [How+형용사+주어+동사]로 쓰이면 '참으로 ~하구나!'라는 뜻입니다.

★ **How nice it is!** 그것 참으로 멋지네요!

❸ absolutely는 '절대적으로, 무조건'이라는 뜻인데, 구어체로 기꺼이 대답할 때 '정말 그렇다, 그렇고말고'라는 뜻으로 씁니다.

What a Wonderful World
멋진 세상

** Sung by Louis Armstrong*

I see trees of green, red roses too.
아이씨 추리스 오브 그린, 레드 로지즈 투

I see them bloom for me and you.
아이씨 뎀 블~룸 훠 미 앤 유

And I think to myself, what a wonderful world!
앤 아이씽크 투 마아셀프, 와러 원더~풀 워얼드

I see skies of blue and clouds of white.
아씨 스카이즈오브 블루 앤 클라우즈 오브 화잇

The bright blessed days, dark sacred night.
더 브라잇 블래슷 데이즈, 다크 쎄이크릿 나잇

And I think to myself, what a wonderful world!
앤아이 씽크 투 마아셀프, 와러 원더~풀 워얼드

The colors of the rainbow, so pretty in the sky
더 컬러즈 옵 더 레인보우, 쏘 프리리 인 더 스카이

Are also on the faces of people going by.
아 올쏘 온 더 페이씨스옵 피플 고잉 바이

I see friends shaking hands, saying 'how do you do?'
아이씨 프렌즈 쉐이킹 핸즈, 쎄잉 하우 두 유 두?

They're really saying 'I love you'
데이어 리얼리 쎄잉 아일 러뷰

I hear babies crying, I watch them grow.
아 히얼 베이비스 크라잉, 아이 와치 뎀 그로우

They'll learn much more than I'll ever know.
데이윌 런 머치 모어 댄 아일 에버 노우

And I think to myself, what a wonderful world!
앤 아이씽크 투 마아셀프, 와러 원더~풀 워얼드

Yes, I think to myself, what a wonderful world! Oh yeah.
예스, 아이씽크 투 마아셀프, 와러 원더~풀 워얼드! 오우 예~

MUSIC STORY

재즈 음악의 선구자이며 천부적인 음악적 재능을 발휘했고 후대에 많은 아티스트들의 귀감이 되고 있는 루이 암스트롱의 낮고 허스키한 목소리와 트럼펫 연주! 많은 사람을 사로잡은 이 곡은 우리 일상에서 지나치는 자연의 아름다움과 가족의 소중함, 아이들을 보고 감사하는 마음에 대해 노래합니다. 이 곡은 월남전을 배경으로 한 영화 〈굿모닝 베트남〉에 삽입되어 세상 사람들에게 더욱 많은 주목을 받고 알려졌습니다. 선한 눈으로 바라보면 이 세상은 참으로 아름답습니다. What a wonderful world!

Louis Armstrong은 1901년 8월 미국 뉴올리언스에서 태어나 1971년 7월 70세 나이로 세상을 떠난 미국의 대표적인 재즈 뮤지션입니다. 그의 나이 25세 1926년 1집 앨범 〈Hot Fives Vol. 1〉을 발표하며 음악활동을 시작합니다. 그는 재즈의 선구자로 세계적으로 많은 사람이 좋아하는 뮤지션입니다. 그는 매우 낮고 묵직한 목소리를 가졌으며 트럼펫 연주로 세계적인 명성을 얻은 전설적인 존재이기도 합니다. 그의 음악을 듣고 있으면 삶의 피곤함도 덜어낼 수 있을 정도로 포근합니다. 그는 트럼펫 솔로의 놀라운 표현에 곁들여 소박하고 개성적인 노래도 부르는 독특한 연기력과 기교로 널리 알려졌습니다. 레퍼토리도 재즈에서 파퓰러에 이르기까지 폭이 넓으며, 음악 영화에도 수없이 출연했습니다. 그는 재즈 사상의 거인이며 희대의 솔리스트, 재즈 보컬리스트의 제1인자로 평가받는 음악가입니다.

노래를 들으며 가사를 차근차근 읽어보세요.

I've been alone with you inside my mind.
And in my dreams I've kissed your lips, a thousand times.
I sometimes see you pass outside my door.
❶ Hello. Is it me you're looking for?
I can see it in your eyes. I can see it in your smile.

❷ You're all I've ever wanted
And my arms are open wide.
❸ Cause you know just what to say
And you know just what to do.
And I want to tell you so much. I love you.

I long to see the sunlight in your hair
And tell you time and time again
How much I care.
Sometimes I feel my heart will overflow.
Hello. I've just got to let you know.

Cause ❹ I wonder where you are,
And I wonder what you do.

words	
alone 홀로, 혼자	
pass 지나가다	
look for ~을 찾다	
smile 미소	
arm 팔	
long to+동사 간절히 바라다	
sunlight 햇살	
care (for) 마음 쓰다, 걱정하다, 좋아하다	
overflow 넘쳐흐르다	
have got to+동사 ~해야만 한다	
wonder 궁금하다	

Are you somewhere feeling lonely,
Or is someone loving you?
Tell me how to win your heart,
⑤ For I haven't got a clue.
But let me start by saying I love you.

Hello. Is it me you're looking for?

·········· Repeat

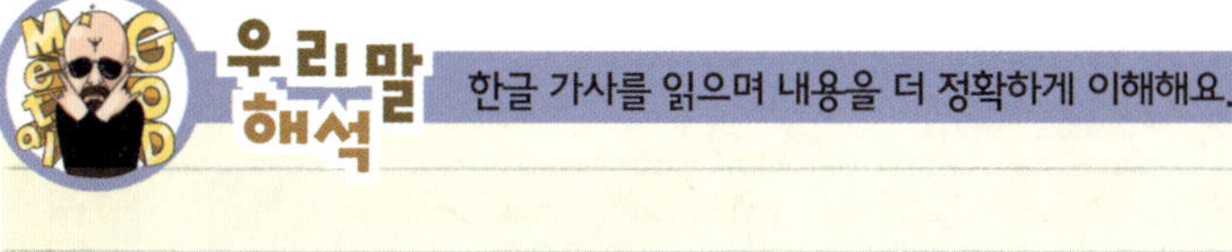

한글 가사를 읽으며 내용을 더 정확하게 이해해요.

내 마음속에서 당신을 홀로 품어왔어요.
꿈속에서 나는 수없이 당신에게 키스했어요.
때때로 당신이 내 문밖에 스쳐지나가는 게 보여요.
이봐요. 당신이 찾고 있는 사람이 나인가요?
당신의 눈을 보면 알 수 있어요, 당신의 미소를 보면 알 수 있어요.

당신은 내가 원하는 전부예요.
내 팔은 활짝 열려 있어요.
왜냐하면 당신은 무슨 말을 해야 할지
어떻게 해야 할지도 알고 있잖아요.
당신에게 무척이나 말하고 싶어요. 당신을 사랑한다고.

당신의 머릿결에 쏟아지는 햇살을 보고 싶어요.
그리고 거듭해서 말하고 싶어요.
내가 얼마나 당신을 좋아하는지

때때로 내 마음이 흘러넘치는 것을 느껴요.
이봐요. 내 마음을 당신에게 알려야 해요.

··········

왜냐하면 당신이 어디에 있는지
그리고 무엇을 하는지 궁금하기 때문이죠.

당신은 어딘가에서 외로워하고 있나요.
혹은 누군가가 당신을 사랑하고 있나요?
어떻게 당신 마음을 사로잡을 수 있을지 말해줘요.
왜냐하면 난 전혀 모르겠어요.
하지만 제가 시작할게요. 당신을 사랑한다고 말하면서.

··········

이봐요. 당신이 찾고 있는 건 나인가요?

········ 반복

① Hello. Is it me you're looking for?

이봐요. 당신이 찾고 있는 사람이 나인가요?

이 문장은 Are you looking for me? '당신은 나를 찾고 있나요?'와 같은 뜻으로 look for는 '~를 찾다'라는 뜻입니다.

★ **Who are you looking for?** 당신은 누구를 찾고 있나요?

② You're all I've ever wanted.

당신은 내가 원하는 전부예요.

You mean everything to me. You are my everything. '당신은 제게 전부입니다.'라는 뜻입니다.

③ Cause you know just what to say.

왜나하면 당신은 무슨 말을 해야 할지 알잖아요.

Cause는 because의 줄임말입니다. What to say는 What you should say '당신이 무슨 말을 해야 할지'로 바꿔 쓸 수 있습니다.

★ **I don't know what to say.** 난 무슨 말을 해야 할지 모르겠어요.

④ I wonder where you are, and I wonder what you do.

당신이 어디에 있는지, 그리고 무엇을 하는지 궁금합니다.

[I wonder+의문사+주어+동사]는 의문문 대신 쓸 수 있는 세련된 표현으로 '~인지 궁금하다'라는 뜻입니다. I wonder where you are는 Where are you? '당신 어디 있나요?'와 같은 말입니다.

★ **I wonder where you live.** 당신이 어디에 사는지 궁금해요.

⑤ For I haven't got a clue.

왜나하면 난 전혀 모르겠어요.

[For+주어+동사]가 나오면 for가 접속사로 쓰여서 '~때문에, 왜냐하면'이라는 뜻입니다. clue는 '실마리, 단서'라는 뜻으로 I haven't got a clue. '아는 바가 전혀 없다'라는 말입니다.

★ **Not that I know of.** 내가 아는 바로는 아니야.

A: Mom, what are you looking for? ❶ **Is it me you're looking for**?

엄마, 뭘 찾으세요? 저를 찾는 거예요?

B: No, it's not. I'm looking for my car key. I can't find it. Do you know where it is?

아니야. 난 자동차 열쇠를 찾고 있단다. 찾을 수가 없어. 너 그게 어디 있는 줄 아니?

A: ❷ **I haven't got a clue**. Have you looked on the table?

난 전혀 몰라요. 식탁 위에 찾아 봤어요?

B: Yes, I've looked everywhere. Oh my! It's here in my pocket.

그래, 모두 다 찾아봤어. 오 저런! 그게 여기 내 주머니에 있네.

A: I don't know what to say, mom. ❸ **You're getting absent-minded**.

뭐라고 말할지 모르겠네요, 엄마. 건망증이신가 봐요.

B: Oh, ❹ **my forgetfulness**! It's really bothering me.

오. 내 건망증! 정말 괴롭구나.

---

❶ look for는 '〜을 찾다', look at은 '〜을 바라보다'라는 뜻입니다.

★ **What are you looking for?** 넌 무엇을 찾고 있니?

❷ clue는 '실마리, 단서'라는 뜻으로 전혀 모르겠다는 말입니다. 유사표현은 I don't know about it. '난 그것에 대해 모릅니다.'입니다.

❸ [get+형용사]는 become '〜이 되다'라는 뜻으로 동작의 뜻을 나타냅니다. absent-minded는 형용사로 '건망증 있는, 잘 잊는'이라는 뜻이며 forgetful과 같은 의미입니다.

★ **My mother gets old and absent-minded.** 엄마는 나이가 들면서 건망증이 생긴다.

❹ forgetfulness는 '건망증', forgetful은 '건망증 있는, 잘 잊는'이라는 뜻입니다.

★ **I am forgetful.** 나는 건망증이 있어요.

Hello
헬로우

★ Sung by Lionel Richie

I've been alone with you inside my mind.
아이브 빈 어론 위드 유 인싸잇 마이 마인드

And in my dreams I've kissed your lips,
앤 인 마이 드림스 아이브 키쓰드 유어 립스

A thousand times.
어 싸우전 타임즈

I sometimes see you pass outside my door.
아이 썸타임즈 씨 유 패스 아웃싸잇 마이 도어

Hello. Is it me you're looking for?
헬로우. 이짓 미 유아 루~킹 훠?

I can see it in your eyes. I can see it in your smile.
아이캔 씨 잇 인 유어라이즈. 아이캔 씨 잇 인 유어 스마일

You're all I've ever wanted and my arms are open wide.
유아 올 아이브에버 원티드 앤 마이 암스 아 오픈 와이드

Cause you know just what to say
코오즈 유 노우 져슷 왓 투 쎄이

And you know just what to do.
앤 유 노우 져슷 왓 투 두

And I want to tell you so much. I love you.
앤 아이 원투 텔 유 쏘우 머치. 아일 러뷰

I long to see the sunlight in your hair
아이롱 투 씨 더 썬라잇 인 유어 헤어

And tell you time and time again how much I care.
앤 텔 유 타임 앤 타임 어겐 하우 머치 아이 케어

Sometimes I feel my heart will overflow.
썸타임즈 아이 필 마이 하알트 월 오버플로우

Hello. I've just got to let you know.
헬로우. 아이브 져슷 갓투 렛 유 노우

....

Cause I wonder where you are,
코오즈 아이 원더 웨어 유 아,

And I wonder what you do.
앤 아이 원더 왓 유 두

Are you somewhere feeling lonely,
아 유 썸웨어~ 필링 로온리,

Or is someone loving you?
오어이즈 썸원 러~빙 유?

Tell me how to win your heart,
텔 미 하우 투 원 유어 하알트,

For I haven't got a clue.
훠아이 해븐트 갓 어 클루

But let me start by saying I love you.
밧 렛 미 스탈트 바이 쎄잉 이일 러뷰

....

Hello. Is it me you're looking for?
헬로우. 이짓 미 유아 루킹 훠?

.... Repeat

MUSIC STORY

미국 출신의 흑인 남성 가수 라이오넬 리치의 1984년 작품으로 사랑을 멋지게 표현한 노래입니다. 홀로 마음에 둔 여인을 짝사랑하며 그녀를 사랑하고 원하는 한 남자의 마음을 표현한 곡입니다. 사랑하는 사람의 마음을 어떻게 하면 얻을 수 있을지 몰라 그녀가 원하는 사람이 나이기를 바라면서 Hello, is it me you're looking for? '이봐요, 당신이 찾는 사람이 나인가요?'라고 노래합니다.

마음 속 깊숙이 스며드는 슬픔을 맛볼 수 있는 아름다운 발라드풍의 이 노래는 빌보드 차트에 등장 12주 만에 정상을 차지했고, 영국 차트에서도 1위를 기록하며 라이오넬 리치의 인기가 절정에 달했음을 보여준 곡입니다. 그는 뛰어난 음악성과 멋진 무대 매너로 관중들을 열광시키는 흑인 음악의 최고봉이었습니다.

Lionel Richie는 1949년 6월 20일 미국출생으로 Black Balled '블랙 발라드'의 대명사로 불렸습니다. 미국의 가수 겸 작곡가이자 음반 제작자이기도 합니다. 1969년에 싱글 앨범 〈Keep On Dancing〉을 발표하며 음악활동을 시작했으나 초창기에는 인기를 얻지 못했고, 1976년부터는 두드러진 활약으로 많은 히트곡을 냈습니다. 특히 1978년에 발표한 Three Times A Lady는 그 당시 디스코음악에 염증을 느낀 팬들에게 많은 지지를 얻기도 했습니다. 1982년에 앨범 〈Lionel Richie〉로 연주자·프로듀서·작곡가 등 다재다능한 솔로 가수로 등장했고, Truly란 곡을 빌보드 차트 정상에 올려놓는 성공을 거두었으며, 제25회 그래미 시상식에서 최우수 남성 보컬리스트 부문에서 수상하는 영예를 안기도 했습니다.

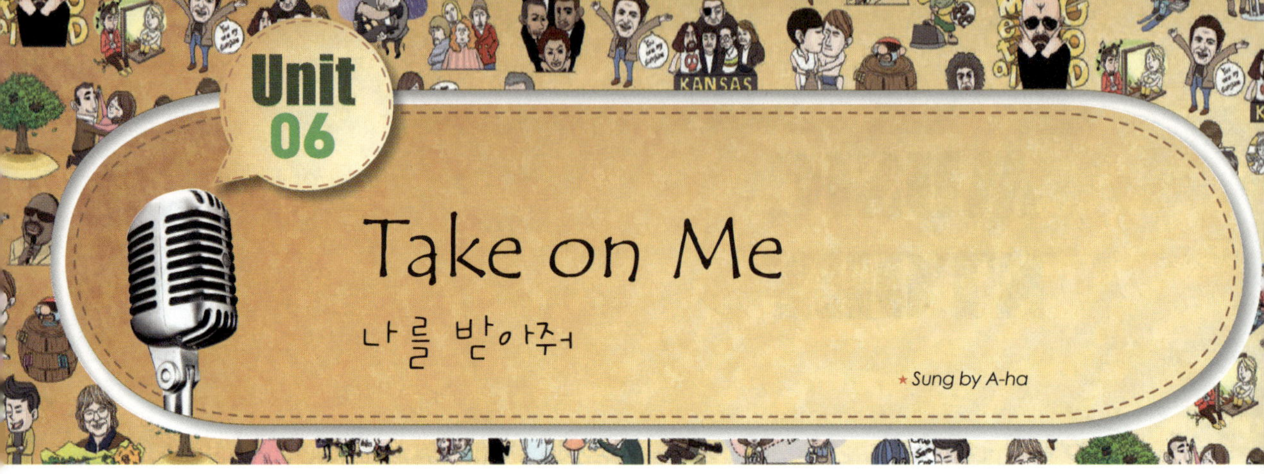

Unit 06

Take on Me
나를 받아줘

★ Sung by A-ha

가사 익히기

노래를 들으며 가사를 차근차근 읽어보세요.

We're talking away,
❶ I don't know what I'm about to say.
I'll say it anyway.
❷ Today's another day to find you
Shying away.
I'll be coming for your love, OK?

....

Take on me, take me on.
❸ I'll be gone in a day or two.

....

❹ So needless to say
I'm odds and ends,
But I'll be stumbling away
Slowly learning that life is OK.
Say after me.
❺ It's no better to be safe than sorry.

.... Repeat

words

talk away 계속 얘기하다

be about to+동사 막 ~하려고 하다

anyway 어쨌든 (=at any rate)

shy away 피하다, 뒷걸음치다

needless to say 말할 것도 없이, 물론

odds and ends 시시한 것, 잡동사니

stumble 비틀거리다

safe 안전한, 신중한

sorry 후회하는

Oh the things that you say
Is it live or just to play my worries away?
You're all the things I've got to remember.
You're shying away.
I'll be coming for you anyway.

·········· Repeat (×2)

words

play 연극

worry 걱정, 근심

have got to+동사 ~해야만 한다(=have to+동사)

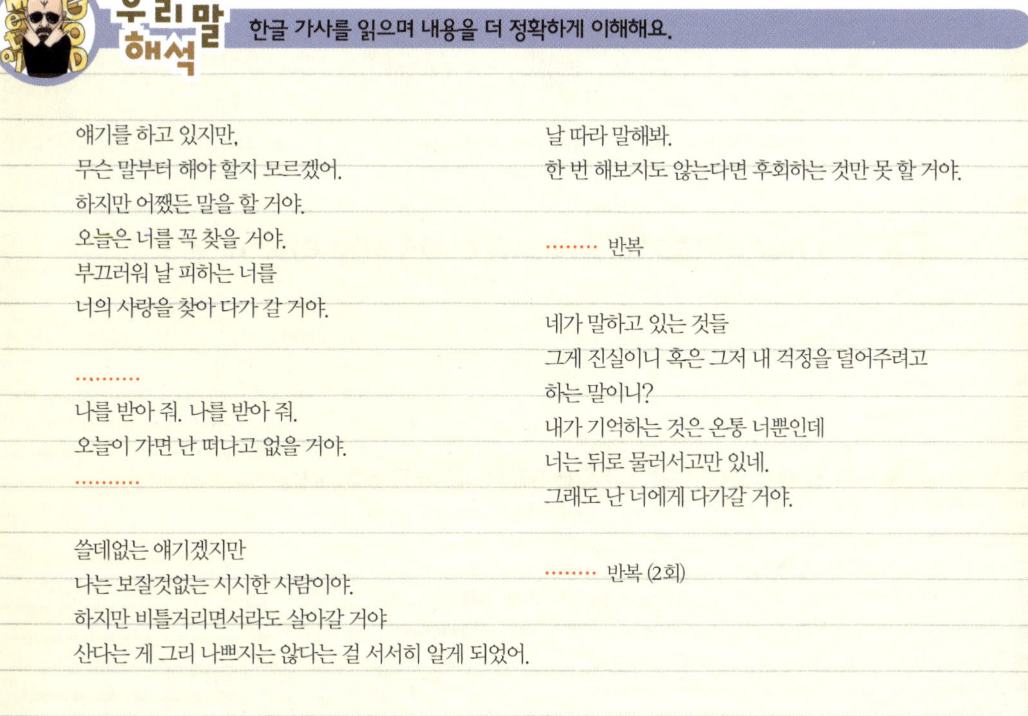

① I don't know what I'm about to say.

무슨 말부터 해야 할지 모르겠어.

[be about to+동사]는 '막 ~하려고 하다'라는 뜻으로, I don't know what I'm about to say. '내가 무슨 말을 하려고 하는지 모르겠다.', 즉 I don't know what to say.와 유사 표현입니다.

② Today's another day to find you shying away.

오늘은 부끄러워 날 피하는 너를 꼭 찾을 거야.

shy away는 '부끄러워하다, 꽁무니 빼다'라는 뜻이고, 위 문장은 [주격 관계대명사(who)+be동사(are)]가 생략된 것으로 you (who are) shying away '부끄러워 피하는 너'입니다.

★ **Tomorrow is another day.** 내일은 또 다른 날이겠지.

③ I'll be gone in a day or two.

오늘이 가면 난 떠나고 없을 거야.

I'll be gone. '나는 떠나고 없을 것이다'. [전치사 in+시간개념]은 '~지나서, ~후에'라는 뜻으로 직역하면 '하루 또는 이틀 후에 나는 떠나고 없을 것이다.'라는 말입니다.

★ **I'll be back in a week.** 난 일주일 후에 돌아올 것이다.

④ So needless to say I'm odds and ends.

쓸데없는 얘기겠지만 나는 보잘것없는 시시한 사람이야.

needless to say '말할 필요도 없이, 물론'이라는 뜻이고, odds and ends '나머지, 이것저것 잡동사니'라는 뜻으로 I'm odds and ends. '나는 보잘것없는 사람이야.'라는 말입니다.

⑤ It's no better to be safe than sorry.

한 번 해보지도 않는다면 후회하는 것만 못 할 거야.

sorry는 '미안한, 유감스러운, 후회하는'이라는 세 가지 뜻으로 자주 쓰이는데, 이 문장에서는 '후회하는'이라는 뜻입니다. 문장을 직역하면 '후회하는 것보다 안전하게 있는 게 더 좋을 게 없다.', 즉 '후회하더라도 시도해 보는 게 낫다.'라는 뜻입니다.

★ **It's better to be safe than sorry.** 나중에 후회하는 것보다 미리 안전한 게 낫다.

A: ❶ **Please make sure that you double-check** our plan for the trip.

우리 여행계획을 반드시 다시 확인해주세요.

B: Don't worry. I'm fully prepared for it.

걱정 마세요. 저는 완벽하게 준비되어있습니다.

A: ❷ **Better safe than sorry.**

나중에 후회하는 것보다 나으니까요.

B: You mean ❸ **'Look before you leap'**, don't you?

'돌다리도 두드려봐라'라는 뜻이죠, 그렇죠?

A: You got it. That's what I mean.

맞아요. 그게 바로 제가 하는 말입니다.

B: I will check it out again.

다시 확인할게요.

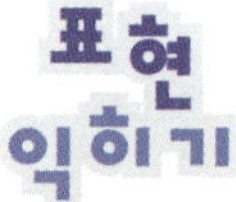

표현 익히기

❶ [make sure that+주어+동사]는 '꼭(반드시) ~하세요', double-check는 '다시 한 번 확인하다'라는 뜻입니다.

★ **Make sure to lock the door before you go out.** 외출하기 전에 꼭 문을 잠그세요.

❷ 이 문장은 It's better to be safe than sorry.의 줄임말로 safe '신중한, 안전한', sorry '후회하는'이라는 뜻입니다. 직역하면 '후회하는 것보다 신중한 게 더 낫다.'입니다.

❸ Look before you leap.은 직역하면 '펄쩍 뛰기 전에 앞을 봐라', 즉 '실행하기 전에 잘 생각하라'라는 의미의 속담으로, '유비무환'이라는 뜻입니다.

Take on Me
나를 받아줘

★ Sung by A-ha

We're talking away, I don't know what I'm about to say.
위아 토~킹 어웨이, 아이 돈 노우   왓 이임 어바웃 투 쎄이

I'll say it anyway. Today's another day to find you shying away.
아일 쎄이 잇 에니웨이. 투데이스   언아덜 데이 투 파인쥬   샤~잉 어웨이

I'll be coming for your love, OK?
아일비 커~밍 훠 유어 러브, 오케이?

....

Take on me, take me on. I'll be gone in a day or two.
테익~ 온 미, 테익~미 온. 이일 비 곤~ 인 어 데이 오어 투

....

So needless to say I'm odds and ends,
쏘   니들리스 투 쎄이 아임 오즈 앤 앤즈

But I'll be stumbling away slowly learning that life is OK.
밧 아일 비   스텀블링   어웨이 슬로우리 러~닝   댓 리잎 이즈 오케이.

Say after me. It's no better to be safe than sorry.
쎄이 에프털미. 잇츠 노 베러 투 비 쎄잎 댄 쏘리

.... Repeat

Oh the things that you say
오 더 씽스   댓 유 쎄이

Is it live or just to play my worries away?
이짓 라입 오어 져슷투 플레이 마이 워리즈   어웨이

You're all the things I've got to remember.
유아 올 더 씽즈 아이브 갓투   리멤버

You're shying away. I'll be coming for you anyway.
유아   샤~잉 어웨이. 아일비   커~밍 훠 유 에니웨이

.... Repeat (×2)

MUSIC STORY

아하의 첫 데뷔 싱글로 1985년 빌보드 싱글차트 정상에 올랐던 이 노래는 자신을 버리려는 연인에게 내 사랑을 받아달라고 애원하는 내용입니다.

빠르고 경쾌한 리듬에 들으면 기분이 좋아지는 곡이죠. Take on me에서 take는 accept '받아들이다'라는 뜻으로, '나를 받아줘요'라고 해석해도 좋습니다. 좋아하는 사람 앞에서는 어쩐지 말이 잘 안 나오고 무슨 말을 해야 할지 모를 때가 있죠. 이 노래는 보잘것없고 자신감 없는 한 남자가 사랑하는 여자 앞에서 말을 못하고, 그녀가 피하는 것 같아 용기 내어 사랑을 위해 그녀를 찾아간다는 내용입니다.

노르웨이 출신의 3인조 남성 록 밴드 A-ha는 1982년에 결성되어 세계적인 팝스타를 꿈꾸며 영국으로 건너가 처음에는 클럽에서 음악활동을 했습니다. 1985년도 앨범 〈Hunting High And Low〉로 데뷔했고, 이 곡 Take On Me는 같은 해 발표하여 빌보드차트 정상을 차지하며 이들을 스타덤에 올려놓습니다. 이 노래의 뮤직비디오는 기존 것들과는 달리 획기적인 애니메이션으로 제작되어 대중들에게 매우 독특하고 신선한 감동을 주었습니다.

보컬을 맡은 모튼 하켓의 수려한 외모와 색다른 차원의 뮤직비디오를 통해 강한 인상의 뮤지션으로 알려지게 되면서 성공을 했습니다.

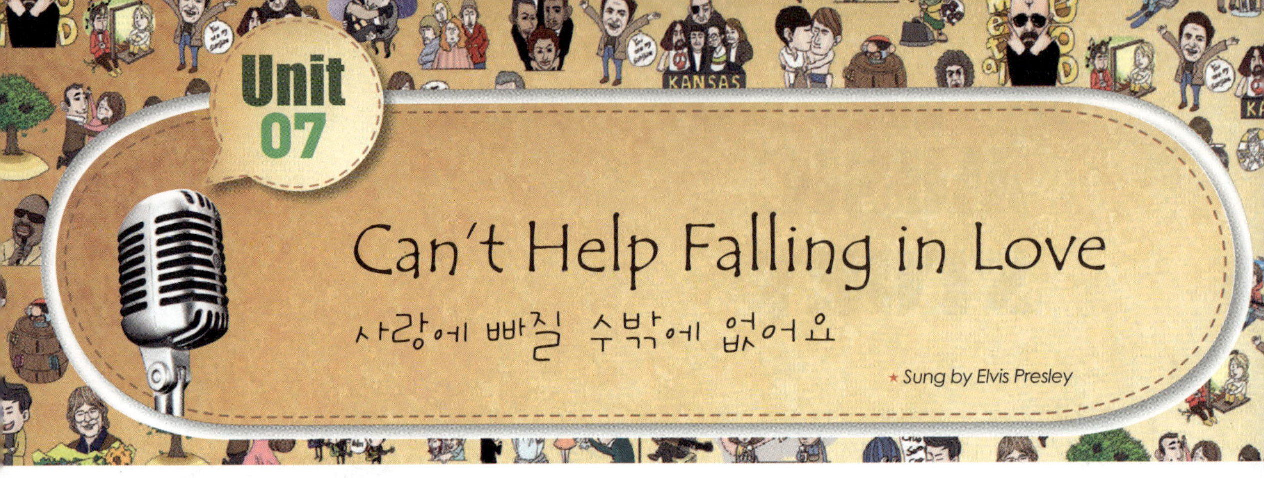

가사
익히기

노래를 들으며 가사를 차근차근 읽어보세요.

❶Wise men say
Only fools rush in,
But I can't help falling in love with you.
Shall I stay? Would it be a sin
If ❷I can't help falling in love with you.

❸Like a river flows surely to the sea,
Darling so it goes.
Some things aren't meant to be.
Take my hands. Take my whole life, too.
For I can't help falling in love with you.

Like a river flows surely to the sea,
Darling, so it goes.
❹Some things are meant to be.
Take my hands. Take my whole life, too.
For I can't help falling in love with you.
For I can't help falling in love with you.

한글 가사를 읽으며 내용을 더 정확하게 이해해요.

현명한 사람들이 말하길
바보들만이 급하게 사랑을 한대요.
하지만 난 당신과 사랑에 빠질 수밖에 없어요.
제가 머물러야 할까요? 그게 바보짓일까요?
만약 제가 당신과 사랑에 빠질 수밖에 없다면요.

강물이 반드시 바다로 흘러가듯이
그대여, 사랑도 그렇게 되는 거죠.
어떤 일들은 운명적인 거예요.
내 손을 잡아요, 내 모든 인생도 가져가세요.
왜냐하면 난 당신과 사랑에 빠질 수밖에 없으니까요.

강물이 반드시 바다로 흘러가듯이
그대여, 사랑도 그렇게 되는 거죠.
어떤 일들은 운명적인 거예요.
내 손을 잡아요, 내 모든 인생도 가져가세요.
왜냐하면 난 당신과 사랑에 빠질 수밖에 없으니까요.
왜냐하면 난 당신과 사랑에 빠질 수밖에 없으니까요.

words

wise 현명한

fool 바보, 어리석은 자

rush in 뛰어들다, 급하게 행동하다

can't help+-ing ~하지 않을 수 없다

sin 바보 같은 짓, 죄(악)

like (접속사) ~하듯, ~처럼

river 강(물)

flow 흘러가다

surely 반드시, 확실히

darling 사랑하는 사람

be meant to+동사 ~하기로 되어 있다

whole 전부, 전체의 (=entire)

1 Wise men say only fools rush in.

현명한 사람들이 말하길 바보들만이 급하게 사랑을 한대요.

wise man은 '현명한 사람', 즉 '현인'을 말하며, rush in은 '무모하게 행동하다, 덤비다, 뛰어들다'라는 뜻인데 위 문장은 '급하게(무모하게) 사랑에 빠지다'라고 해석됩니다.

★ **Don't make a fool of me.** 나를 바보 취급하지 마라. (놀리지 마라.)

2 I can't help falling in love with you.

난 당신과 사랑에 빠질 수밖에 없어요.

[can't help+-ing]는 '~하지 않을 수 없다, ~할 수밖에 없다'라는 뜻으로 [cannot help but+동사원형]과 같은 표현입니다. [fall in love with+사람]은 '~와 사랑에 빠지다'라는 뜻으로 자주 쓰이는 숙어표현입니다.

★ **I can't help laughing.** 난 웃을 수밖에 없어요. (너무 웃겨요.)

3 Like a river flows surely to the sea, Darling so it goes.

강물이 반드시 바다로 흘러가듯이, 그대여, 사랑도 그렇게 되는 거죠.

like는 일반적으로 동사로 쓰이면 '~을 좋아하다', 전치사로는 '~처럼, ~같이', 명사로는 '좋아하는 것, 기호, 비슷한 것'이라는 뜻으로 쓰이고, 이 문장에서처럼 접속사로 쓰여 [like+주어+동사] 형태가 되면 '마치~처럼'이라는 뜻입니다. so it goes는 '그게 그런 거예요, 그렇게 되는 거예요'라는 뜻입니다. 여기서 it는 사랑을 의미하겠죠?

★ **I can't do it like you do.** 난 너처럼은 못하겠다.

4 Some things aren't meant to be.

어떤 일들은 운명적인 거예요.

[be meant to+동사원형]은 수동태로 '~할 작정이다, ~하지 않으면 안 된다, ~하기로 되어 있다'라는 뜻입니다.

★ **He was mean to be a physician.** 그는 의사로 태어났다.

A: Hey, buddy. ❶ **Slow down. Only fools rush in**.

이봐, 친구. 천천히 해. 바보들이나 급하게 행동하는 거야.

B: Oh, well. We have no time to lose. Come on, hurry up!

오, 저런. 우린 꾸물거릴 시간이 없어. 자 어서, 서둘러!

A: Take your time. ❷ **There's a saying that haste makes waste**.

시간을 갖고 천천히 해. 급할수록 침착하라는 속담도 있잖아.

B: You're right. I always hurry and ❸ **mess things up**.

네 말이 맞아. 난 늘 서둘러서 일을 망치기도 해.

A: Make haste slowly.

급할수록 천천히 해라.

B: Yeah, ❹ **thanks for reminding me**.

응, 상기시켜줘서 고마워.

 표현 익히기

❶ slow down은 누군가 어떤 일을 서두를 때나 차를 급히 몰고 갈 때 쓰는 말로, '속도를 줄여라, 천천히 해라'라는 뜻이며 take your time과 유사한 표현입니다. rush in은 '급하게 서두르다, 돌진하다, 무모하게 행동하다'라는 뜻입니다.

❷ saying은 '격언, 속담(=proverb)'이라는 뜻이고, 활용 예문으로 A saying goes that time is money. '시간은 금이라는 격언이 있다.'가 있습니다. haste는 '서두름, 급함', waste는 '낭비, 허비'라는 뜻으로, Haste makes waste. '서두름이 낭비를 만든다.', 즉 급할수록 침착하라는 뜻입니다.

　★ **as the saying goes** 속담에도 있듯이, 흔히들 말하듯이

❸ mess something up은 '어떤 일을 망치다, 엉망으로 만들다'라는 뜻입니다.

　★ **He messed up matters.** 그는 사태를 엉망으로 만들었다.

❹ [Thanks for+명사, 동명사]는 '~에 감사하다', remind는 '~을 생각나게 하다, 상기시키다'라는 뜻입니다.

Can't Help Falling in Love
사랑에 빠질 수밖에 없어요
★ Sung by Elvis Presley

Wise men say only fools rush in,
와이즈 맨 쎄이 온리 푸울스 라~쉰

But I can't help falling in love with you.
밧 아이 캔 헬프 폴링 인 러브 위드 유

Shall I stay? Would it be a sin
쉘 아이 스떼이? 우딧 비 어 씬

If I can't help falling in love with you.
이 파이 캔 헬프 폴링 인 러브 위드 유

....

Like a river flows surely to the sea, Darling so it goes.
라이커 리버 플로우스 슈얼리 투 더 싸~, 다알링 쏘 잇 고오즈

Some things aren't meant to be.
썸 씽~즈 이안 멘트 투 비

Take my hands. Take my whole life, too.
테익 마이 핸즈. 테익 마이 호올 라이프, 투

For I can't help falling in love with you.
훠 아이 캔 헬프 폴~링 인 러브 위드 유

....

.... Repeat

For I can't help falling in love with you.
훠 아이 캔 헬프 폴~링 인 러브 위드 유

MUSIC STORY

현인들이 말하듯 급하게 사랑에 빠지는 것은 바보들이나 하는 짓이라는 걸 알면서도 사랑에 빠질 수밖에 없는 한 남자의 마음을 노래한 것입니다. 강물이 바다로 흘러가듯 사랑도 그렇게 자연스럽게 진행되는 것이랍니다. 그리고 사랑은 운명적이라서 마음을 어찌할 수 없다고 하네요. 혹시 지금 이 순간 사랑에 빠져있다면 그녀에게 이 노래로 사랑을 고백해 보세요. 로큰롤의 황제 엘비스 프레슬리가 1961년 발표하여 차트 2위까지 올랐던 노래이고, 그가 주연을 맡았던 영화 〈블루 하와이〉의 주제가였습니다. 많은 가수들이 리메이크하여 부른 인기 곡입니다.

1935년 미국 미시시피 태생의 Elvis Presley는 1935년 1월 8일에 태어나 1977년 8월 16일 43세의 젊은 나이에 생을 마감했습니다. 그는 20세기 미국에서 활동한 가장 유명한 세계적인 가수 중 한 명입니다. 영화배우이자 가수로 활동한 그는 리듬 기타를 연주하였고 20년 동안 30편이 넘는 영화에 출연했습니다.

엘비스의 음악은 미국에서 시작해서 영국으로, 그리고 세계적으로 선풍적인 인기를 끌었으며, 그는 The King Of Rock and Roll '로큰롤의 제왕'이라고 불렸습니다. 1956년 22세의 나이에 영화 Love Me Tender '러브 미 텐더'로 데뷔했고, 1957년 국가로부터 징집영장을 받아 1958년 서독 제1기갑사단 소속 미군기지에 소총병으로 군복무를 했습니다. 그는 흑인음악과 백인음악을 주 장르로 불렀으며 로큰롤, 가스펠, 록, 펑크, 발라드, 팝 등의 장르에서 모두 정상급에 올랐습니다. 세계에서 비틀즈와 엘비스 프레슬리가 가장 많은 앨범을 판매한 아티스트로 기록되어 있으며, 현재 약 10억 장 이상의 판매고를 기록한 것으로 추정됩니다. 1977년 8월 16일 그는 미국 테네시 주의 멤피스 자택의 욕조에서 쓰러진 채로 발견돼 병원으로 옮겨졌으나 당시 43세의 나이에 심장마비로 사망했습니다.

노래를 들으며 가사를 차근차근 읽어보세요.

❶ Well today I'm so weary,
Today I'm so blue
Sad and broken hearted
And ❷ it's all because of you.
Life was so sweet dear,
❸ Life was a song.
Now you've gone and left me.
Oh where do I belong?

....

And it's all for the love
Of a dear little girl.
All for the love
That sets your heart in a whirl.
❹ I'm a man who'd give his life
And the joys of this world
All for the love of a girl.

....

·········· Repeat

우리말 해석

한글 가사를 읽으며 내용을 더 정확하게 이해해요.

아, 오늘 난 너무 지쳤어요.
오늘 너무 우울해요.
슬프고 찢어질 듯이 마음이 아파요.
그리고 그것은 모두 당신 때문이에요.
지난날의 인생은 너무 달콤했어요, 그대여.
인생은 한 곡의 멋진 노래 같았어요.
지금 그대가 내 곁을 멀리 떠났으니
나는 이제 어떻게 해야 하나요?

....

이 모든 것이
한 소녀에 대한 사랑 때문이었습니다.
내 마음을 소용돌이치게 했던 사랑
나는 한 소녀를 위해 생명을 버릴 수도 있고
세상의 즐거움을 버릴 수도 있는
그런 사람입니다.
한 소녀를 위해서라면.

....

.... 반복

words

weary 지친
blue 우울한
sad 슬픈
broken-hearted 상심한
because of ~때문에
life 인생, 삶
sweet 달콤한, 아름다운
belong ~에 속하다
dear 사랑하는, 친애하는
whirl 소용돌이
joy 즐거움

1 Well today I'm so weary, today I'm so blue.

아, 오늘 난 너무 지쳤어요, 오늘 너무 우울해요.

weary는 very tired '아주 피곤한'과 같은 말로 '지쳐있는, 녹초가 된'이라는 뜻입니다. blue는 파란 색으로 쓰이지만 '기분이 우울한'이라는 뜻도 있습니다.

★ **I was weary with walking.** 난 걸어서 지쳐 있었다.
★ **I feel blue on a rainy day.** 난 비 오는 날엔 우울하다.

2 It's all because of you.

그것은 모두 당신 때문이에요.

[because of+명사/동명사]는 '~때문에'라는 뜻으로 전치사로 쓰인 것이고, [because 주어+동사] 는 '~때문에, 왜냐하면'이라는 뜻으로 이유를 뜻하는 부사절 접속사로 쓰인 것입니다.

★ **I like you because you are polite, honest, and reliable.**
나는 당신이 좋아요. 왜냐하면 당신은 예의 있고, 정직하고, 믿음직해서요.

3 Life was a song.

인생온 한 곡의 멋진 노래 같았어요.

인생을 한 곡의 노래로 찬양한 표현입니다. 기분이 좋고 행복할 때 흔히 콧노래가 나오듯 Life was a song.은 인생이 즐거웠다는 의미입니다.

★ **Such is life.** 인생이란 그런 거란다.

4 I'm a man who'd give his life and the joys of this world.

난 생명을 버릴 수도 있고 세상의 즐거움을 버릴 수도 있는 그런 사람입니다.

이 문장은 I'm a man. And he would give his life and the joys of this world.라는 두 문장을 하나로 합친 것입니다. 주격 관계대명사 who를 활용하여 [접속사(and)+대명사(he)]를 한 문장으로 만든 것입니다. give one's life는 '인생(생명)을 바치다'라는 뜻입니다.

★ **My mother gave her life to her children.** 엄마는 자식들에게 인생을 바쳤다.

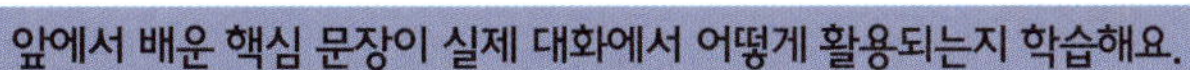

A: **❶ Welcome back home. How was your day today?**

어서 오너라. 오늘 하루 어땠니?

B: Well, It was terrible. Now I am so weary and I'm so blue, mom.

글쎄, 아주 안 좋았어요. 지금 저는 너무 지치고 너무 우울해요, 엄마.

A: What happened? 무슨 일이 있었니?

B: **❷ I missed the bus this morning and I was late for school.**

오늘 아침에 버스를 놓쳤어요. 그래서 학교에 지각했죠.

Besides, I was scolded by my teacher. 게다가 선생님한테 혼났어요.

A: Oh, that's too bad. **❸ I think you need to leave for school earlier.**

오, 안됐구나. 네가 좀 더 일찍 학교로 출발해야겠구나.

B: I think so, too. 저도 역시 그렇게 생각해요.

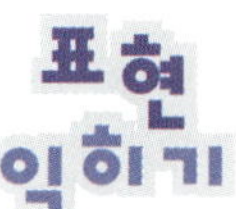

표현 익히기

❶ 어딜 갔다 돌아오는 사람에게 반기면서 Welcome back. 혹은 Welcome home. 이라고 합니다. 부사로 사용된 back과 home을 함께 써도 됩니다.

★ **How was your school today?** 오늘 학교생활 어땠니?
★ **How was your trip?** 여행 어땠어요?

❷ miss는 '~을 놓치다, ~을 그리워하다'라는 뜻으로 자주 쓰입니다. miss the bus 는 '버스를 놓치다, 좋은 기회를 놓치다'라는 의미로 쓰입니다. be late for는 '~ 에 늦다, 지각하다'라는 뜻입니다.

★ **You missed the bus.** 당신 좋은 기회를 놓쳤어요. (버스가 지나갔어요.)

❸ [I think you need to+동사원형]은 '네가 ~할 필요가 있다, ~해야 한다고 생각 한다'라는 뜻으로 상대방에게 뭔가를 권하거나 충고할 때 쓰기 좋은 표현입니다. 여기서 need to 대신 should를 사용할 수 있습니다.

★ **I think you should see a doctor.** 당신 의사 진찰을 받아보는 게 좋겠어요.

All for the Love of a Girl
어느 소녀에게 바친 사랑

★ Sung by Johnny Horton

Well today I'm so weary, today I'm so blue,
웰 투데이 아임 쏘 워어리, 투데이 아임 쏘 블루,

Sad and broken hearted and it's all because of you.
쌔드 앤 브로큰 할리드 앤 잇츠 올 비코오즈 오브 유

Life was so sweet dear, life was a song.
라이프 워즈 쏘 스윗 디어, 라이프 워즈 어 쏭

Now you've gone and left me.
나우 유브 고온 앤 레프트미.

Oh where do I belong?
오 웨어 두아이 빌롱~

....

And it's all for the love of a dear little girl.
앤 잇츠 올 훠 더 러브 오브어 디어 리를 거얼

All for the love that sets your heart in a whirl.
올 훠 더 러브 댓 셋츠 유어 하알트 인어 훠얼

I'm a man who'd give his life and the joys of this world
아임 어 맨 훗 기브 히스 라잎 앤 더 조이스옵 디스 월드

All for the love of a girl.
올 훠 더 러브 오브어 거얼

....

.... Repeat

MUSIC STORY

이 노래는 '어느 소녀에게 바친 사랑'이라는 제목으로 번안되어 한국에서 많은 사랑을 받았습니다. 사랑하는 여인이 떠나버린 후 상심하여 슬픔에 빠져있으려니 너무나 지치고 우울한 마음을 어찌할 수 없어 이제 어디로 가야할지 모르는 남자의 마음을 그렸습니다. 자신의 인생과 자신의 세상을 다 바쳐 사랑한 남자의 이별 후 비애. 그녀를 사랑했을 때는 인생이 달콤했고(Life was sweet) 한 곡의 노래(Life was a song)였다고 행복했던 순간을 묘사합니다.

미국의 컨트리 가수 Johnny Horton은 1925년 4월 30일 캘리포니아주 로스앤젤레스 태생이며 음악 장르는 컨트리, 팝, 록 등 다양했습니다. 청소년 시절부터 자유로운 삶을 꿈꾸며 학교를 자퇴하고 미국의 여러 곳을 둘러보기 위해 여행을 떠났고 여행을 하면서 노래를 만들기도 하고 부족한 여행 경비 마련을 위해 지방 방송국에 출연하거나 클럽에서 노래를 부르기도 했습니다.

1959년 그는 싱글 앨범을 발표하면서 오랜 음악생활 끝에 마침내 대형 컨트리 스타로 발돋움하게 됩니다. 이 앨범의 앞면 곡인 The Battle Of New Orleans는 컨트리 차트와 빌보드 싱글 차트에서 모두 1위를 차지했고, 그를 컨트리 음악과 팝 음악의 대표적인 크로스오버 가수로 만들어 주었습니다. 뒷면 수록 곡인 All For The Love Of A Girl은 미국에서는 많은 인기를 얻지 못했으나 한국에서는 1960년대에 소개된 이후 엄청난 사랑을 받고 있는 곡으로 당시 라디오 팝 프로그램에서 가장 많이 방송되었던 곡 중의 하나이기도 합니다.

1960년 11월 그는 공연을 마친 후 집으로 돌아가는 길에 고속도로에서 음주운전자의 차량과 충돌하여 아쉽게도 45년의 짧은 생을 마감했습니다.

노래를 들으며 가사를 차근차근 읽어보세요.

My love, there's only you in my life,
The only thing that's bright.
My first love, ❶ you're every breath that I take.
You're every step I make.
And ❷ I want to share all my love with you.
No one else will do.
And your eyes (your eyes, your eyes)
They tell me how much you care.
Oh, yes you will always be my endless love.

Two hearts, ❸ two hearts that beat as one.
Our lives have just begun.
Forever I'll hold you close in my arms.
❹ I can't resist your charms.
And I, I'll be a fool for you.
I'm sure you know I don't mind. (Oh you know I don't mind)
'Cause you, ❺ you mean the world to me.
Oh, I know (I know) I've found in you (I've found in you),
My endless love.

Oh, and I, I'll be that fool for you.
I'm sure you know I don't mind.
(Oh you know I don't mind.)
And yes. You'll be the only one.
'Cause no one can deny this love I have inside.
And I'll give it all to you.
My love (my love, my love), my endless love.

우리말 해석

한글 가사를 읽으며 내용을 더 정확하게 이해해요.

내 사랑, 내 인생엔 오직 당신뿐이에요.
밝게 빛나는 유일한 사람.
나의 첫사랑, 당신은 내가 숨 쉬는 모든 것이요.
당신은 나의 모든 발걸음이에요.
그리고 난 내 모든 사랑을 당신과 함께 나누고 싶어요.
그 누구도 아니고요.
그리고 당신의 눈,
그 눈은 당신이 얼마나 날 소중히 여기는지 말해주네요.
오, 그래요. 당신은 언제나 나의 영원한 사랑일 거예요.

두 심장이, 두 심장이 마치 하나같이 뛰네요.
우리의 삶은 이제 막 시작된 거예요.
영원히 난 당신을 내 품에 꼭 안을 거예요.
난 당신의 매력을 거부할 수 없어요.
그리고 난, 난 당신을 위해 바보가 될래요.
당신은 분명히 내가 신경 쓰지 않는다는 것을 알고 있어요.

당신은 나에게 전부이기 때문이에요.
나는 알아요. 난 당신 안에서 발견했어요.
나의 끝없는 사랑을.

오, 그리고 난, 난 당신을 위해 바보가 될래요.
당신은 분명히 내가 신경 쓰지 않는다는 것을 알고 있어요.
네, 그래요. 당신이 유일한 사랑이에요.
왜냐하면 그 누구도 내 안에 이 사랑을 부정할 수 없으니까요.
그리고 내가 당신에게 모든 것을 드릴게요.
내 사랑, 나의 끝없는 사랑이여.

1. You're every breath that I take.

당신은 내가 숨 쉬는 모든 것이요.

take breath는 '호흡하다, 숨 쉬다'라는 뜻으로, 당신은 내가 사는 이유라는 말입니다.

★ **Take a deep breath.** 깊이 숨을 쉬어보세요.

2. I want to share all my love with you.

난 내 모든 사랑을 당신과 함께 나누고 싶어요.

[want to+동사원형]은 '~을 하고 싶다'라는 뜻이고, 같은 말로 [would like to+동사원형]이 있으며, 이는 더 공손한 표현입니다. share something with는 '~와 함께 나누다, 공유하다'라는 뜻입니다.

★ **Let me share the cost with you.** 당신과 비용을 공동으로 부담할게요.

3. Two hearts that beat as one.

두 심장이 마치 하나같이 뛰네요.

이 문장은 직역하면 '하나처럼 뛰는 두 심장'이며, Two hearts가 선행사로, 관계대명사 that이 주격으로 쓰였습니다. 우리말에 일심동체라는 말이 있듯이 여기서는 '한마음이 된다.'라는 뜻입니다.

★ **My heart leaps up.** 내 가슴이 뛰는구나.

4. I can't resist your charms.

난 당신의 매력을 거부할 수 없어요.

resist는 '저항하다, 반항하다'라는 뜻인데 당신의 매력(charms)을 저항할 수 없다는 말은 '당신의 매력에 빠질 수밖에 없어요.'라는 뜻입니다.

★ **I can't resist sweets.** 난 단 과자라면 사족을 못 쓴다.
★ **I cannot resist laughing.** 난 웃지 않고는 못 배긴다.

5. You mean the world to me.

당신은 나에게 전부입니다.

직역하면 '당신은 내게 세상을 의미한다.'입니다. 여기서 world는 everything '모든 것'을 뜻합니다.

★ **You mean everything to me.** 당신은 제게 전부입니다.

A: ❶ **Gee, I have a toothache.** It really hurts.

아이고, 난 치통이 있어. 정말 아프다.

B: Why don't you go to a dentist? ❷ **I'm afraid you have a cavity.**

치과의사에게 진찰받으러 가보지 그래? 너 충치가 있는 것 같다.

A: I'm afraid so. You know ❸ **I have a sweet tooth.**

나도 그런 것 같아. 내가 단 걸 좋아하는 것 알잖아.

B: I know. That's the problem. You need to cut down on sweets.

알아. 그게 문제야. 넌 단 것을 줄여야 해.

A: Well, I can't resist sweets.

글쎄, 난 단 과자라면 사족을 못 써.

B: Then ❹ **I can't help it.**

그럼 어쩔 수 없네.

표현 익히기

❶ Gee는 미국에서 비격식적으로 사용하는 감탄사로 '이런, 어렵소, 어머나, 아이고'라는 의미이며, Jesus의 완곡한 표현으로 놀람, 감동, 못마땅함, 안타까움을 나타낼 때 사용합니다. toothache는 '치통'이라는 뜻입니다.

★ **Gee, what a great idea!** 야, 기막힌 생각이다!

❷ [I'm afraid that+주어+동사]는 '유감스럽게도 ~인 것 같다'라는 뜻입니다. cavity는 '충치'라는 뜻으로 decayed tooth '썩은 이'라고도 표현합니다.

❸ I have a sweet tooth.는 단 것을 좋아하는 이빨을 가지고 있다, 즉 '단 것을 아주 좋아한다.'라는 뜻입니다.

★ **I love sweets such as candies, chocolates, and ice cream.**
난 사탕, 초콜릿, 아이스크림 같은 단 것을 아주 좋아해요.

❹ 직역하면 그것을 도울 수 없다, 즉 '어쩔 수 없지'라는 뜻입니다. 내가 할 수 있는 게 아무것도 없다는 말이죠.

Endless Love
끝없는 사랑

★ *Sung by Lionel Richie & Diana Ross*

My love, there's only you in my life,
마이 럽~, 데얼스 온리 유 인 마이 라잎

The only thing that's bright.
디 온리 씽 댓츠 브라잇

My first love, you're every breath that I take.
마이 퍼스트 럽~, 유어 에브리 브레쓰 대라이 테익

You're every step I make.
유아 에브리 스텝아이메익

And I want to share all my love with you.
앤 아이 원투 쉐어 올 마이 럽~ 위드 유.

No one else will do.
노 원 엘스 윌 두

And your eyes. They tell me how much you care.
앤 유어라이즈. 데이 텔 미 하우 머치 유 케어

Oh, yes you will always be my endless love.
오우, 예스 유 윌 올웨이즈 비 마이 엔들리스 럽~

Two hearts, two hearts that beat as one.
투 할~츠, 투 할~츠 댓 비트 애즈 원.

Our lives have just begun.
아워 라이브즈 해브 져슷 비건

Forever I'll hold you close in my arms.
포에~버 아월 홀쥬 클로즈 인 마이 암즈

I can't resist your charms. And I, I'll be a fool for you.
아이캔트 리지스트 유어 참스. 앤아~,아월 비어 풀 훠 유

I'm sure you know I don't mind.
아임 슈어 유 노우 아이 돈 마인드

'Cause you, you mean the world to me.
코오즈 유, 유 민 더 월드 투 미

Oh, I know I've found in you, my endless love.
오, 아이노우 아이브 파운딘 유, 마이 엔들리스 러브

Oh, and I, I'll be that fool for you.
오 앤아이 아월비 댓 풀~ 훠 유

I'm sure you know I don't mind.
아임 슈어 유 노우 아이 돈 마인드.

And yes. You'll be the only one.
앤예스. 유월 비 디 온리 원

'Cause no one can deny this love I have inside.
코오즈 노 원 캔 디나이 디스 러브 아이 햅 인싸잇

And I'll give it all to you. My love, my endless love.
앤 아월 기브 잇올 투 유. 마이 럽~, 마이 엔들리스 럽~

MUSIC STORY

나의 첫사랑, 당신이 내 인생에 유일한 사랑이고 내가 숨을 쉬는 것도 당신 때문이며, 당신이 내 인생에 전부이기에 나의 모든 사랑을 함께하고 싶다고 합니다. 나의 끝없는 사랑, 당신의 매력을 거부할 수 없고 당신을 위해서라면 바보가 되겠다(I'll be a fool for you)고 하네요. 사랑하는 사람에게 불러주면 감동하겠죠?

이 노래는 라이오넬 리치가 프랑크 제피렐리 감독, 마틴 휴이트와 부룩 실즈가 열연한 영화

〈Endless Love〉의 주제가로 작곡했고 프로듀싱 했습니다. 그리고 1960년대 Supremes '슈프림스'를 이끌며 흑인 여성음악을 주도해 온 다이아나 로스와 동명 타이틀 곡을 불러, Top-40에서 9주간 정상을 차지하는 대 기록을 세웠습니다. 라이오넬 리치와 다이아나 로스의 멋진 하모니와 아름다운 음성은 듣는 사람이 노래에 푹 빠지게 하는 매력을 느낍니다. 감상으로 끝내지 말고 여러분도 함께 불러보세요.

Lionel Richie는 1949년 6월 20일 미국출생으로 Black Balled '블랙 발라드'의 대명사로 불렸습니다. 미국의 가수 겸 작곡가이자 음반 제작자이기도 한 그의 본명은 Lionel Brockman Richie입니다.

1969년에 싱글앨범 〈Keep On Dancing〉을 발표하며 음악활동을 시작했으나 초창기에는 인기를 얻지 못했고, 1976년부터는 그의 활약이 두드러져서 많은 히트곡을 냈습니다. 특히 1978년에 발표한 Three Times A Lady는 그 당시 팬들에게 많은 지지를 얻었습니다. 1982년에 앨범 〈Lionel Richie〉로 연주자 · 프로듀서 · 작곡가 등 다재다능한 솔로 가수로 등장했고, Truly란 곡을 빌보드 차트 정상에 올려놓는 성공을 거두었습니다.

가사
익히기   노래를 들으며 가사를 차근차근 읽어보세요.

❶ How gentle is the rain
That falls softly on the meadow.
Birds high above in the trees
Serenade the flowers with their melodies. Oh, oh, oh.
See there beyond the hill.
The bright colors of the rainbow.
Some magic from above made this day for us
Just to fall in love.

❷ Now I belong to you from this day until forever just love me
tenderly
And I'll give to you every part of me. Oh, oh, oh.
❸ Don't ever make me cry
Through long lonely nights without love.
❹ Be always true to me.
Keep it stay in your heart eternally.

Someday we shall return to this place upon the meadow.
We'll walk out in the rain
Hear the birds above sing once again. Oh, oh, oh.

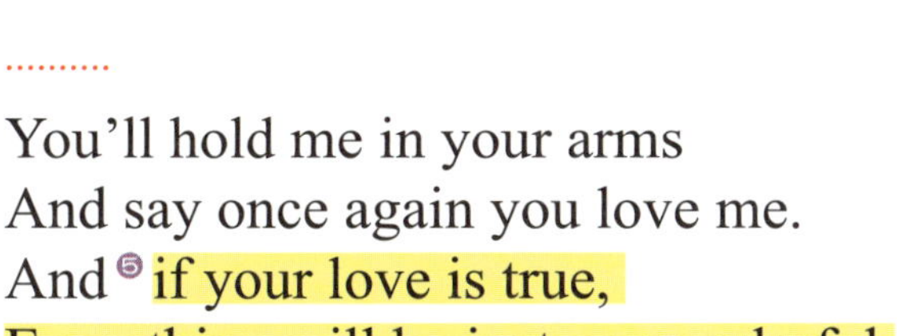

....

You'll hold me in your arms
And say once again you love me.
And ❺ if your love is true,
Everything will be just as wonderful.

....

.... Repeat

우리말 해석

한글 가사를 읽으며 내용을 더 정확하게 이해해요.

저 들판 위에 부드럽게 떨어지는
저 빗방울은 얼마나 아름다운가.
저 높이 나무 위의 새들도 멋진 선율로
꽃을 향해 사랑의 노래를 불러주네요. 오, 오, 오.
저기 언덕 위를 봐요.
저 눈부신 무지개의 빛깔들.
하늘의 마법이 이 날을 만든 것 같아요
우리가 사랑에 빠지도록.

오늘부터 영원토록 이제 난 그대의 사랑이에요.
그저 나를 부드럽게 사랑해줘요.
그러면 내 모든 것을 그대에게 드리겠어요. 오, 오, 오.
어쨌든 날 울리지 말아요.
사랑 없는 길고 외로운 밤 동안

내게 언제나 진실하게 대해줘요.
그것을 영원히 그대 마음에 간직할게요.

먼 훗날 우린 이 들판 위 이곳에 다시 돌아오겠죠.
우리는 빗속을 거닐며
새들이 지저귀는 소리를 한 번 더 듣게 되겠죠. 오, 오, 오.

....

그대 나를 품에 안고
다시 한 번 내게 사랑한다 말해주겠죠.
그리고 그대의 사랑이 진실하다면
모든 것은 너무나 멋질 거예요.

....

.... 반복

① How gentle is the rain that falls softly on the meadow.

저 들판 위에 부드럽게 떨어지는 저 빗방울은 얼마나 아름다운가.

gentle은 '부드러운, 조용한'이라는 뜻이고, [선행사(the rain)+주격 관계대명사(that)+동사(falls)]의 문장 형태입니다.

★ **How beautiful is the mountain over there?** 저쪽에 저 산이 얼마나 아름다운가?

② Now I belong to you from this day until forever.

오늘부터 영원토록 이제 난 그대의 사랑이에요.

belong to '~에 속하다, 소속되다, ~의 것이다'라는 숙어표현입니다. from A to(until) B는 '~에서 ~까지'라는 뜻으로 시간, 거리 등을 나타낼 때 씁니다. from this day until forever는 '오늘부터 영원토록'을 뜻합니다.

★ **Now you belong to this club.** 이제 당신은 이 동아리의 회원입니다.

③ Don't ever make me cry.

어쨌든 날 울리지 말아요.

[make+목적어(사람)+동사원형 or 형용사]는 5형식 문장으로 '~를 ~하게 만들다'라는 뜻입니다. ever는 보통 긍정문에서 '언제나, 항상, 끊임없이', 부정문·의문문·조건절에서는 '언젠가, 이전에, 지금까지, 어쨌든'으로 해석됩니다.

★ **You always make me happy.** 넌 항상 날 행복하게 해.

④ Be always true to me.

내게 언제나 진실하게 대해줘요.

[be+형용사]는 형용사의 명령문 형태로 '~하세요, ~하시오'라는 뜻입니다.

★ **Be kind and nice to foreigners.** 외국인들에게 친절하게 잘 대하세요.

⑤ If your love is true, everything will be just as wonderful.

그대의 사랑이 진실하다면 모든 것은 너무나 멋질 거예요.

just as wonderful as now가 생략된 말로, '앞으로도 계속 당신의 사랑이 진실하다면 모든 게 지금처럼 멋질 것이다.'라는 뜻입니다.

★ **Don't worry. Everything will be just as fine.** 걱정 마세요. 모든 게 잘 될 거예요.

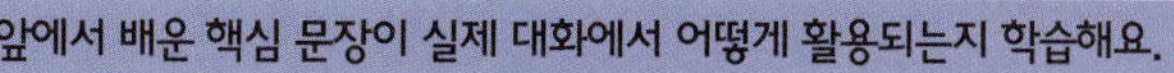

A: **❶ The autumn has come.** The leaves are starting to fall now.

가을이 왔어요. 이제 나뭇잎들이 떨어지기 시작하네요.

B: Yes, they are. I love fall. It's my favorite season.

네, 그렇군요. 저는 가을을 무척 좋아해요. 제가 제일 좋아하는 계절이에요.

A: How beautiful are the autumn colors in Korea? **❷ Many people go on a trip to enjoy the colorful leaves.**

한국에는 단풍이 얼마나 아름다운가요? 많은 사람들이 단풍을 즐기러 여행을 떠납니다.

B: You are right. A lot of people go to the mountains in the fall.

맞아요. 많은 사람들이 가을에 산으로 갑니다.

A: What mountain **❸ is famous for** autumn colors?

어떤 산이 단풍으로 유명한가요?

B: Naejang mountain is well-known for the beautiful fall leaves.

내장산이 아름다운 단풍으로 잘 알려져 있어요.

표현 익히기

❶ 가을이 왔다는 말은 진행형이나 현재완료형을 씁니다. The autumn is coming. 혹은 The autumn has come. '가을이 이미 와있다.'라는 말이죠.

★ **The spring has come.** 봄이 왔어요.

❷ go on a trip '여행을 가다'는 take a trip과 같은 말입니다. colorful leaves는 '다채로운 잎들', 즉 autumn leaves '단풍'을 뜻합니다.

★ **Let's go on a trip to a mountain this Sunday.** 이번 일요일 산으로 여행 갑시다.

❸ be famous for '~으로 유명하다'는 be well-known for와 같은 표현입니다.

★ **Daegu is famous for apples.** 대구는 사과로 유명하다.

A Lover's Concerto
사랑의 협주곡

★ Sung by Sarah Vaughan

How gentle is the rain that falls softly on the meadow.
하우 젠틀 이즈더 레인 댓 폴스 스프틀리오 더 메~도우

Birds high above in the trees
벌~즈 하이 어브브 인 더 츄리즈

Serenade the flowers with their melodies. Oh, oh, oh.
세레네데이 더 플라워즈 위데어 멜로디즈 오, 오, 오

See there beyond the hill. The bright colors of the rainbow.
씨 데어 비욘드 더 힐. 더 브라잇 칼라즈 오브 더 레인보우

Some magic from above made this day for us
썸 매직 프롬 어브브 메잇 디스 데이 훠러스

Just to fall in love.
져스투 폴 인 러브

Now I belong to you from this day until forever.
나우 아이 빌롱 투 유 프롬 니스 데이 언딜 포에~버

Just love me tenderly
져슷 러브 미 텐더리~

And I'll give to you every part of me. Oh, oh, oh.
앤 아윌 기브 투 유 에브리 파트 옵 미 오, 오, 오

Don't ever make me cry
돈 에버 메이크 미 크라이

Through long lonely nights without love.
쓰~루 롱 로온리 나잇츠 위다웃 러브

Be always true to me. Keep it stay in your heart eternally.
비 올웨이즈 추루 투 미. 키핏 스페이 인 유어 할~트 이터널리

Someday we shall return to this place upon the meadow.
썸~데이 위 쉘 리~턴 투 디스 플레이스 어폰 더 메~도우

We'll walk out in the rain
윌 워크 아웃 인 더 레인

Hear the birds above sing once again. Oh, oh, oh.
히얼 더 벌즈 어브브 씽 원스 어겐 오, 오, 오

....

You'll hold me in your arms
유윌 홀드 미 인 유어 암즈

And say once again you love me.
앤 쎄이 원스 어겐 유 러브 미

And if your love is true,
앤 이프 유어 러브 이즈 추루,

Everything will be just as wonderful.
에브라씽 윌 비 저스트 애즈 원더풀

....

.... Repeat

MUSIC STORY

A Lover's Concerto '사랑의 협주곡'은 90년대 말 한국영화 〈접속〉에 삽입되어 우리나라에 잘 알려진 노래입니다. 푸른 초원 위에 살포시 내리는 아름다운 비, 나무 위에는 새들이 꽃을 보며 노래하고, 저 언덕 위에 환하게 빛나는 무지개 빛깔들, 하늘에서 우리가 사랑에 빠지도록 마법이라도 부린 듯한 아름다운 오늘, 사랑을 고백하며 오늘부터 영원하자고 맹세하는 노래입니다. 그리고 먼 훗날 이 초원에 다시 돌아와 함께 빗속을 산책하며 새들이 노래하는 것을 듣겠다고 하는군요. 정말 제목 A Lover's Concerto처럼 사랑의 협주곡을 자연의 모습을 보며 듣는 듯합니다.

Sarah Vaughan은 1924년 미국 뉴저지주 출생의 유명한 흑인 여성 Jazz singer입니다. 1942년 그룹 '얼하인즈 밴드' 보컬로 데뷔했습니다. 재즈 평론가 스콧 야노우는 그녀에 대하여 '20세기 가장 놀라운 목소리'라고 평했습니다. 천재 재즈보컬인 그녀는 1940~50년대 빌리 홀리데이, 엘라 핏제럴드와 함께 3대 여성 재즈보컬리스트로 불렸습니다. 그녀는 재즈에 팝을 가미한 crossover '크로스오버' 형태의 음악으로 대중적인 인기를 얻었습니다.

과거 재즈연주에 부산물로만 여겨졌던 재즈보컬의 위상을 한껏 드높인 인물입니다. 4옥타브를 자유자제로 오르내리는 신이 내린 목소리라는 평을 듣고, 마치 악기와도 같은 목소리의 소유자인 그녀는 재즈보컬 연주의 즉흥성과 예술성을 한 차원 높인 가수입니다.

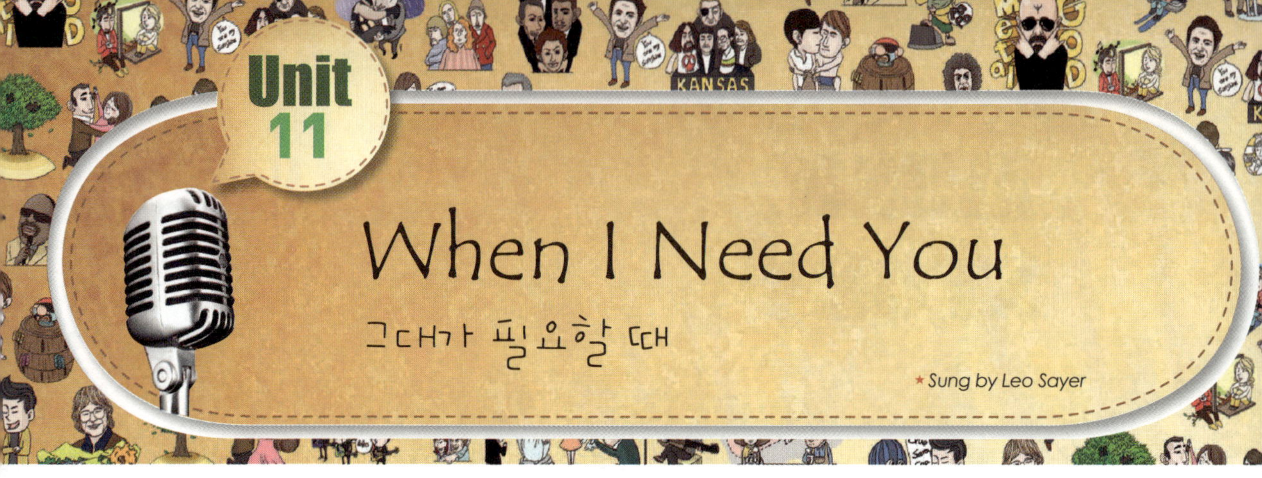

노래를 들으며 가사를 차근차근 읽어보세요.

❶ When I need you,
I just close my eyes and I'm with you.
And all that I so want to give you.
It's only a heartbeat away.

When I need love,
I hold out my hands and I touch love.
I never knew there was so much love
Keeping me warm night and day.

Miles and miles of empty space in between us
❷ A telephone can't take the place of your smile,
But you know I won't be traveling forever.
It's cold out, but hold out, and do like I do.

········ Repeat

words

need 필요하다

heartbeat 심장박동, 고동, 아주 가까이에(부사)

hold out 내밀다

touch 만지다

warm 따듯한

night and day 밤낮으로

empty 비어있는

space 공간

between ~사이에

take the place of ~을 대신하다

forever 영원히

road 길, 도로

heavy 무거운

load 무거운 짐, 부담

bear 견디다, 버티다, 참다

❸It's not easy when the road is your driver.
❹Honey that's a heavy load that we bear.
But you know I won't be traveling a lifetime.
It's cold out, but hold out, and do like I do.
Oh I need you.

When I need you
I just close my eyes and ❺you're right here by my side.
Keeping me warm night and day.
I just hold out my hands. (I just hold out my hands.)
And I'm with you, darling. (Yes, I'm with you daring.)
All I want to give you is only a heartbeat away.

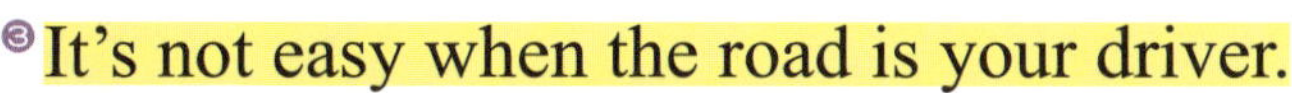

우리말 해석

한글 가사를 읽으며 내용을 더 정확하게 이해해요.

....

그대가 필요할 때
그저 눈을 감으면 그대와 함께 있습니다.
그리고 나 그대에게 해드리고 싶은 모든 것은
오직 숨소리가 들릴 만큼 아주 가까이 있는 것입니다.

....

사랑이 필요할 때
나 손을 내밀면 그대의 사랑을 느낍니다.
그대에게 그렇게 큰 사랑이 있는 줄 몰랐어요.
그 사랑이 밤낮으로 나를 따뜻하게 해줍니다.

우리 사이에 너무나 멀리 떨어진 공간이 있어요.
전화가 당신의 미소를 대신할 수는 없어요.
하지만 내가 영원히 떠나있지는 않을 겁니다.
밖엔 너무 춥지만, 손을 내밀어 봐요. 그리고 나처럼 해봐요.

.... 반복

내가 이렇게 떠나야 하는데 내 마음도 편하지 않아요.
그대여, 그것은 우리가 감당하기에 너무 힘든 일이에요.
하지만 내가 평생 떠나있지는 않을 겁니다.
밖이 너무 추워요. 손을 내밀어 봐요. 그리고 나처럼 해봐요.
오, 그대가 필요해요.

그대가 필요할 때, 나는 그냥 눈을 감아요.
그러면 그대 어느새 내 곁에 있네요.
밤에도 낮에도 나를 따뜻하게 해줍니다.
나는 가만히 손을 내밀면, 당신과 함께 있습니다. 그대여,
(네, 나는 어느새 그대 곁에 있지요)
오직 그대에게 해드리고 싶은 것은
숨소리가 들릴 만큼 가까이 있는 것입니다.

1 When I need you, I just close my eyes and I'm with you.

그대가 필요할 때, 나 그저 눈을 감으면 그대와 함께 있습니다.

사랑하는 사람이 필요할 때 함께할 수 없으니 그냥 눈을 감고 함께 있는 걸 상상한다는 말입니다.

★ **When you need my help, please call me anytime.**   나의 도움이 필요하면 언제든 전화하세요.

2 A telephone can't take the place of your smile.

전화가 당신의 미소를 대신할 수는 없어요.

take the place of는 '~을 대신하다'라는 뜻으로 전화 통화를 할 수 있지만 당신의 미소를 볼 수 없어 아쉽다는 말입니다.

★ **No one could take the place of your mother.**   어느 누구도 어머니를 대신할 수는 없다.

3 It's not easy when the road is your driver.

내가 이렇게 떠나야 하는데 내 마음도 편하지 않아요.

the road is your driver는 직역하면 '길이 너의 운전자이다', 즉 떠나고 싶지는 않지만 떠나야하는 마음을 표현한 것입니다.

★ **It's not easy to master English.**   영어를 정복하는 것은 쉽지 않아요.

4 Honey that's a heavy load that we bear.

그대여, 그것은 우리가 감당하기에 너무 힘든 일이에요.

여기서 load '짐'은 '정신적인 짐, 중압, 부담(burden)'을 말하는데, 우리가 bear(견디다, 버티다)하기에는 무거운 짐이라는 뜻입니다.

★ **I can't carry a load on my shoulders because I have a sore shoulder.**

난 어깨가 쑤셔서 어깨에 짐을 질 수 없어요.

5 You're right here by my side.

그대 어느새 내 곁에 있네요.

right here는 '바로 여기'라는 뜻입니다.

★ **I'll always be by your side.**   항상 당신 곁에 있을 거예요.

A: I'm going away on a vacation for a week.
제가 일주일 동안 휴가를 떠납니다.

B: Good for you.
잘됐네요.

A: Who will ❶ **take the place of** me in this office?
이 사무실에서 누가 내 일을 대신할까요?

B: How about Mr. Kim? I think ❷ **he is the right man for your position**.
미스터 김은 어때요? 당신 자리에 그가 적임자라고 생각합니다.

A: He is very busy with lots of work. That's a heavy load for him.
그 사람은 많은 일로 바빠요. 그것은 그에게 무거운 짐이에요.

B: Oh, you're right. Then I have to replace you ❸ **during your absence**.
오, 맞아요. 그러면 제가 당신 부재 중에 대리를 맡아야겠네요.

❶ take the place of '~을 대신하다'라는 뜻으로 replace와 같은 말이며 여기서 place는 '역할, 임무'라는 뜻입니다.
★ **I can't take the place of you.** 난 당신을 대신할 수 없어요.

❷ the right man for '~에 적임자다'라는 말입니다.
★ **I'd like to say I'm the right person you're looking for.**
제가 귀사에서 찾고 있는 적임자라고 말씀드리고 싶습니다.

❸ during your absence '당신의 부재 동안에'라는 뜻인데, '~동안에, ~중에'에 해당하는 전치사가 [during+특정기간(vacation, the summer, the weekend)]에 쓰이고, [for+숫자개념(three days, five years)]으로 쓰입니다.

When I Need You
그대가 필요할 때

Sung by Leo Sayer

When I need you, I just close my eyes and I'm with you.
웬 아이 나~쥬, 아이져슷 클로즈 마이 아이즈 앤 아임 위드 유

And all that I so want to give you.
앤 올 댓라이 쏘 원 투 기브 유.

It's only a heartbeat away.
잇츠 온니 어 할~트 비 러웨이

When I need love, I hold out my hands and I touch love.
웬 아이니드 러브, 아이홀드 아웃 마이 핸즈 앤 아이 터치 러브

I never knew there was so much love
아이 네버 뉴 데얼 워즈 쏘 머치 러브

Keeping me warm night and day.
키핑 미 웜 나잇 앤 데이

Miles and miles of empty space in between us
마일즈 앤 마일즈 오브 엠티 스페이스인 비튄~ 어스

A telephone can't take the place of your smile,
어 텔레~폰 캔트 테익 더 플레이스 오브 유어 스마일

But you know I won't be traveling forever.
밧 유 노우 아이 원트 비 추레블링 포에~버

It's cold out, but hold out, and do like I do.
잇츠 콜드 아웃, 밧 홀드 아웃, 앤 두 라익 아이두

.... Repeat

It's not easy when the road is your driver.
잇츠 낫 이지 웬 더 로드 이즈 유어 드라이버

Honey that's a heavy load that we bear.
허니 댓츠 어 해비 로드 댓 위 베어

But you know I won't be traveling a lifetime.
밧 유 노우 아 원트 비 추레블링 어 라이프타임

It's cold out, but hold out, and do like I do.
잇츠 콜드 아웃, 밧 홀드 아웃, 앤 두 라익 아이두.

Oh I need you.
오 아이 나~쥬

When I need you,
웬 아이 나~쥬

I just close my eyes and you're right here by my side.
아이져슷 클로즈 마이 아이즈 앤 유아 롸잇 히어바이마이 싸이드

Keeping me warm night and day.
키핑 미 웜 나잇 앤 데이.

I just hold out my hands. (×2)
아이져슷 홀드 아웃 마이 핸즈

And I'm with you, darling. (×2)
앤 아임 위드 유, 달~링

All I want to give you is only a heartbeat away.
올아이 원투 기브 유 이즈온니 어 할트 비 러웨이

MUSIC STORY

이 노래는 원래 1976년 알버트 하몬드가 작곡해 불렀던 노래로, 1977년 리오 세이어가 다시 불러 미국과 영국에서 동시에 팝 차트 1위에 오르면서 세상에 널리 알려진 곡입니다.

사랑하는 사람이 멀리 떨어져 있어도 사랑하는 마음만은 변함없이 가까이에 있다는 내용으로 서정적인 발라드 가사가 아름다워 한국인이 가장 좋아하는 팝송 중 하나입니다. 어쩔 수 없는 이유로 사랑하는 사람과 멀리 떨어져 있어 그 사랑이 필요할 때는 만날 수가 없고 전화로 대신하지만 직접 볼 수 없는 아쉬움을 A telephone can't take the place of your smile. '전화가 당신의 미소를 대신할 수 없어요.'라고 표현합니다. 당신이 필요할 때 그저 눈을 감고 함께 있는 걸 상상합니다. 사랑하는 사람에게 해주고 싶은 것은 그저 함께 가까이 있는 것 (heartbeat away)이라고 노래하네요.

영국 출신의 싱어송라이터 Leo Sayer는 1948년 5월 21일 출생했습니다. 60년대 후반 런던의 한 블루스 밴드에서 음악 활동을 시작했고, 1972년에 데뷔하여 첫 싱글 곡 Why Is Everybody Going Home을 발표했지만, 대중의 호응을 얻지 못했습니다. 1973년에 The Show Must Go On을 발표하여 UK 차트 1위에 올리며 영국에서 스타가 되었습니다. 그 이듬해 미국으로 진출하여 Long Tall Glasses, I Can Dance로 미국 차트에 진입해 톱10에 오르며 부각 받기 시작합니다.

When I Need You는 1977년 5월에 1주간 빌보드 싱글 차트 정상에 올랐으며, 우리에게 잘 알려진 신나는 댄스곡 More Than I Can Say는 1980년대 초반 UK차트 2위를 기록하면서 다시 인기를 끌었습니다. 1970년대 중반 디스코 댄스음악으로 인기를 끌었던 리오 세이어는 인간 내면의 깊은 곳으로부터 끌어내는 보컬과 감미로운 발라드 러브 송으로 당시 젊은이들에게 많은 사랑을 받았습니다.

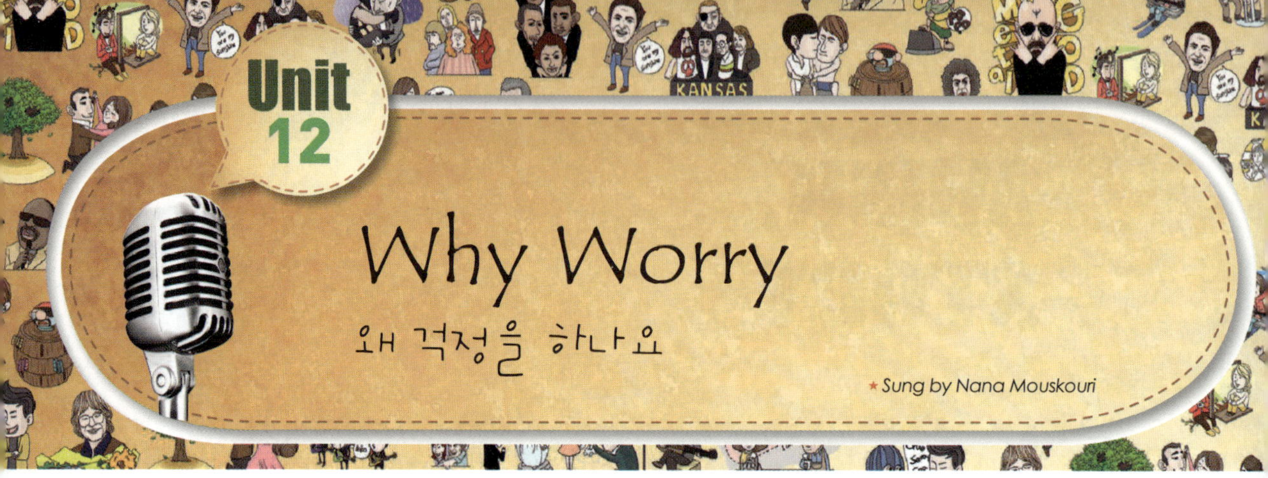

Unit 12

Why Worry
왜 걱정을 하나요

★ Sung by Nana Mouskouri

가사 익히기
노래를 들으며 가사를 차근차근 읽어보세요.

Baby, ❶ I see this world has made you sad.
Some people can be bad.
The things they do, the things they say.
But baby, I'll wipe away those bitter tears.
I'll chase away those restless fears
That turn your blue skies into grey.

....

Why worry,
❷ There should be laughter after pain.
❸ There should be sunshine after rain.
These things have always been the same.
So why worry now. Why worry now. Why worry now.

....

Baby, when I get down I turn to you.
❹ And you make sense of what I do.
I know it isn't hard to say.
But baby, just ❺ when this world seems mean and cold,

<table>
<tr><td>words</td></tr>
</table>

world 세상

bad 나쁜

things 사정, 상황, 일

wipe away 닦아내다

bitter 쓴, 쓰라린

chase away 쫓아버리다

restless 끊임없는

fear 두려움

worry 걱정하다

laughter 웃음

pain 고통

sunshine 햇살, 햇빛

get down 우울해지다

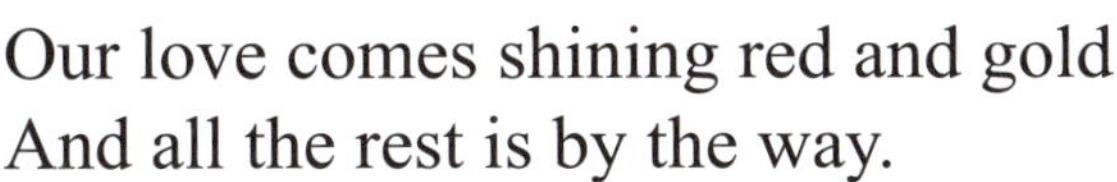

Our love comes shining red and gold
And all the rest is by the way.

·········· Repeat

Why worry. Why worry. Why worry now.

우리말 해석

한글 가사를 읽으며 내용을 더 정확하게 이해해요.

그대여, 이 세상이 당신을 슬프게 만든다는 걸 난 알고 있어요.
어떤 사람들은 참 나쁘기도 하죠.
그들이 하는 행동과 말이.
하지만 그대여, 내가 그 쓰라린 눈물을 닦아줄게요.
그 끝없는 두려움을 내가 모두 쫓아버릴게요.
당신의 푸른 하늘을 회색빛으로 물들게 하는

··········

왜 걱정을 하나요.
고통 뒤에는 반드시 기쁨이 찾아옵니다.
비 온 뒤엔 햇살이 비추기 마련이죠.
이런 일들은 늘 똑같이 그래왔어요.
그러니 이제 걱정하지 마세요. 왜 걱정을 하나요.
왜 걱정을 하나요.

··········

그대여, 내가 우울해지면 당신을 찾게 됩니다.
당신은 내가 하는 일을 이해해 줍니다.
내게 말해주는 건 어렵지 않겠죠.
하지만 그대여, 이 세상이 비열하고 냉정하게 여겨질 때면
우리의 사랑은 더욱 붉은 황금빛으로 빛나게 될 거예요.
그리고 그 외의 일들은 상관하지 말아요.

········ 반복

걱정 말아요. 걱정 말아요. 걱정하지 말아요.

① I see this world has made you sad.

이 세상이 당신을 슬프게 만든다는 걸 난 알고 있어요.

I see는 I understand '난 이해한다'라는 뜻이고, 그 다음 접속사 that이 생략된 것입니다. This world has you made you sad.는 5형식 문장으로 [주어+동사(made)+목적어(you)+목적보어(sad)]입니다.

★ **You make me happy.** 당신은 나를 행복하게 만듭니다.

② There should be laughter after pain.

고통 뒤에는 반드시 기쁨이 찾아옵니다.

should는 조동사로 '~일 것이다, ~할 텐데'라는 뜻이고, laughter '웃음'은 행복을 상징합니다. 성경 말씀처럼 고난 뒤에 축복이 있듯이, 고통 뒤에는 기쁨(laughter after pain)이 있기 마련이라는 말입니다.

★ **Laughter is the best medicine.** 웃음이 최고의 명약이다. (속담)

③ There should be sunshine after rain.

비 온 뒤엔 햇살이 비추기 마련이죠.

비 온 후 햇살이 비치는(sunshine after rain) 자연 현상처럼 우리의 삶도 마찬가지라는 말입니다.

★ **Rain or shine, we must go there.** 비가 오건 날이 맑건 우리는 그곳에 가야 한다.

④ And you make sense of what I do.

당신은 내가 하는 것을 이해해 줍니다.

make sense of는 '~의 뜻을 알다, 이해하다'라는 뜻으로 understand와 같은 뜻입니다.

★ **I think it makes sense.** 그건 말이 되네요.

⑤ When this world seems mean and cold,

이 세상이 비열하고 냉정하게 여겨질 때면,

mean은 동사로 '~을 의미하다, 뜻하다'이고, 형용사로는 '비열한, 인색한'이라는 뜻으로 쓰입니다. 이 문장에서는 형용사로 쓰였습니다.

★ **Don't be mean.** 못되게 굴지 마라. (심술궂게 굴지 마라.)

핵심 문장 활용하기

A: ❶ **You know what?** ❷ I **'m so pleased with** you together.

있잖아요. 난 당신과 함께 있으면 참 기분이 좋아요.

B: Oh, really? I am glad to hear that. 오, 그래요? 그런 말을 들으니 기쁘네요.

A: You make people happy. 당신은 사람들을 행복하게 만들어요.
Your constant smile and positive words give us positive energy.

당신의 끊임없는 미소와 긍정적인 말들은 우리에게 긍정적 에너지를 줍니다.

B: Thanks for the ❸ **compliment.** Some people can be bad. The things they do, the things they say.

칭찬 고맙습니다. 어떤 사람들은 나쁘기도 하죠. 그들이 하는 행동과 그들이 하는 말이요.

A: You're right. we should try to ❹ **think positively** when this world seems mean and cold.

맞아요. 이 세상이 비열하고 냉정할 때 우린 긍정적으로 생각하려고 노력해야 합니다.

B: You are telling me. 지당하신 말씀입니다.

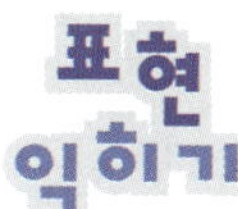

표현 익히기

❶ 어떤 말을 꺼내거나 의견 혹은 새로운 정보를 말하려고 할 때, 관심을 유도할 때 문두에 쓰는 말로 '있잖아요, 그래서 말인데요'라는 뜻입니다.

★ **You know what? It's time to go home.** 있잖아, 집에 갈 시간이야.

❷ pleased는 형용사로 '기쁜, 만족스러운, 즐거운'이라는 뜻이고, 동사로 please를 쓰면 '～을 기쁘게 하다'라는 뜻입니다. be pleased with는 be happy with/ be satisfied with와 유사표현으로 '～에 만족하다'라는 뜻입니다.

❸ compliment는 명사로 '칭찬, 찬사'라는 뜻입니다.

★ **This is very flattering.** 과찬의 말씀이십니다.

❹ positive는 형용사로 '긍정적인', positively는 부사로 '긍정적으로'라는 뜻입니다. 예를 들면, positive thinking '긍정적 생각', think positively '긍정적으로 생각하세요'의 형태로 쓰입니다.

Why Worry
왜 걱정을 하나요

★ Sung by Nana Mouskouri

Baby, I see this world has made you sad.
베이비, 아이씨 디스 월드 해즈 메이드 유 쌔~드

Some people can be bad.
썸 피플 캔 비 배드

The things they do, the things they say.
더 씽즈 데이 두, 더 씽즈 데이 쎄이

But baby, I'll wipe away those bitter tears.
밧 베이비, 아일 와이퍼웨이 도즈 비러 티얼즈

I'll chase away those restless fears
아일 체이써웨이 도즈 레스릴스 피얼즈

that turn your blue skies into grey.
댓 턴 유어 블루 스카이즈 인투 그레이

....

Why worry, There should be laughter after pain.
와이 워~리, 데얼 슛 비 래프터 애프터 페인

There should be sunshine after rain.
데얼 슛 비 썬샤인 애프터 레인

These things have always been the same.
디즈 씽즈 해브 올웨이즈 빈 더 쌔~임

So why worry now. Why worry now.
쏘 와이 워~리 나우. 와이 워~리 나우

Why worry now.
와이 워~리 나우

....

Baby, when I get down I turn to you.
베이비 웬 아이겟 다운 아이 턴 투 유

And you make sense of what I do.
앤 유 메익 쎈스 오브 와라이 두~

I know it isn't hard to say.
아이노우 잇 이즌트 할~투 쎄이

But baby, just when this world seems mean and cold,
밧 베이비, 져슷 웬 디스 월~드 씸스 만~ 앤 코올드

Our love comes shining red and gold
아워 러브 컴스 샤이닝 레드 앤 고올드

And all the rest is by the way.
앤 올 더 레스트 이즈바이더 웨이

.... Repeat

Why worry. Why worry. Why worry now.
와이 워~리 와이 워~리 와이 워~리 나우

MUSIC STORY

이 노래는 원래 영국의 뉴캐슬 출신의 락 밴드 Dire Straits '다이어 스트레이츠'의 곡인데 청명한 목소리의 소유자 나나 무스꾸리의 음성으로 감상하겠습니다. Why Worry는 Why do you worry?의 줄임말로 너는 왜 걱정을 하느냐, 즉 '걱정할 것 없다'라는 말입니다. 다시 말해 Don't worry. '걱정 마세요.'라고 할 수 있죠.

세상이 그대를 슬프게 할지라도, 사람들이 나쁜 말과 행동으로 상처를 줄지라도 걱정하지 말라는 노래입니다. 고통 뒤엔 웃음(laughter after pain)이, 비 내린 후엔 햇살이 비추는 것(sunshine after rain)이 자연의 이치인즉, 우리의 인생도 그러하니 걱정하지 말라고 하네요. 특히 세상이 비열하고 냉정하여 살기 힘들 때 우리의 사랑이 있어서 극복될 거라는 힘을 주는 위로의 노래입니다.

긴 생머리, 검은 뿔테안경, 흰 드레스에 청아한 목소리가 상징인 세계적인 가수 Nana Mouskouri는 1934년 10월 13일 그리스에서 태어났습니다. 그리스의 대표적인 대중가수로 처음에는 클래식가수로 시작해서 1960년 독일에서 발표한 앨범으로 인기를 얻어 세계적인 가수가 되었습니다. 1974년 미국 카네기홀에서 공연을 한 후 엄청난 인기를 얻었습니다. 그녀가 발표한 곡만 1,500곡, 발매음반 450장, 그리고 약 3억 장의 역사상 가장 음반이 많이 팔린 기록을 갖고 있는 가수 중 한 명입니다. 그리스 가수이지만 영어, 불어, 스페인어, 이탈리아어, 독일어, 라틴어, 포르투갈어로도 음반을 취입했고 프랑스 역대 최대 앨범판매기록을 보유하고 있습니다. 2004년 그녀의 50년 음악활동에 고별콘서트를 했습니다.

노래를 들으며 가사를 차근차근 읽어보세요.

Crazy love.
It's just a crazy love.
I love you so
But I still know it's a crazy love.

Crazy love.
It's just a crazy love.
❶ What must I do to get through to you?
Oh, my crazy love.

❷ Everything's wrong heaven above.
❸ Set me free from this crazy love.

Don't don't don't don't you see
What you are doing to me?
❹ You upset my heart right from the start
With your crazy love.
Oh, crazy love. Oh~ oh~ oh, crazy love.

우리말 해석

한글 가사를 읽으며 내용을 더 정확하게 이해해요.

미친 사랑.
그건 바로 미친 사랑이에요.
난 당신을 그렇게 사랑해요.
그것이 미친 사랑이라는 것을 알면서요.

미친 사랑
그건 바로 미친 사랑이에요
당신을 차지하려면 어떻게 해야 하나요?
오, 미친 사랑이야.

모든 게 하늘 위에서 잘못되었어요.
나를 이 미친 사랑으로부터 벗어나게 해주세요.

당신은 모르겠어요.
당신이 내게 무엇을 했는지?
당신은 처음부터 내 마음을 흔들어놓았어요.
당신의 미친 사랑으로.
오, 미친 사랑. 오~ 오~ 오~, 미친 사랑.

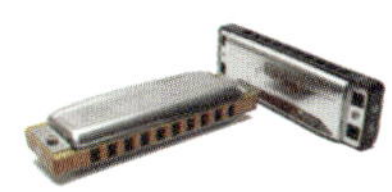

① What must I do to get through to you?

당신을 차지하려면 어떻게 해야 하나요?

get through to는 '~와 연락하다, 이해시키다, 도달하다'라는 뜻입니다.

★ **I can't get through to 911.** 911에 연락이 안 돼요.

② Everything's wrong heaven above.

모든 게 하늘 위에서 잘못되었어요.

wrong은 '잘못된'이고 반대말은 right '올바른'입니다. heaven above는 '하늘위에서', 즉 이 문장은 처음부터 모든 게 잘못되어있다는 말입니다.

★ **How is everything with you?** 당신의 모든 일이 어떠신가요?
★ **Is everything okay?** 모든 게 괜찮아요?

③ Set me free from this crazy love.

나를 이 미친 사랑으로부터 벗어나게 해주세요.

set me free는 '나를 자유롭게 해 달라, 풀어 달라'라는 뜻인데, 다시 말해 '나를 놔주세요, 벗어나게 해 주세요'라는 말입니다.

④ You upset my heart right from the start with your crazy love.

당신은 당신의 미친 사랑으로 처음부터 내 마음을 흔들어놓았어요.

upset은 동사로 '전복시키다, 마음을 뒤흔들다'라는 뜻이고, 형용사로 '뒤집힌, 불편한, 기분 상한'이라는 뜻으로도 쓰입니다. from the start는 '처음부터'라는 뜻입니다.

★ **My stomach is upset.** 속이 안 좋아요.
★ **The rain has upset our plans.** 비 때문에 우리의 계획이 무산됐다.

A: Hey, Mike, ❶ **long time no see. How have you been**?

이봐, 마이크, 오랜만이야. 그동안 어떻게 지냈니?

B: Pretty busy. Thanks. And you?

무척 바쁘게 지냈어. 고마워. 너는?

A: Quite good. ❷ **You are so difficult to get through to**.

아주 잘 지냈어. 너한테 연락하기 참 힘들더라.

B: Did you try to contact me?

나한테 연락했었니?

A: Yes, I did several times. ❸ **Where have you been**?

응, 여러 번 연락했었지. 어디에 갔었니?

B: I've been abroad for a business trip for ❹ **a couple of weeks**.

2주 동안 사업여행으로 외국에 갔다 왔어.

표현 익히기

❶ long time no see는 오랜만에 만났을 때 인사말로 I haven't seen you for a long time과 같은 말입니다. How are you?의 현재완료 형태인 How have you been? 은 '그동안 어떻게 지냈니?'라는 인사말이죠.

❷ [get through to+사람]은 '~와 연락을 하다'라는 뜻으로, 여기서는 contact(=get in touch with)와 같은 표현입니다.

★ **How can I get in touch with you?** 당신과 어떻게 연락을 하지요?

❸ Where have you been?은 현재완료 형태로 '어디에 갔었니?, 어디에 갔다 왔니?'라는 뜻의 경험을 묻는 말입니다. 단순히 과거에 '어디 갔었니?'라고 물으려면 Where did you go?라고 합니다.

❹ a couple of는 '한 쌍의', 즉 '둘(two)'을 뜻합니다.

Crazy Love
미친 사랑

★Sung by Paul Anka

Crazy love. Crazy love. Crazy love.
크레이지 라~브, 크레이지 라~브, 크레이지 라~브

It's just a crazy love.
잇츠 져스터 크레이지라~브

I love you so but I still know it's a crazy love.
아일러뷰　쏘 밧 아이스틸 노우　잇처 크레이지라~브

Crazy love. It's just a crazy love.
크레이지 라~브. 잇츠 져스터 크레이지 라~브

What must I do to get through to you?
왓 머스트아이두 투 겟　쓰~루 투 유?

Oh, my crazy love.
오, 마이 크레이지 라~브

Everything's wrong heaven above.
에브라씽즈　롱　해~븐　어바브

Set me free from this crazy love.
셋 미 프리　프롬 디스 크레이지 라브

Don't don't don't don't you see?
돈　돈　돈　돈츄　씨

What you are doing to me?
왓　유　아　두잉 투 미

You upset my heart right from the start with your crazy love.
유 업셋 마이 할~트 롸잇　프롬 더 스타트 위드　유어 크레이지라~브

Oh, crazy love. Oh~ oh~ oh, crazy love.
오, 크레이지 러브. 오, 오, 오, 크레이지 러브

MUSIC STORY

Crazy Love '미친 사랑', 우리가 살면서 미칠 수 있는 게 어떤 것들이 있을까요? 돈, 일, 술, 도박, 춤, 사랑 등 젊은 시절 누구나 사랑에 미쳐보는 게 바람이 아닐까요? 이 중에 사랑에 미치는 것이 가장 아름답겠죠?

Crazy는 '정신이 나간, 돌아버린'이라는 뜻 외에 '열광적인, 열중한, 빠져있는'이라는 뜻으로도 쓰입니다. 미친 사랑, 잘못된 사랑인 줄 알면서도 그 사랑에 빠져 헤어날 수 없는 남자의 마음을 표현한 노래입니다.

Paul Anka는 1941년 7월 30일 캐나다의 수도 오타와에서 부유한 집 아들로 태어나 10살 때부터 노래 활동을 시작했고, 12살에 연예계에 진출한 천재소년이었습니다. 1956년 14세 때 그는 첫 싱글 I Confess를 발표했고 다음 해 뉴욕으로 이주하여 캐나다 록그룹 Rover Boys에서 활동했습니다.

1957년 솔로로 전향하여 그의 나이 15세 때, 세 살 연상인 보모에 대한 짝사랑의 마음을 그린 자작곡인 Diana를 발표하여 빌보드차트 1위로 올랐습니다. 무려 13주 동안 Top을 장식하는 놀라운 기록을 세우며 일약 세계적인 스타가수가 되었습니다. 그는 50년대 최고의 10대 아이돌 스타로 활약했으며 90년대에는 성공적인 작곡가이자 뮤직 사업의 아티스트로 활동한 뮤지션입니다. 50년대 로커빌리 스타일의 싱어송라이터 폴 앵카의 Crazy Love는 한국에서도 크게 히트한 곡입니다.

노래를 들으며 가사를 차근차근 읽어보세요.

I saw the light on the night
That I passed by her window.
I saw the flickering shadows of love on her blind.
She was my woman.
As she deceived me,
❶ I watched and went out of my mind.

My, my, my, Delilah. Why, why, why, Delilah.
❷ I could see that girl was no good for me.
But ❸ I was lost like a slave that no man could free.
At break of day when that man drove away,
I was waiting.
I crossed the street to her house and she opened the door.

....

She stood there laughing.
I felt the knife in my hand and she laughed no more.
My, my, my, Delilah. Why, why, why, Delilah.
So before they come to break down the door,
❹ Forgive me Delilah. ❺ I just couldn't take any more.
....

.... Repeat

우리말 해석

한글 가사를 읽으며 내용을 더 정확하게 이해해요.

난 그날 밤 그녀의 창문에 불빛을 보았네.
그녀의 창가를 지나갔었지.
난 그녀의 창가 블라인드에 흔들리는 사랑의 그림자를 보았지.
그녀는 내 여자였는데.
그녀가 날 속이는 것을
난 지켜보고 있다가 미쳐버렸지.

나의, 나의, 나의, 딜라일라. 왜, 왜, 왜, 딜라일라.
그녀가 나에게 도움이 되지 않는다는 걸 알았지만
난 그 누구도 해방시켜줄 수 없는 노예처럼 사로잡혀 버렸지.
동이 틀 무렵 그 남자가 차를 타고 가 버릴 때를
난 기다리고 있었지.
난 길을 건너 그녀의 집으로 향했고 그녀는 문을 열어 주었어.

....

그녀가 웃으며 거기 서 있더군.
내 손에 쥔 칼을 꽉 쥐는 순간 그녀는 더 이상 웃지 않았지.
나의, 나의, 나의, 딜라일라. 왜, 왜, 왜, 딜라일라.
사람들이 문을 부수고 이곳으로 몰려오기 전에
날 용서해 주오. 딜라일라. 나는 더 이상 참을 수가 없었어.

....

.... 반복

① I watched and went out of my mind.

나는 지켜보고 있다가 미쳐버렸지.

go out of mind는 '정신이 나가다, 미치다'라는 뜻입니다.

★ **Are you out of mind?** 너 정신 나갔니?

② I could see that girl was no good for me.

그녀가 나에게 도움이 되지 않는다는 걸 알았지.

여기서 see는 know '알다'라는 의미이고, no good은 '쓸모없는(useless), 사용불가의'라는 뜻으로 영화나 TV 등에서 약어로 NG라고 합니다.

★ **This phone is no good here.** 이 전화는 여기서 쓸모없다.

③ I was lost like a slave that no man could free.

난 그 누구도 해방시켜줄 수 없는 노예처럼 사로잡혀 버렸지.

be lost는 '길을 잃다, 어찌할 바를 모르다'라는 뜻이고, like a slave '노예처럼'에서 like는 전치사로 쓰인 것입니다. 목적격 관계대명사 that을 사용한 문장으로 free '자유롭게 풀어주다'의 목적어는 a slave '노예'입니다. 즉, No man could free a slave. '아무도 노예를 해방시켜줄 수 없다.'라는 말입니다.

★ **When I lost my job, I was completely lost.** 일자리를 잃고 나니 도저히 어찌할 바를 모르겠더군요.

④ Forgive me Delilah.

날 용서해 주오. 딜라일라.

forgive는 '용서하다'로, excuse, pardon과 유사한 뜻으로 사용됩니다.

★ **Please forgive me. I didn't mean to do it.** 제발 용서해줘. 일부로 그런 것은 아냐.

⑤ I just couldn't take any more.

나는 더 이상 참을 수 없었어.

여기서 take는 '받아들이다, 참다'라는 뜻입니다.

★ **That's enough. I can't take it any more.** 그거면 충분해. 더 이상 참을 수가 없군.

A: Hey, buddy! Are you out of mind?
이봐, 친구. 정신 나갔나?

You shouldn't ❶ **throw away** your cigarette butt.
담배꽁초를 버려서는 안 돼.

B: Oh, sorry. It was my fault.
아, 미안. 그것은 내 실수야.

A: I hate that kind of bad manner ❷ **against public etiquette**.
난 공중예절에 어긋나는 그런 나쁜 태도를 너무 싫어해.

B: ❸ **That's too much.** I said sorry.
그건 너무하는군. 미안하다고 했잖아.

A: ❹ **I'm sorry if it offended you.** I just couldn't take it.
기분 나빴다면 미안해. 난 그저 참을 수가 없었어.

B: That's okay. What a public servant you are!
괜찮아. 넌 정말로 공무원이구나!

❶ throw away는 '버리다, 내던지다'라는 뜻으로 dump '쓰레기를 버리다'와 같은 말입니다.
★ **Don't dump trash here.** 여기에 쓰레기를 버리지 마시오.

❷ public etiquette '공중예절'은 public order , public manners와 같은 말입니다.

❸ 같은 말로 That's going too far. '그것은 너무 지나치다, 너무 심하다'가 있습니다.

❹ offend는 동사로 '기분 상하게 하다, 불쾌하게 하다'이고 형용사로 offensive '불쾌한, 모욕적인'이 있습니다.
★ **Don't be offended.** 기분 나쁘게 생각하지 말아요.

Delilah
딜라일라

★ Sung by Tom Jones

I saw the light on the night that I passed by her window.
아이쏘 더 라잇 온 더 나잇 대라이 패스트 바이 허 윈도우~

I saw the flickering shadows of love on her blind.
아이쏘 더 플리커링 샤도우즈 오브 럽~ 온 허 블라인드

She was my woman.
쉬 워즈 마이 워~먼

As she deceived me, I watched and went out of my mind.
애즈 쉬 디씨브드 미 아이 와치트 앤 웬트 아우로브 마이 마인드

My, my, my, Delilah. Why, why, why, Delilah.
마이 마이 마이 딜라일라. 와이 와이 와이, 딜라일라

I could see that girl was no good for me.
아이쿳 씨 댓 걸~ 워즈 노 굿 휘 미

But I was lost like a slave that no man could free.
바라이 워즈 로쓰트 라이커 슬레이브 댓 노 맨 쿳 프리~

At break of day when that man drove away, I was waiting.
앳 브레익 옵 데이 웬 냇 맨 드로브 어웨이, 아이워즈 웨이링

I crossed the street to her house and she opened the door.
아이 크로쏘더 스트릿투 허 하우스 앤 쉬 오픈 더 도어

....

She stood there laughing.
쉬 스뜌~ 데어 래~핑

I felt the knife in my hand and she laughed no more.
아 펠더 나이프 인 마이 핸드 앤 쉬 래프트 노 모어~

My, my, my, Delilah. Why, why, why, Delilah.
마이 마이 마이 딜라일라. 와이 와이 와이. 딜라일라

So before they come to break down the door,
쏘 비포~ 데이 컴 투 브레익 다운 더 도어

Forgive me Delilah. I just couldn't take any more.
휘~기브 미 딜라일라. 아이져슷 쿠든트 테익 애니 모어

....

.... Repeat

MUSIC STORY

Delilah '딜라일라'는 성경에 Sampson and Delilah '삼손과 데릴라'에서 삼손을 배반하고 부정한 일을 저지른 여인, 데릴라(드릴라)에서 기원하고 있습니다. 톰 존스가 노래했던 Delilah의 어원도 바로 성경의 데릴라에서 유래한 '부정한 여인'이라는 뜻입니다.

다른 남자를 만나는 애인에 대한 커다란 분노를 잘 표현한 이 곡은 우리나라에서는 원곡뿐만 아니라 가수 조영남 씨의 번안곡이 크게 히트를 쳤습니다. 1968년에 당시 대학생이었던 조영남 씨가 이 곡을 한국 정서에 잘 맞게 번안하여 불러 스타덤에 올랐습니다.

Tom Jones는 1940년 영국의 웨일즈 출생으로 1957년에 가수로 데뷔하여 약 50년이 넘는 오랜 기간 동안 세계적인 팝가수로 활동했습니다. 1966년 그의 노래 Green Green Grass Of Home은 100만 장 이상의 앨범판매고를 올렸습니다. 또한 1968년에 딜라일라, Unchanged Melody 등으로 전 세계를 열광시켰으며, 2006년에는 영국황실로부터 그의 40년 음악생활에 대한 공로를 인정받아 기사작위(경, Sir)를 받는 영광을 누렸습니다.

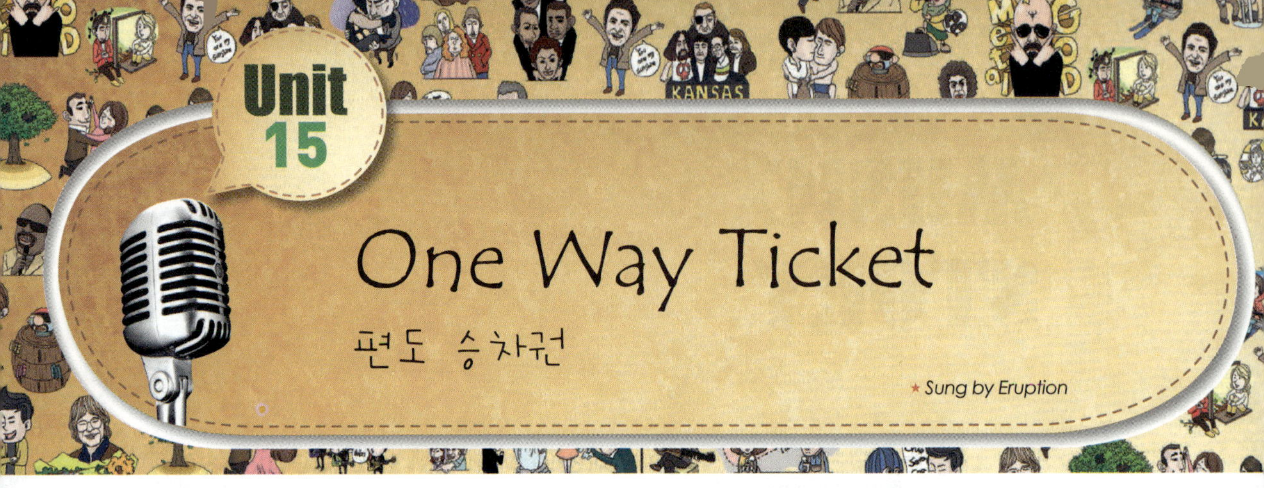

노래를 들으며 가사를 차근차근 읽어보세요.

One way ticket, one way ticket, one way ticket
One way ticket, one way ticket, one way ticket to the blues.

....

Choo choo train a chugging down the track.
❶ Gotta travel on, never comin' back. Woo~ woo~
❷ Got a one way ticket to the blues. Woo~ woo~

....

Bye bye love, ❸ my baby's leavin' me.
Now lovely teardrops are all that I can see. Woo~ woo~
Got a one way ticket to the blues. Woo~ woo~

❹ I'm gonna take a trip to lonesome town.
Gonna stay at heartbreak hotel.
A fool such as I there never was.
I cry a tear so well.

One way ticket, one way ticket, one way ticket
One way ticket, one way ticket, one way ticket to the blues

.... Repeat (X2)

한글 가사를 읽으며 내용을 더 정확하게 이해해요.

one-way ticket 편도 승차권
round trip ticket 왕복표
blues 우울함, 미지의 것
choo-choo 칙칙폭폭(음성어)
chug (기관차 등이) 칙칙폭폭 소리를 내다
track (기차) 선로
lonely 외로운
teardrop 눈물방울
take a trip to+장소 ～로 여행을 가다
lonesome 외로운, 쓸쓸한, 적막한
heartbreak 비탄, 슬픔
fool 바보

편도 승차권, 편도 승차권, 편도 승차권
편도 승차권, 편도 승차권, 우울로 향해가는 편도 승차권

··········

칙칙폭폭 소리를 내며 기차가 선로 위로 달려가고 있어.
난 여행을 떠나야 해. 절대 돌아오지 못할 여행을.
오, 오 난 우울로 향해 가는 편도 승차권 한 장을 샀어.

··········

안녕 내 사랑, 내 사랑이 날 떠나고 있네.
이제 내 눈엔 그저 외로운 눈물만 흐르네.
오, 오 난 우울을 향해가는 편도 티켓 한 장을 샀어.

난 인적이 드문 마을로 여행을 떠나
상심의 호텔에 머물겠지.
나 같은 바보는 없었을 거야.
펑펑 눈물을 쏟으며 울었어.

편도 승차권, 편도 승차권, 편도 승차권
편도 승차권, 편도 승차권, 우울로 향해가는 편도 승차권

········ 반복 (2회)

❶ Gotta travel on, never comin' back.

난 여행을 떠나야 해. 절대 돌아오지 못할 여행을.

이 문장은 주어 I가 생략된 것이고, gotta는 got to의 비격식적인 말로 have got to '~해야만 한다'라는 뜻입니다. comin'은 coming의 줄임말입니다.

★ **I gotta leave now.**　이제 가 봐야 해요.

❷ Got a one way ticket to the blues.

난 우울로 향해가는 편도 승차권 한 장을 샀어.

이 문장도 주어 I가 생략된 것이고, one-way ticket은 '편도 티켓, 일방'이고, 왕복표를 round-trip, return ticket이라 합니다. 여기서 the blues는 depression '우울함'을 뜻합니다.

★ **Would you like a one-way or round trip ticket?**　편도로 하시겠습니까? 아니면 왕복으로 하시겠습니까?
★ **Life is one-way.**　인생은 일방통행이다.

❸ My baby's leavin' me.

내 사랑이 날 떠나고 있네.

baby '아기, 아가'는 '사랑하는 사람'을 부를 때도 사용하며, honey, sweetheart '자기야'와 같은 말입니다. leavin'은 leaving의 줄임말입니다.

★ **Don't leave me.**　나를 떠나지 마세요.

❹ I'm gonna take a trip to lonesome town.

난 인적이 드문 마을로 여행을 떠날 거야.

be gonna는 미래와 예정을 나타내는 be going to의 비격식적 표현으로 '~할 예정이다'라는 뜻입니다. [take a trip to+장소]는 '~로 여행을 가다'라는 뜻으로 go on a trip과 같은 말입니다.

★ **What are you going to do this weekend?**　이번 주말에 뭐 할 거예요?
★ **Let's take a trip together.**　우리 함께 여행 갑시다.

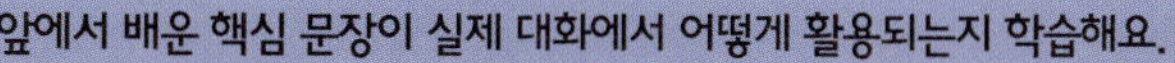

A: ❶ **Have you been to Busan before**?

전에 부산에 가 봤나요?

B: No, I haven't. I want to travel there.

아니요, 못 가 봤어요. 그곳을 여행하고 싶어요.

A: Let's take a trip to Busan this weekend ❷ **if you aren't doing anything.** 별일 없으면 이번 주말에 우리 부산으로 여행 갑시다.

B: That sounds like fun. Do we have to buy a round-trip ticket ❸ **in advance**? 그것 재미있겠네요. 우리는 미리 왕복표를 구입해야 하나요?

A: Yes, we can ❹ **reserve a ticket** on the Internet.

네, 우리는 인터넷으로 티켓을 예약하면 돼요.

B: Shall we take the KTX or a bus?

KTX 타고 갈 거예요 아님 버스 탈 거예요?

표현 익히기

❶ [Have you been to+장소?] '～에 가 본적 있니?'는 경험을 물을 때 쓰는 표현입니다. 대답으로는 Yes, I have./No, I haven't.라고 하면 됩니다.

❷ If you don't have any special plans '특별한 계획 없으면'과 같은 뜻입니다.

★ **Will you go to a movie tonight if you aren't doing anything?**
별일 없으면 오늘 밤 영화 보러 갈래요?

❸ in advance는 '미리, 사전에, 먼저'라는 뜻으로 쓰입니다.

★ **Please pay in advance.** 선불입니다.

❹ reserve '예약하다'는 make a reservation for와 같은 뜻입니다.

★ **I'd like to reserve a table for five at 7 this evening.**
오늘 저녁 7시에 다섯 명을 위한 자리를 예약하고 싶습니다.

One Way Ticket
편도 승차권

★ Sung by Eruption

One way ticket, one way ticket, one way ticket
원 웨이 티켓, 원 웨이 티켓, 원 웨이 티켓

One way ticket, one way ticket, one way ticket to the blues.
원 웨이 티켓, 원 웨이 티켓, 원 웨이 티켓 두 더 블루스

....

Choo choo train a chugging down the track.
추~ 추~ 추레인어 차~깅 다운 더 추랙

Gotta travel on, never comin' back. woo~ woo~
가~라 추레블 온~, 네~벌 커밍 백. 우~ 우~

Got a one way ticket to the blues. woo~ woo~
갓 어 원 웨이 티켓 투 더 블루스. 우~ 우~

....

Bye bye love, my baby's leavin' me.
바이 바이 러브, 마이 베이비스 리빙 미

Now lovely teardrops are all that I can see. woo~ woo~
나우 러블리 티얼드랍스 아 올 댓아이 캔 씨. 우~ 우~

Got a one way ticket to the blues. woo~ woo~
갓 어 원 웨이 티켓 투 더 블루스. 우~ 우~

I'm gonna take a trip to lonesome town.
이임 고나 테이커 추립 투 로~온썸 타운

Gonna stay at heartbreak hotel.
고나 스테이엣 하트브레이크 호텔

A fool such as I there never was.
어 푸울~ 써치 애즈아이데어 네버 워즈

I cry a tear so well.
아이크라이어 티얼 쏘웰

One way ticket, one way ticket, one way ticket
원 웨이 티켓, 원 웨이 티켓, 원 웨이 티켓

One way ticket, one way ticket, one way ticket to the blues
원 웨이 티켓, 원 웨이 티켓, 원 웨이 티켓 투 더 블루스

.... Repeat (X2)

MUSIC STORY

One Way Ticket은 1959년에 나온 닐 세다카의 노래로, 원제목은 One Way Ticket To The Blues입니다. 1978년에 Eruption이라는 영국 디스코&리듬 앤 블루스 밴드가 디스코 버전으로 리메이크해 다시 주목을 받게 되었으며, 한국에서는 가수 방미가 〈날 보러 와요〉라는 제목의 번안 곡으로 불러 우리에게 널리 알려졌습니다. 제가 중학교 시절 수학여행 가서 이 노래 맞춰 춤을 췄던 추억이 있습니다.

노래 가사는 단순하고 반복적이며 참 슬프지만 리듬은 신나는 디스코 음악입니다. 그래서 반대로 더 슬프기도 합니다. 사랑하는 사람과의 이별 후 편도 티을 사서 기차를 타고 외로운 마을로 여행을 떠나, 상심의 호텔에 머무르며 펑펑 울면서 슬퍼하며 바보 같았던 자신을 탓하는 내용입니다. 이별은 결코 돌아오지 못할 우울로 향하는 여행인가 봅니다.

자메이카 출신의 소울밴드 Eruption은 5인조 밴드로 1974년에 영국 런던에서 결성되었습니다. 그들은 1975년 RCA Soul Search Contest에서 대상을 차지하며 첫 번째 싱글 Let Me Take Your Back in Time을 발매하여 UK 소울 차트에서 좋은 성적을 거둡니다. 1978년 두 번째 싱글 앨범에 One Way Ticket을 리메이크해서 불렀는데 대 히트를 쳤습니다. 이럽션은 1980년대 중반에 해체했고, Wilson만이 솔로 아티스트로 활동했습니다.

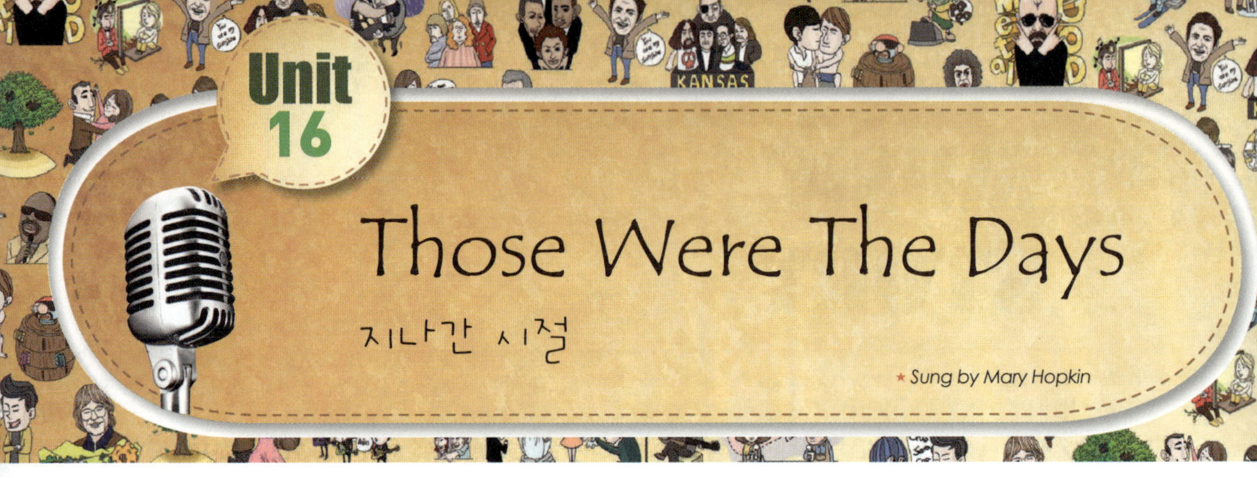

노래를 들으며 가사를 차근차근 읽어보세요.

❶ Once upon a time there was a tavern
❷ Where we used to raise a glass or two.
Remember how we laughed away the hours.
Think of all the great things we would do.

....

❸ Those were the days my friend.
We thought they'd never end.
We'd sing and dance forever and a day.
We'd live the life we'd choose.
We'd fight and never lose.

....

For we were young and sure to have our way.
La-da-da-da-da-da, La-da-da-da-da-da
La-da-da-da-da-da, La-da-da-da-da-da

Then the busy years went rushing by us.
We lost our starry notions on the way.
If by chance I'd see you in the tavern,
We'd smile at one another and we'd say.

.... Repeat

Those were the days, oh, yes, those were the days.
La-da-da-da-da-da, La-da-da-da-da-da (×2)

words	
tavern (선)술집(=pub)	
remember 기억하다	
raise 들어 올리다	
laugh 웃다	
end 끝나다	
choose 선택하다, 고르다	
fight 싸우다	
have one's way 마음대로 하다	
rush by 급히 가다, 돌진하다	
notion 관념, 개념, 생각	
starry 별빛의	
on the way 도중에	
by chance 우연히	
one another 서로서로 (셋 이상)	

Just tonight I stood before the tavern.
4 Nothing seemed the way it used to be.
In the glass I saw a strange reflection.
Was that lonely woman really me?

·········· Repeat

Through the door there came familiar laughter.
I saw your face and heard you call my name.
5 Oh my friend we're older but no wiser,
For in our hearts the dreams are still the same.

·········· Repeat

우리말 해석

한글 가사를 읽으며 내용을 더 정확하게 이해해요.

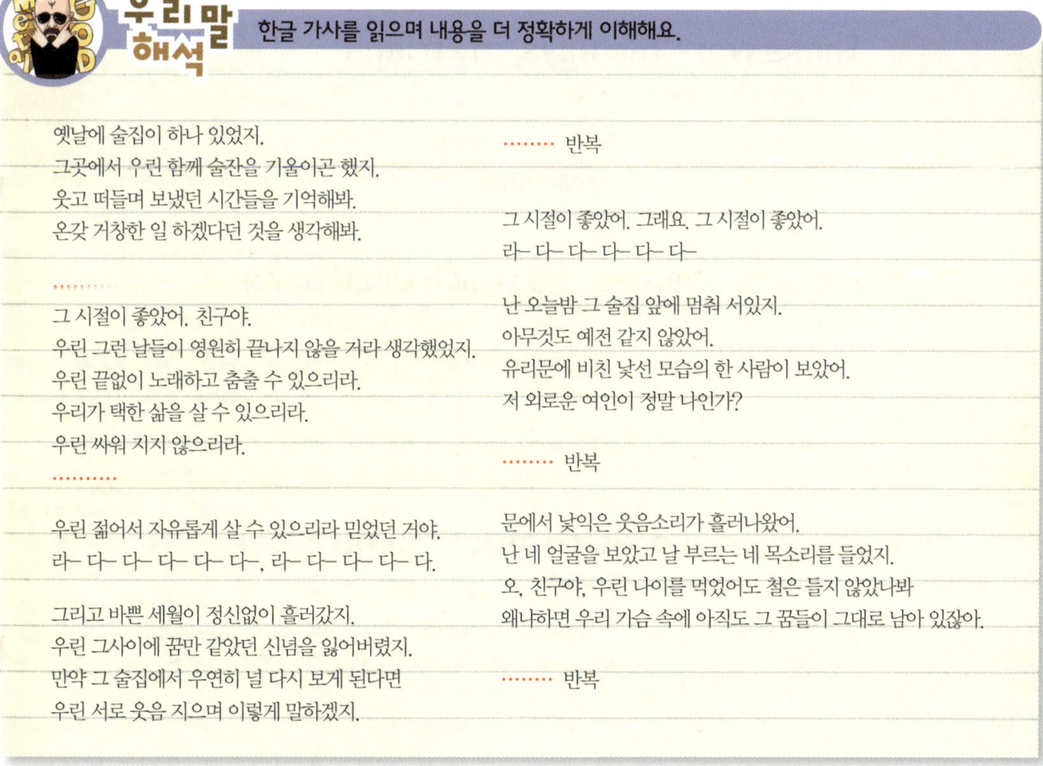

옛날에 술집이 하나 있었지.
그곳에서 우린 함께 술잔을 기울이곤 했지.
웃고 떠들며 보냈던 시간들을 기억해봐.
온갖 거창한 일 하겠다던 것을 생각해봐.

그 시절이 좋았어. 친구야.
우린 그런 날들이 영원히 끝나지 않을 거라 생각했었지.
우린 끝없이 노래하고 춤출 수 있으리라.
우리가 택한 삶을 살 수 있으리라.
우린 싸워 지지 않으리라.

우린 젊어서 자유롭게 살 수 있으리라 믿었던 거야.
라 ― 다 ― 다 ― 다 ― 다 ― 다, 라 ― 다 ― 다 ― 다 ― 다.

그리고 바쁜 세월이 정신없이 흘러갔지.
우린 그사이에 꿈만 같았던 신념을 잃어버렸지.
만약 그 술집에서 우연히 널 다시 보게 된다면
우린 서로 웃음 지으며 이렇게 말하겠지.

·········· 반복

그 시절이 좋았어. 그래요. 그 시절이 좋았어.
라 ― 다 ― 다 ― 다 ― 다 ― 다 ―

난 오늘밤 그 술집 앞에 멈춰 서있지.
아무것도 예전 같지 않았어.
유리문에 비친 낯선 모습의 한 사람이 보았어.
저 외로운 여인이 정말 나인가?

·········· 반복

문에서 낯익은 웃음소리가 흘러나왔어.
난 네 얼굴을 보았고 날 부르는 네 목소리를 들었지.
오, 친구야, 우린 나이를 먹었어도 철은 들지 않았나봐
왜냐하면 우리 가슴 속에 아직도 그 꿈들이 그대로 남아 있잖아.

·········· 반복

① Once upon a time there was a tavern.

옛날에 술집이 하나 있었지.

once upon a time '옛날 옛날에'는 동화 이야기를 시작할 때 처음 시작하는 문구로 자주 쓰이는 표현입니다. 유사표현으로 long, long ago가 있습니다.

★ **Once upon a time there was a beautiful princess.**   옛날에 아름다운 공주가 살았습니다.

② Where we used to raise a glass or two.

그곳에서 우린 함께 술잔 기울이곤 했지.

where는 관계부사로 and there의 뜻이고, [used to+동사원형] '~하곤 했었다'는 과거의 규칙적인 습관을 말할 때 씁니다. raise a glass '술잔을 들어 올리다'는 '건배를 하며 술을 마셨다'라는 말입니다.

★ **Everybody, please raise your glasses to the victory.**   여러분, 승리를 위하여 모두 잔을 들어 건배합시다.

③ Those were the days, my friend.

그 시절이 좋았어, 친구야.

직역하면 '그런 날들이 있었지', 즉 '그때가 좋았지, 그 시설이 좋았는네'라는 밀입니다.

★ **Those were the happiest days of my life.**   그때가 내 인생에서 가장 행복한 시절이었다.

④ Nothing seemed the way it used to be.

아무것도 예전 같지 않았어.

the way it used to be는 '예전에 했던 그 방식'이라는 뜻으로, 위 문장은 '많은 것이 달라졌다'라는 말입니다.

★ **Everything was not like the way it used to be.**   모든 것이 예전 같지 않았다.

⑤ Oh my friend we're older but no wiser.

오, 친구야 우린 나이를 먹었어도 철은 들지 않았나봐.

older but no wiser는 '나이는 들었지만 더 현명해지지는 않았다'라는 말로 철없던 젊은 시절을 그리워하며 그때의 순간이 좋았음을 나타냅니다. 형용사 wiser를 부정할 때는 no를 not으로 바꾸는 게 문법적으로 맞습니다.

A: What was your dream when you were a child?

당신이 어린아이였을 때 꿈이 뭐였나요?

B: I had a lot of dreams. I wanted to ❶ **speak English fluently** and become a tour guide. And I'd like to travel all around the world.

저는 꿈이 많았어요. 저는 영어를 유창하게 구사하여 관광가이드가 되고 싶었어요. 그리고 전 세계를 여행하고 싶었죠.

A: That sounds wonderful.

그것 멋지군요.

B: ❷ **In my heart the dream is still the same**.

제 마음속엔 아직도 그 꿈이 그대로 남아 있어요.

I am a ❸ **grown-up**, though. 제가 다 자란 성인이지만요.

A: Is that why you study English so hard?

그게 바로 당신이 영어공부를 그렇게 열심히 하는 이유이군요?

B: Yes, you got it.

네, 맞습니다.

표현 익히기

❶ speak English fluently '유창하게 영어를 말하다'에서 fluently는 without any trouble '어려움 없이'와 같은 뜻으로 '유창하게, 술술'이라는 말입니다. 형용사로 fluent '유창한'이라고 합니다.

★ **My wife is fluent in English.** 내 아내는 영어가 유창하다.

❷ 이 말은 I still have the same dream in my heart.와 같은 말입니다.

❸ grown-up은 명사로 '성인, 어른'이라는 뜻이며, adult와 같은 말입니다.

★ **Don't act like a child anymore. You are a grown-up now.**

더 이상 어린아이처럼 굴지 마라. 넌 이제 성인이잖아.

Those Were The Days
지나간 시절

★ Sung by Mary Hopkin

Once upon a time there was a tavern
완스 어폰 어 타임 데얼 워즈어 태번~

Where we used to raise a glass or two.
웨어 위 유스투 레이즈어 글래스 오어 투

Remember how we laughed away the hours.
리멤버 하우 위 래프트 어웨이 디 아우얼스

Think of all the great things we would do.
씽크 오브올 더 그레잇 씽~스 위 웃 두

·········

Those were the days my friend.
도오즈 워 더 데이즈 마이 프렌드.

We thought they'd never end.
위 쏘트 데잇 네~벌 엔드

We'd sing and dance forever and a day.
윗 씽 앤 댄스 포에버 앤 어 데이

We'd live the life we'd choose. We'd fight and never lose.
윗 리브 더라이프 윗 추~즈. 윗 파잇 앤 네벌 루~즈

·········

For we were young and sure to have our way.
훠 위 워 영 앤 슈어 투 해브 아워 웨이

La-da-da-da-da-da, La-da-da-da-da-da
La-da-da-da-da-da, La-da-da-da-da-da

Then the busy years went rushing by us.
댄 더 비지 이얼즈 웬트 러~싱 바이어스

We lost our starry notions on the way.
위 로스타워 스태리 노션스 온 더 웨이

If by chance I'd see you in the tavern,
이프바이 챈스 아잇 씨 유 인 더 태~번

We'd smile at one another and we'd say.
윗 스마일 엣 완 언아덜 앤 윗 쎄이

········· Repeat

Those were the days, oh, yes, those were the days.
도오즈 워 더 데이즈, 오, 예스, 도오즈 워 더 데이즈

La-da-da-da-da-da, La-da-da-da-da-da (×2)

Just tonight I stood before the tavern.
져슷 투나잇 아이 스투드 비포 더 태~번.

Nothing seemed the way it used to be.
나~씽 씸드 더 웨이 잇 유스 투 비

In the glass I saw a strange reflection.
인 더 글래스아이 쏘 어 스트레인지 리플렉션.

Was that lonely woman really me?
워즈 댓 로온리 워~먼 뤼얼리 미

········· Repeat

Through the door there came familiar laughter.
쓰~루 더 도어 데어 케임 퍼밀리어 래~프터

I saw your face and heard you call my name.
아이쏘 유어 페이스 앤 헐~드 유 콜 마이 네임

Oh my friend we're older but no wiser,
오 마이 프렌드 위어 오올더 밧 노 와이저

For in our hearts the dreams are still the same.
훠 인 아워 할~츠 더 드림즈 아 스틸 더 쎄~임

········· Repeat

MUSIC STORY

이 노래는 원래 러시아 민요라고 합니다. 떠나간 님을 잊지 못해 달빛 밝은 밤 어딘가에서 들려오는 구슬픈 노래 소리에 애를 태운다는 노랫말이었다고 합니다. 비틀즈의 멤버인 폴 매카트니가 평소에 자신이 즐겨 듣고 좋아했던 러시아 민요를 바탕으로 한 이 노래 Those Were The Days를 Mary Hopkin에게 추천했다고 합니다.

Those were the days. '그런 날들이 있었지. 그때가 좋았지.' 꿈 많았던 젊은 시절 친구들과 웃고 떠들고 자주 가서 술 한 잔씩 마시며 인생을 얘기했던 추억이 있던 선술집. 어느새 나이가 들어 추억을 따라 그곳에 가 보니 모든 게 예전 같지 않고 그저 술집 창문에 비친 낯선 외로운 여인의 모습이 자신의 모습임을 발견하며 쓸쓸해 하는 인간의 심정을 노래한 것입니다.

Mary Hopkin은 1950년 5월 3일 영국 사우스 웨일즈에서 태어났습니다. 어릴 때부터 어머니의 권유로 노래를 시작했으며 15세에 기타를 배웠고 클럽과 TV 출연활동을 시작했습니다. 그녀는 비틀즈가 설립한 애플레코드사에서 발굴한 제1호 신인가수입니다. 1968년 첫 싱글 Those Were The Days가 영국에서 발매되었는데, 그녀 나이 17세였고 폴 매카트니가 매니저를 했으며 곡의 프로듀싱까지 담당했습니다. 이 노래가 영국차트 1위, 미국 빌보드차트 2위에 오르며 빅 히트를 쳤습니다. 귀엽고 청아한 목소리의 포크송의 요정으로 불렸던 그녀는 데뷔부터 1992년까지 정규앨범 2장을 냈습니다. 지금까지도 이 곡은 매리 홉킨의 대표곡이자 올드 팝팬의 추억의 명곡으로 남아있습니다.

노래를 들으며 가사를 차근차근 읽어보세요.

❶ Amazing grace, how sweet the sound
That saved a wretch like me.
❷ I once was lost, but now I'm found
Was blind, but now I see.

❸ 'Twas grace that taught my heart to fear
And grace my fears relieved.
How precious did that grace appear
❹ The hour I first believed.

❺ Through many dangers, toils, and snares
We have already come.
'Tis grace has brought us safe thus far
And grace will lead us home.

·········· Repeat

한글 가사를 읽으며 내용을 더 정확하게 이해해요.

....

놀라운 주님의 은총! 이 얼마나 기쁜 소식인가.
나 같은 불쌍한 자를 구해준 그 은혜!
예전에 길을 잃고 방황했으나, 이제 난 길을 찾았네.
예전에 볼 수 없었으나, 지금은 볼 수 있다네.
....

내 마음에 두려움을 가르쳐 주신 주님의 은총
그 은총으로 두려움을 씻어주셨네.
내 앞에 나타난 그 은총이 얼마나 소중한가!
그 시간 난 처음으로 믿음을 가졌네.

수많은 위험과 수고와 유혹들을
우린 이미 겪었네.
그 은총으로 지금까지 우리를 안전하게 이끄셨고,
주님은 우리를 안식처로 인도해주시네.

.... 반복

words

amazing 놀라운

grace 은총, 은혜

sweet 달콤한, 즐거운

save 구해주다

wretch 가엾은 사람

lost 길 잃은

blind 눈이 먼

'twas (it was의 약자)

fear 두려움

relieve 덜어주다, 완화시키다

precious 소중한, 귀한

appear 나타나다

danger 위험

toil 수고, 노고

snare 유혹,

'tis (it is의 약자)

safe 안전한

thus far 지금까지(=so far)

lead 인도하다

1 Amazing grace, how sweet the sound

놀라운 주님의 은총! 이 얼마나 기쁜 소식인가.

how sweet the sound를 직역하면 '그 소리가 얼마나 아름다운가!', 즉 나 같은 죄인 살리신 그 주님의 은총이 참으로 아름답고 기쁜 소식이라는 말입니다.

★ **What an amazing view!**　참으로 놀랄만한 광경이군!

2 I once was lost, but now I'm found.

예전에 길을 잃고 방황했으나, 이제 난 길을 찾았네.

be lost는 lose one's way/get lost와 유사표현으로 '길을 잃다'라는 뜻입니다. I'm found는 수동형 문장으로 그 다음에 [by+사람]이 생략된 것입니다. '나는 발견되었다.', 즉 하나님이 나를 발견하시고 인도해 주었다는 말이 생략된 것이겠죠.

★ **Excuse me, I am lost. Can you help me?**　실례합니다, 저는 길을 잃었어요. 도와주실래요?

3 'Twas grace that taught my heart to fear.

내 마음에 두려움을 가르쳐 주신 것은 바로 주님의 은총이었네.

'Twas는 It was의 단축형으로 It was grace that taught my heart to fear.는 It is~ that 강조구문입니다. 원래 문장으로 바꾸면 Grace taught my heart to fear. '주님의 은총이 내 마음에 두려움을 가르쳐 주셨다.'입니다.

★ **My father taught me how to say a prayer.**　아버지는 내게 기도하는 법을 가르쳐 주셨다.

4 The hour I first believed.

그 시간 난 처음으로 믿음을 가졌네.

여기서 [the+모음(발음)]일 경우, the [ði: 디]로 발음합니다. hour [auər]에서 h는 묵음입니다.

5 Through many dangers, toils, and snares we have already come.

수많은 위험과 수고와 유혹들을 우린 이미 겪었네.

이 문장은 원래 We have already come through many dangers, toils and snares.입니다. come through는 '~을 극복해 나가다, ~을 뚫고 지나가다'라는 뜻으로 강조하고자 하는 말을 앞에 쓴 것입니다.

★ **We came through all the problems, and now the business is a great success.**
우리는 모든 문제를 극복했고 지금 그 사업은 대성공입니다.

A: Excuse me. Can you help me? ❶ **I'm afraid I'm lost.**

실례합니다. 저 좀 도와줄래요? 제가 길을 잃은 것 같아요.

B: How can I help you? Where do you want to go?

어떻게 도와드릴까요? 어디에 가고 싶습니까?

A: ❷ **I'm trying to get to** Hilton Hotel. Could you ❸ **show me the way**?

저는 힐튼호텔에 가려고 합니다. 길 좀 안내해 주시겠어요?

B: Of course. It's not that far. Just go straight and turn right at the corner. Go straight again for two blocks. It's on your left side. ❹ **You can't miss it.**

물론이죠. 그렇게 멀지 않아요. 그냥 곧장 가서 모퉁이에서 오른쪽으로 가세요. 다시 똑바로 두 블록 가세요. 그것은 왼쪽에 있어요. 찾기 쉬워요.

A: Oh, that sounds easy. Thank you very much.

아, 쉬운 것 같네요. 정말 고맙습니다.

B: Not at all. 전혀 아니에요.

표현 익히기

❶ [I'm afraid that+주어+동사]는 '유감스럽게도 ~인 것 같다'라는 뜻입니다.

★ **I'm afraid I have a cold.** 유감스럽게도 감기에 걸린 것 같아요.

❷ [I'm trying to+동사원형]은 '~하려고 하다, ~하려고 시도하다'입니다. [get to+장소]는 arrive at(reach)과 유사한 뜻으로 '~에 도달하다'라는 뜻입니다.

★ **Where are you trying to get to?** 어디에 가려고 합니까?

❸ show me the way는 tell me the way와 같은 뜻으로 '나에게 길을 안내해 달라'라는 뜻입니다.

★ **Will you tell me the way to Seoul Station?** 서울역 가는 길 좀 알려줄래요?

❹ 직역하면 '당신은 그것을 놓칠 수 없다', 즉 '찾기 쉽다(It's easy to find it)'라는 말입니다.

Amazing Grace
놀라운 은총

★ Sung by Nana Mouskouri

Amazing grace, how sweet the sound
어메~이징 그레이스, 하우 스윗 더 싸운~드

That saved a wretch like me.
댓 세이브더 레~치 라익 미

I once was lost, but now I'm found
아이원스 워즈 로스트, 밧 나우 아임 파운드

Was blind, but now I see.
워즈 블라인드, 밧 나우 아이씨

'Twas grace that taught my heart to fear
투와이스 그레이스 댓 토오트 마이 할~투 피얼

And grace my fears relieved.
앤 그레이스 마이 피얼스 릴리~브드

How precious did that grace appear
하우 프레~셔스 딛 댓 그레이스 어피어

The hour I first believed.
디 아워아이 퍼스트 빌리브드

Through many dangers, toils, and snares
쓰루~ 메~니 댄절스, 토일스, 앤 스내얼스

We have already come.
위 해~브 얼레~디 컴~

'Tis grace has brought us safe thus far
티즈 그레이스 해즈 브러터스 세잎 더스 파~

And grace will lead us home.
앤 그레이스 윌 리드어스 호옴

·········· Repeat

MUSIC STORY

Amazing Grace는 영국 성공회 사제인 존 뉴턴 신부가 작사한 찬송가로 1779년 발표됐습니다. 특히 미국에서 애창되었으며, 백파이프 오르간으로 연주됩니다. grace란 하느님의 자비, 은총이라는 의미입니다.

미국 찬송가 사전에 따르면 이 노래는 존 뉴턴의 자전적 삶을 가사로 옮긴 것이며 작곡가는 알려져 있지 않습니다. 존 뉴턴은 1725년 영국 런던에서 상선을 탔던 카톨릭교도인 아버지와 독실한 개신교도인 어머니에게서 태어났습니다. 모친은 그를 성직자로 키우려 했으나, 그가 겨우 6세였을 때 결핵으로 사망합니다. 그 후 아버지가 바다에 가 있는 몇 년 동안은 사이가 좋지 않은 계모의 손에 자랐고, 부당한 대우를 받았던 선원 학교에 한동안 다니게 됩니다. 11살 때부터 존 뉴턴은 상선의 선원인 아버지를 따라 도제로 배를 타 여러 곳을 다녔는데, 특히 흑인노예를 수송하는 소위 노예무역에 종사합니다. 당시 노예로 납치된 흑인은 가축 이하의 대우를 받았고, 수송선의 위생상태가 열악해 목적지에 도착하기 전 간염, 탈수증, 영양실조 등으로 사망했다고 합니다.

존도 노예에 대한 대우를 당연하게 생각하던 중, 1748년 5월 10일 그가 22세일 때 선장으로 있던 그의 배가 폭풍우를 만나 좌초될 위기 빠지게 됩니다. 이에 그는 신에게 처음으로 기도를 드리게 됩니다. 모친이 독실한 그리스도 신자였어도, 마음에서 우러난 기도는 이때가 처음이라고 합니다. 배는 기적적으로 폭풍우를 벗어났으며 무사히 귀선했고, 그는 이날을 제2의 탄생일로 여깁니다. 그 후 6년간 노예무역을 계속하지만, 노예의 처우를 비약적으로 개선했다고 합니다.

1755년 존 뉴턴은 병을 이유로 하선하였고, 면학에 매진해 성공회 사제가 됩니다. 그리하여 1772년 Amazing Grace를 썼습니다. 이 곡은 흑인 노예무역에 관여한 것을 깊이 후회하고, 그것과 상관없이 죄를 사하여 준 신의 은총에 감사하는 마음을 담고 있습니다.

1947년 가스펠 수퍼스타인 마헬리아 잭슨이 라디오 방송을 통하여 이 노래를 불렀으며, 그녀의 노래는 1950년대와 1960년대를 통해 유명세를 유지하였습니다. 그녀는 이 노래를 카네기홀과 같은 공공 콘서트 무대에서 즐겨 불렀다고 합니다. 그 후 많은 가수들이 이 노래를 불렀는데, 우리는 청아한 목소리의 소유자 나나 무스꾸리의 노래로 배워봅니다.

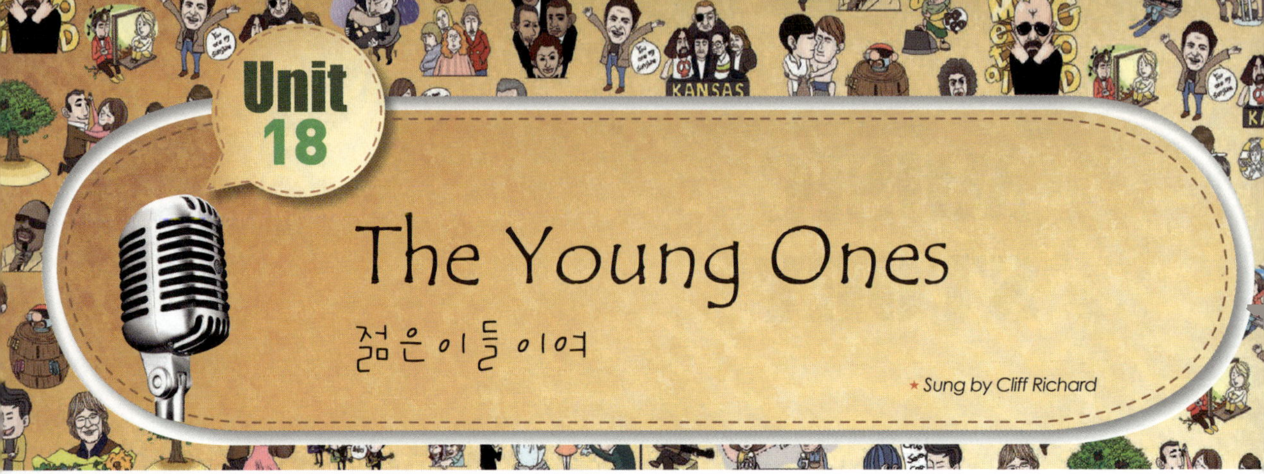

노래를 들으며 가사를 차근차근 읽어보세요.

The young ones, darling, we're the young ones.
And ❶ the young ones shouldn't be afraid
To live, love while the flame is strong.
❷ 'Cause we may not be the young ones very long.

Tomorrow why wait until tomorrow.
❸ 'Cause tomorrow sometimes never comes.
So love me there's a song to be sung.
And the best time is to sing it while we're young.

....

❹ Once in every lifetime comes a love like this.
Oh, I need you and you need me.
Oh, my darling can't you see?
❺ Young dreams should be dreamed together.
And the young hearts shouldn't be afraid.
And someday when the years have flown,
Darling, then we'll teach the young ones of our own.

....

·········· Repeat

우리말 해석

한글 가사를 읽으며 내용을 더 정확하게 이해해요.

젊은이들이여, 그대여 우린 젊은이예요.
그러니 젊은이들은 두려워해서는 안 돼요.
불꽃이 강하게 타오를 때 살고 사랑하는 것을 두려워 마세요.
왜냐하면 우린 오랫동안 젊지는 않아요.

내일 왜 내일까지 기다려야 하죠.
왜냐하면 때로는 내일은 절대로 오지 않아요.
그러니 나를 사랑해 주세요. 불러줄 노래가 있잖아요.
우리가 젊을 때 노래 부르는 것이 가장 좋은 시기예요.

....

이와 같은 사랑은 일생에 한 번 오는 거예요.
오, 난 당신이 필요하고 당신도 내가 필요하죠.
오, 그대여, 모르겠어요?
젊은 꿈들을 함께 꿈꾸어야만 해요.
그리고 젊은이들은 두려워해서는 안 돼요.
먼 훗날 세월이 흐르면
그대여, 그땐 우리가 스스로 젊은이들을 가르칠 거예요.

....

.... 반복

words

young ones 젊은이들

darling 사랑하는 사람

afraid 두려운

while (접속사) ~하는 동안

flame 불꽃

strong 강한

wait 기다리다

sometimes 때때로

lifetime 일생. 평생

dream 꿈

together 함께

someday 언젠가(미래)

flow 흘러가다
(flow-flew-flown)

shouldn't(=should not)
~해선 안 된다

of one's own 자기 자신의

① The young ones shouldn't be afraid to live, love.

젊은이들은 살고 사랑하는 것을 두려워해서는 안 돼요.

the young ones는 the young people '젊은 사람들, 젊은이들'을 말합니다. [be afraid of/to+동사원형]은 '~을/하는 것을 두려워하다, 무서워하다'라는 뜻입니다.

★ **There's nothing to be afraid of.** 두려워할 것은 아무것도 없다.
★ **I'm very much afraid of dogs.** 난 개를 무척 무서워한다.

② 'Cause we may not be the young ones very long.

왜냐하면 우린 오랫동안 젊지 않기 때문이죠.

이 말은 젊음은 오래가지 않는다, 즉 우리도 곧 늙게 된다는 말입니다.

★ **Everyone wants to stay young and healthy.** 모든 사람은 젊고 건강하게 지내길 바란다.

③ 'Cause tomorrow sometimes never comes.

왜냐하면 때로는 내일이 절대로 오지 않거든요.

어떤 일이든 오늘 해야지 내일로 미루지 말라는 뜻입니다.

★ **Never put off till tomorrow what you can do today.** 오늘 할 일을 내일로 미루지 마라. (속담)

④ Once in every lifetime comes a love like this.

일생에 한 번은 이와 같은 사랑이 오는 거예요.

이 문장은 부사구가 문두에 오면서 [동사+주어] 순으로 도치된 문장입니다. 원래는 A love comes like this once in every lifetime.의 형태입니다.

★ **This is a once in a lifetime opportunity.** 이것은 평생에 한 번 오는 기회예요.

⑤ Young dreams should be dreamed together.

젊은 꿈들을 함께 꿈꾸어야만 해요.

'빨리 가고 싶다면 혼자 가고, 멀리 가고 싶으면 함께 가라'라는 말이 있듯이 혼자 꾸는 꿈은 꿈으로 남지만 함께 꾸는 꿈은 이루어진다고 합니다.

핵심 문장 활용하기

A: Did you ❶ **do your homework**?

너 숙제했니?

B: No, I didn't. I will do it tomorrow.

아니요, 안 했어요. 내일 할 거예요.

A: Sometimes tomorrow never comes.

때로는 내일은 결코 오지 않는다.

B: ❷ **What do you mean by that**?

그게 무슨 뜻이에요?

A: I mean ❸ **'Never put off till tomorrow what you can do today'**.

내 말은 오늘 할 일은 내일로 미루지 말라는 거야.

B: Oh, I see. I will do it right now.

오, 알겠어요. 당장 할게요.

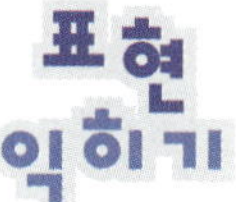

표현 익히기

❶ do one's homework는 '숙제를 하다'라는 뜻입니다.

★ **Please do your homework.** 숙제를 하세요.

❷ What do you mean by that?은 I don't know what you mean. '무슨 뜻인지 모르겠어요.'와 같은 말입니다.

❸ put off는 '미루다, 연기하다'라는 뜻으로 postpone과 같은 뜻입니다.

The Young Ones
젊은이들이여

★ Sung by Cliff Richard

The young ones, darling, we're the young ones.
더 영 원스, 다알링, 위아 더 영 원스

And the young ones shouldn't be afraid
앤 더 영~ 원스 슈~든 비 어프레잇

To live, love while the flame is strong.
투 리브, 러브 와일 더 플레임이즈 스트롱

'Cause we may not be the young ones very long.
코오즈 위 메이 낫 비 더 영 원스 붸리 롱~

Tomorrow why wait until tomorrow.
투마~로우 와이 웨잇 언틸 투마~로우

'Cause tomorrow sometimes never comes.
코오즈 투마~로우 썸타임즈 네벌 컴즈

So love me there's a song to be sung.
쏘 러브 미 데얼스 어 쏭 투 비 썽~

And the best time is to sing it while we're young.
앤 더 베스트타임이즈투 씽 잇 와일 위아 영

....

Once in every lifetime comes a love like this.
원스 인 에브리 라이프타임 컴스 어 러브 라익 디스

Oh, I need you and you need me.
오, 아이 니쥬 앤 유 니드 미

Oh, my darling can't you see?
오, 마이 다알링 캔추 씨?

Young dreams should be dreamed together.
영 드림스 슛 비 드림드 투게~덜

And the young hearts shouldn't be afraid.
앤 더 영 할~츠 슈~든 비 어프레잇

And someday when the years have flown,
앤 썸~데이 웬 더 이얼스 해브 플로운

Darling, then we'll teach the young ones of our own.
다알링, 댄 위일 티치 더 영 원스오브아워 오온

....

.... Repeat

MUSIC STORY

The Young Ones는 국내에서는 1960년대 클리프 리차드의 최고의 히트곡으로 손꼽힙니다. 가사 내용은 우린 젊은이예요. 불꽃이 강하게 타오를 때 젊은이들은 살고 사랑함에 두려워해서는 안 돼요. 왜냐하면 우린 오랫동안 젊지 않기 때문이지. 왜 내일까지 기다려야 하나요. 때로는 내일이 절대로 오지 않아요. 그러니 나를 사랑해 주세요. 노래를 불러줘요. 젊을 때 노래 부르는 게 최상의 시기예요. 이와 같은 사랑은 일생에 한 번 오는 거예요. 난 당신이 필요하고 당신도 내가 필요하죠. 젊은 꿈들을 함께 꿈꾸어야만 해요. 젊은이들이여 두려워하지 말아요. 먼 훗날 세월이 흐르면 그땐 우리가 스스로 젊은이들을 가르칠 거예요. 이처럼 젊은이들에게 결코 다시 돌아오지 않을 젊음을 즐기고 두려움 없이 사랑하고 꿈꾸라는 메시지가 들어있는 신나는 곡입니다.

Cliff Richard는 1940년 10월 14일 인도에서 태어나 어렸을 때 영국으로 이주하여 자랐습니다. 본명은 Harry Roger Webb '해리 로저 웹'으로 그 당시에 최고의 스타로 군림하면서 전 세계적으로 선풍적인 인기를 끌었습니다. 1958년부터 음악활동을 시작한 그는 엘비스 프레슬리의 영향을 받아 가수의 길을 선택했습니다.
그의 주요 히트곡으로는 Move It, Blue Turns To Grey, The Young Ones 등으로 한국에서도 큰 인기를 끌었으며, 특히 The Young Ones는 지금도 올드 팝의 교과서로 불리기도 합니다. 당시 전 세계적으로 엄청난 음악적 영향력을 행사하여 영국 왕실로부터 기사 작위를 수여 받는 영광을 얻기도 했습니다.

노래를 들으며 가사를 차근차근 읽어보세요.

❶ Every night in my dreams I see you I feel you.
That is how I know you go on.
Far across the distance and spaces between us
You have come to show you go on.

....

Near far wherever you are
I believe that the heart does go on.
Once more you open the door.
❷ And you're here in my heart.
And my heart will go on and on.

....

❸ Love can touch us one time and last
For a lifetime.
And never let go till we're gone.
Love was when I loved you
One true time I hold to.
In my life we'll always go on.

words	
every 매, 모든	
dream 꿈	
feel 느끼다	
far 멀리	
distance 거리	
space 공간	
between ~사이에	
show 보여주다	
near 가까이	
wherever 어디든지	
believe 믿다	
heart 마음	
once more 한번 더	
touch 접촉하다	
last (동사) 계속되다, 지속하다	
lifetime 일생, 평생	
let go 보내다, 놔주다	

❹ You're here, there's nothing I fear.
And I know that my heart will go on.
We'll stay forever this way.
❺ You are safe in my heart.
And my heart will go on and on.

우리말 해석

한글 가사를 읽으며 내용을 더 정확하게 이해해요.

매일 밤 꿈속에서 당신을 보고 당신을 느낍니다.
그렇게 난 당신이 살아가는 걸 알 수 있습니다.
우리 사이에 먼 거리와 공간을 가로질러
당신은 당신이 살아 있음을 보여주러 왔어요.

·········

가까이든 멀리든 당신이 어디에 있든지
그 마음은 계속 되리라 난 믿어요.
한 번만 더 마음의 문을 열어주세요.
당신은 여기 내 마음속에 자리 잡고 있어요.
그리고 내 마음은 계속될 거예요.

·········

사랑은 우리에게 한 번 다가와 평생 동안 지속됩니다.
그리고 죽는 날까지 놔주지 않아요.

사랑은 내가 당신을 사랑했을 때가
내가 간직할 수 있는 진실한 시간이에요.
살아있는 동안 우린 계속 사랑할 거예요.

········· 반복

당신이 여기 있으니, 난 두려울 게 없어요.
내 사랑은 멈추지 않을 것을 알아요.
우린 이대로 영원히 머물 거예요.
당신은 내 마음 안에서 안전하고
내 사랑은 언제까지나 계속될 거예요.

① Every night in my dreams I see you I feel you.

매일 밤 꿈속에서 당신을 보고, 당신을 느껴요.

매 순간 당신이 그립다는 것을 표현한 말입니다.

★ **I am dying to see you.** 당신이 보고 싶어 죽겠어요.

② And you're here in my heart.

당신은 여기 내 마음속에 있어요.

★ **You are always on my mind.** 당신은 언제나 내 마음에 있어요.

③ Love can touch us one time and last for a lifetime.

사랑은 우리에게 한 번 다가와 평생 동안 지속될 수 있어요.

touch는 '접촉하다, 만지다, 감동시키다'라는 뜻이고, last는 동사로 쓰이면 '지속하다, 계속되다' 입니다.

★ **The story touched my heart.** 그 이야기는 나를 감동시켰다.

④ You're here, there's nothing I fear.

당신이 여기 있으니, 난 두려울 게 없어요.

fear는 '~을 두려워하다'라는 뜻으로, 당신이 내 곁에 있으면 아무것도 두렵지 않다는 말입니다.

★ **Man fears to die.** 인간은 죽는 것을 두려워한다.

⑤ You are safe in my heart.

당신은 내 마음 안에서 안전해요.

safe는 '안전한, 위험 없는'으로 dangerous '위험한'의 반대말입니다.

★ **This is a safe place to live in.** 이곳은 살기에 안전한 장소이다.

A: Honey, when will you come back home from your business trip?

자기야, 출장에서 언제 집에 돌아올 거예요?

B: I'll be back ❶ **in about a week**.

약 일주일 후면 돌아갈 거야.

A: I miss you so much. Please come back soon.

당신이 무척 그리워요. 빨리 돌아오세요.

B: ❷ **I'm dying to see you, too**. You are always in my heart.

나도 당신이 보고 싶어 죽겠어요. 당신은 늘 내 마음속에 있어요.

A: Every night in my dreams I see you.

난 매일 밤 꿈속에서 당신을 봐요.

B: I love you ❸ **sweetheart**.

당신을 사랑해요 자기야.

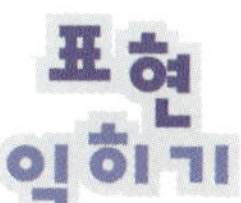

표현 익히기

❶ in about a week는 '약 일주일 후에, 일주일 지나서'라는 뜻입니다. [in+시간]
은 '~지나서'이고, [in+장소]는 '~에, ~안에'입니다.

★ **I will be free in an hour.** 제가 한 시간 후면 한가할 거예요.

❷ [be dying to+동사원형/be dying for+명사]는 '~하고 싶어 죽겠다'라는 뜻으로
[I really want to+동사]와 같은 말입니다.

★ **I am dying to drink water.** 물 마시고 싶어 죽겠다.

❸ sweetheart는 사랑하는 사람을 부를 때 쓰는 말로 '자기, 당신, 여보'라는 뜻입
니다. 유사한 말로 honey, baby, darling 등이 있습니다.

My Heart Will Go On

내 마음은 언제나

★*Sung by Celine Dion*

Every night in my dreams I see you I feel you.
에브리 나잇 인 마이 드림스 이 씨 유, 아이 필~ 유

That is how I know you go on.
댓 이즈 하우 아이 노우 유 고우 온

Far across the distance and spaces between us
파 어크로스 더 디스턴스 앤 스페이씨스 비퉌~ 어스

You have come to show you go on.
유 해브 컴 투 쇼우 유 고우 온

....

Near far wherever you are, I believe that the heart does go on.
니어 파~ 웨어에버 유 아, 아이 빌리브 댓 더 할~트 더즈 고우 온

Once more you open the door and you're here in my heart.
원~스 모어 유 오~픈 더 도어 앤 유아 히어 인 마이 할트

And my heart will go on and on.
앤 마이 할트 월 고우 온 앤 온

....

Love can touch us one time and last for a lifetime
러브 캔 터치 어스 원 타임 앤 라스트 훠 어 라이프타임

And never let go till we're gone.
앤 네버 렛 고우 틸 위아 고온

Love was when I loved you. One true time I hold to.
러브 워즈 웬 아이 러브드 유. 원 추루 타임 아이 홀~투

In my life we'll always go on.
인 마이 라잎 위일 올웨이즈 고 온

.... Repeat

You're here, there's nothing I fear,
유아~ 히어, 데얼즈 낫~씽 아이 피어

And I know that my heart will go on.
앤 아이 노우 댓 마이 할트 월 고 온

We'll stay forever this way.
위일 스테이 퍼에버 디스 웨이.

You are safe in my heart.
유 아 쎄잎 인 마이 할트

And my heart will go on and on.
앤 마이 할트 월 고우 온 앤 온

MUSIC STORY

1997년 개봉된 미국영화 〈타이타닉〉은 미국인뿐만 아니라 전 세계인들을 감동시켰으며 가장 많은 관객을 동원한 할리우드 영화입니다. 타이타닉은 세계 영화 역사상 가장 아름다운 감동의 사랑 영화로 길이 남을 것입니다. 1912년 4월 10일에 영국 싸우스햄턴에서 출발한 초호화유람선 타이타닉호는 미국 뉴욕으로 향해 출발했는데 4월 14일 캐나다 동북부 뉴펀드랜드 해역에서 빙산에 충돌, 침몰하여 1,500여 명이 사망합니다. 그 사건을 배경으로 한 이 영화의 주제가로 쓰인 셀린디온의 노래 My heart will go on은 아름다운 선율과 아름다운 가수의 감동적인 노래가 우리를 더욱 영화 속으로 빠져들게 합니다. 아무리 멀리 떨어져 있어도 아무리 오랜 시간이 흘러도 우리의 사랑하는 마음은 변함없이 계속될 것이라고 노래합니다.

Celine Dion은 1968년 3월 30일 캐나다 출생으로, 싱어송라이터이자 배우, 사업가입니다. 캐나다 퀘벡주 사를마뉴의 가난한 가정에서 태어나 당시 매니저였던 르네 안젤린의 도움으로 불어음반을 녹음하게 되고 새로운 스타가 됩니다. 1990년 1집 앨범 Unison으로 데뷔하였고 북미로 진출합니다. 매니저 안젤린의 도움으로 팝음악 역사상 가장 성공적인 아티스트 중 한 명이 됩니다.

1997년 영화 〈타이타닉〉의 주제가인 My heart will go on을 불러 세계적인 명성을 얻습니다. 그러나 한참 인기절정의 전성기를 맞이하고 있을 때 남편이 암 진단을 받아 휴식기를 가졌다가 2002년부터 다시 활동을 재개했습니다. 가창력이 뛰어난 그녀는 세계적인 가수가 되었고 미국에서 '3대 디바'로 불립니다. 셀린디온은 세계적으로 2억 장 이상의 앨범판매고를 올리고 있습니다.

Unit 20

My Way

마이 웨이

★ *Sung by Frank Sinatra*

노래를 들으며 가사를 차근차근 읽어보세요.

And ❶now the end is near.
And so I face the final curtain.
My friend, I'll say it clear.
I'll state my case of which I'm certain.
I've lived a life that's full.
I've traveled each and every highway.
And more, much more than this, I did it my way.

❷Regrets, I've had a few, but then again, too few to mention.
I did what I had to do and saw it through without exemption.
I planned each charted course. Each careful step along the byway.
And more, much more than this, I did it my way.

Yes, there were times, I'm sure you knew.
When ❸I bit off more than I could chew and through it all,
When there was doubt, ❹I ate it up and spit it out.
❺I faced it all and I stood tall, and did it my way.

I've loved, I've laughed and cried.

words

end 끝, 마지막

face 직면하다, 대면하다

curtain 최후, 죽음

state 진술하다, 말하다

case 사정, 입장

highway 고속도로

regret 후회

mention 언급하다

doubt 의심

exemption 면제

chartered 공인된, 전세 낸

I've had my fill, my share of losing.
And now as tears subside I find it all so amusing.
To think I did all that and may I say, not in a shy way.
Oh, no, no not me. I did it my way.
For what is a man, what has he got?
If not himself, then he has naught.
To say the things he truly feels
And not the words of one who kneels
The record shows I took the blows and did it my way.

Yes it was my way.

우리말 해석

한글 가사를 읽으며 내용을 더 정확하게 이해해요.

이제 생의 마지막이 가까워졌네.
생애 마지막 순간을 맞이하게 되었다네.
친구여, 분명히 말해두고 싶은 게 있다네.
내가 확신한 대로 살았던 내 인생을 밝히고 싶다오.
난 내 인생을 충실하게 살았어.
살면서 수많은 일들을 경험하며 돌아다녔지.
그리고 무엇보다도 중요한 것은 난 내 방식대로 살았다는 거야.

후회, 몇 가지는 있었지만, 다시 얘기할만한 후회는 없다네.
난 내가 해야 할 일은 다했고 아무런 편법을 쓰지 않고 끝까지 해냈지.
난 모든 인생의 길을 계획했고, 그 길을 따라 조심스레 걸어왔지.
그리고 무엇보다도 중요한 것은, 난 내 방식대로 살았다는 거야.

그래. 친구도 잘 알겠지만 그런 때도 있었어.
내가 지나친 과욕을 부린 적도 있었어.
그 모든 걸 겪으면서 의심이 생길 때는,

모든 걸 다 먹었다가 뱉어버리기도 했지.
난 모든 걸 정면으로 맞서서 당당하게 견뎌냈고,
내 방식대로 살아온 거야.

사랑도 해봤고, 웃고 울어도 봤지.
가질 만큼 가져도 봤고, 잃을 만큼 잃어도 봤어.
그리고 이제 눈물을 거두고 보니, 그 모든 게 다 즐거웠던 거야.
내가 한 모든 것을 생각해보니,
부끄럽지 않은 인생이었다고 난 말할 수 있어.
오, 아니. 난 부끄럽지 않아. 난 내 방식대로 살았던 거야.

남자는 무엇을 위해 사는가? 무엇을 가졌는가?
자신의 주체성이 없다면, 아무것도 가진 게 없는 거야.
자신의 감정을 솔직히 말하는 것이 비겁한 자의 말이 아니야.
지난 세월의 기록이 말해주듯이
난 온갖 어려움을 겪었고 내 방식대로 살았던 거야.

그래. 난 내 방식대로 살아온 거야.

① Now the end is near. And so I face the final curtain.

이제 마지막이 가까워졌네. 난 생애 마지막 순간을 대하고 있다네.

여기서 the end '끝, 마지막'은 생의 마지막을 의미합니다. face가 동사로 쓰여 '직면하다, 대면하다'라는 뜻이고, final curtain은 '마지막 장, 종말, 최후'라는 뜻입니다.

② Regrets, I've had a few, but then again, too few to mention.

후회, 몇 가지는 있었지만, 다시 얘기할만한 후회는 없다네.

이 문장은 원래 I've had a few regrets. '몇 가지 후회가 있어요.'인데, 목적어를 강조하기 위해 문두에 쓴 것입니다. [too+형용사+to+동사] '너무 ~해서 ~할 수 없다'는 문형으로 too few to mention은 '너무 적어서 언급할 것은 없다'라는 말입니다.

★ **I have no regrets in my life.**　내 인생에 후회는 없다.

③ I bit off more than I could chew.

내가 지나친 과욕을 부린 적도 있었어.

직역하면 '씹을 수 있는 것보다 더 많이 물어뜯었다'인데, 구어체로 '감당할 수 없는 일을 벌였다, 힘겨운 일을 하려고 했다, 과욕을 부렸다'라는 뜻입니다.

★ **Once bitten, twice shy.**　자라 보고 놀란 가슴 소댕 보고 놀란다. (속담)

④ When there was doubt, I ate it up and spit it out.

의심이 생길 때는, 모든 걸 다 먹었다가 뱉어버리기도 했지.

eat it up은 '다 먹어치우다'이고, spit it out (구어체로) '내뱉듯이 말하다, 서슴지 않고 말해 버리다, 숨김없이 말하다'라는 뜻입니다.

★ **I have no doubt that it will snow.**　틀림없이 눈이 온다.

⑤ I faced it all and I stood tall, and did it my way.

난 모든 걸 정면으로 당당히 맞서서 견뎌냈고, 내 방식대로 살아 왔어.

face는 동사로 '대면하다, 대립하다'라는 뜻으로 쓰였고, stand tall은 '준비가 되어 있다. 자신을 가지고 일어서다, 당당하게 서다'라는 뜻입니다.

★ **Always stand tall and be a leader.**　항상 당당하고 리더가 되어라.

앞에서 배운 핵심 문장이 실제 대화에서 어떻게 활용되는지 학습해요.

A: **❶Do you have any regrets in your life?**

당신은 인생에 후회하는 게 있나요?

B: Regrets, I've had **❷a few**, but then again, too **❷few** to mention. And you?

후회는 몇 가지 있어요. 하지만 다시 얘기할만한 것은 없네요. 당신은요?

A: I have a lot of regrets in my life.

저는 인생에 후회가 많습니다.

B: What are they?

어떤 것들이 있나요?

A: Well, I regret not having studied English harder in my school days.

글쎄요, 저는 학창시절에 영어공부를 더 열심히 하지 않은 것을 후회합니다.

B: **❸That makes two of us.**

그건 저도 마찬가지예요.

❶ regret은 명사로 '후회, 뉘우침'이고, 동사로 '후회하다, 유감으로 여기다'입니다.

★ **I regret that I cannot attend the party.** 유감스럽지만 파티에 참석할 수 없다.

❷ 셀 수 있는 명사를 나타낼 때 a few는 '약간, 몇몇, 조금'이라는 긍정의 뜻이고, few는 '거의 없는'이라는 부정의 뜻으로 쓰입니다.

❸ That makes two of us. '그건 나도 마찬가지이다.'는 상대방이 한 말에 동감한다는 뜻으로 쓰입니다.

My Way
마이 웨이

★ Sung by Frank Sinatra

And now the end is near. And so I face the final curtain.
앤 나우 디 엔드 이즈 니어. 앤 쏘 아이 페이스 더 파이널 커튼

My friend, I'll say it clear.
미이 프렌드, 아일 쎄잇 클리어.

I'll state my case of which I'm certain.
아일 스테잇 마이 케이스 옵 위치 아임 썰~튼

I've lived a life that's full.
아입 리브더 라잎 댓츠 풀.

I've traveled each and every highway.
아입 추레블드 이치 앤 에브리 하이웨이

And more, much more than this, I did it my way.
앤 모어 머치 모어 댄 디스, 아이 디딧 마이 웨이

Regrets, I've had a few,
리그렛 아입 해더 퓨~,

But then again, too few to mention
밧 댄 어겐 투 퓨 투 멘션

I did what I had to do
아이딧 와라이 햇 투 두

And saw it through without exemption.
앤 쏘잇 쓰루~ 위다웃 이그젬션

I planned each chartered course.
아이 플랜드 이치 차털드 코~스.

Each careful step along the byway.
이치 케어풀 스텝 얼롱~ 더 바이웨이

And more, much more than this, I did it my way.
앤 모어 머치 모어 댄 디스, 아이 디딧 마이 웨이.

Yes, there were times, I'm sure you knew.
예스, 데어 워 타임즈 아임 슈어 유 뉴~

When I bit off more than I could chew and through it all,
웬 아이 빗 오프 모어 댄 아이 쿳 추~ 앤 쓰루 잇 올

When there was doubt, I ate it up and spit it out.
웬 데어 워즈 다~웃 아이 에이럿업 앤 스파릿 아웃

I faced it all and I stood tall, and did it my way.
아이 페이스딧 올 앤아이 스투드 톨 앤 디딧 마이 웨이

I've loved, I've laughed and cried.
아이입 러브드 아입 래프트 앤 크라잇.

I've had my fill, my share of losing,
아입 햇 마이 필, 마이 쉐어 옵 루~징

And now as tears subside I find it all so amusing.
앤 나우 애즈 티얼즈 썹싸~잇 아 파인딧 올 쏘 어뮤~징

To think I did all that and may I say, not in a shy way.
투 씽크 아이딘 올 댓 앤 메이 아이 쎄이, 낫 인 어 샤이 웨이

Oh, no, oh, no not me. I did it my way.
오, 노우, 오, 노 낫 미. 아이 디딧 마이 웨이

For what is a man, what has he got?
훠 왓 이즈어 맨, 왓 해즈 히 갓

If not himself, then he has naught.
이프 낫 힘셀프 댄 히 해즈 낫

To say the things he truly feels
투 쎄이 더 씽즈 히 추룰리 필스

And not the words of one who kneels
앤 낫 더 워즈 옵 원 후 닐스

The record shows I took the blows and did it my way.
더 레코드 쑈스 아이 툭 더 블로우즈 앤 디딧 마이 웨이

MUSIC STORY

노래 이야기

My Way 원곡은 프랑스 출신 가수 겸 작곡가 끌로드 프랑소아가 1967년에 발표한 샹송 〈늘 그렇듯이〉입니다. 원곡은 시들어가는 사랑에 관한 슬픈 노래입니다. 하지만 My Way는 죽음을 눈앞에 둔 한 남자가 자신의 인생을 돌아보며 후회 없이 살았노라고 자신 있게 말하는 감동적인 인생을 그린 노래입니다.

이 노래는 Standard Pop '정통 팝'의 거장 프랭크 시나트라의 1969년 발표작입니다. 1968년 시나트라가 은퇴한다는 소식을 들은 폴 앵카가 그의 은퇴를 아쉬워하며 그를 위해 원곡 샹송에 영어가사를 붙여 선사한 곡입니다. 그런데 이 노래가 세계적인 인기를 얻으며 은퇴를 번복했다는 말이 있습니다. 한국의 아버지들의 최고의 애창곡으로 많은 사랑을 받은 곡입니다.

가수 이야기

Frank Sinatra는 1915년에 미국에서 태어나 1998년 5월 14일에 생을 마쳤습니다. 그는 미국의 대중가수, 작곡가, 영화배우로 다방면에서 많은 활약을 했습니다. 영화에 데뷔한 뒤 배우와 가수로 활약했고 영화 〈지상에서 영원으로〉로 아카데미상 조연상을 받았습니다. 그가 우리 곁을 떠난지도 벌써 오랜 시간이 지났지만, 감미로운 목소리로 압도적인 인기를 얻었고 미국의 대표적인 가수로 다른 많은 가수에게 영향을 주었습니다.

노래를 들으며 가사를 차근차근 읽어보세요.

❶ Life is a moment in space.
❷ When the dream is gone,
It's a lonelier place.
I kiss the morning good-bye,
but down inside you know
We never know why.
❸ The road is narrow and long.
❹ When eyes meet eyes
And the feeling is strong.
I turn away from the wall.
I stumble and fall.
But I give you it all.

....

I am a woman in love and I'd do anything
To get you into my world and hold you within.
It's alright I defend over and over again. What do I do?

....

With you eternally mine in love,
There is no measure of time.

words	
moment 순간	
space 공간, 우주	
lonelier 더 외로운 (lonely의 비교급)	
place 장소	
narrow 좁은	
feeling 느낌, 감정	
strong 강한	
turn away 외면하다	
stumble 비틀거리다	
defend 방어하다, 지키다	
eternally 영원히	
measure 측정	

They planned it all at the start
That you and I live in each others heart.
We may be oceans away. You feel my love.
I hear what you say. No truth is ever a lie.
I stumble and fall. But I give you it all.

·········· Repeat

Oh, oh, oh. ⑤ I am a woman in love and I'm talkin' to you.
You know how you feel. What a woman can do.
It's alright I defend over and over again.

·········· Repeat

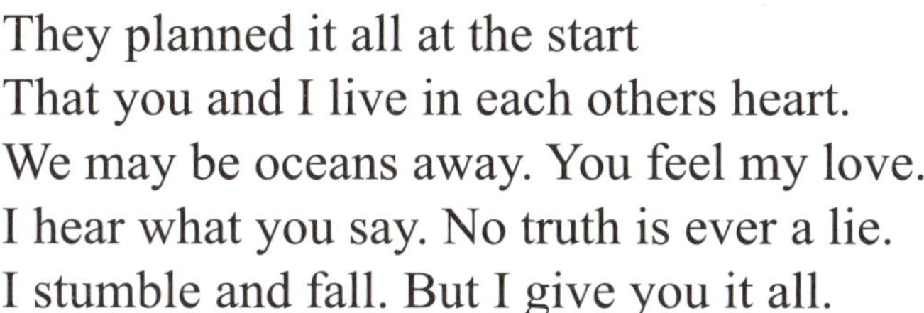

한글 가사를 읽으며 내용을 더 정확하게 이해해요.

인생이란 우주 속에서 한순간에 불과한 것입니다.
꿈이 사라지면, 인생이란 더 고독한 곳이죠.
아침에 달콤한 입맞춤을 하고도,
마음속에 상심이 밀려드는
그 이유를 우린 알지 못해요.
인생의 길은 좁고도 긴 것이랍니다.
서로의 눈길이 마주치고
서로에 대한 사랑의 느낌이 점점 강해질 때면
기대고 있던 벽에서 몸을 돌려
비틀거리다가 넘어질지라도
내 모든 것을 당신에게 드릴게요.

··········

나는 사랑에 빠진 여인이랍니다. 무엇이든지 다 할 거예요
그대를 내 마음의 세계로 받아들여, 마음속에 간직할 수만
있다면요.
언제까지라도 그렇게 할 거예요. 어떻게 해야 하나요?

그대는 나의 영원한 사랑. 우리의 사랑은 끝이 없을 거예요
처음부터 그렇게 정해져 있답니다.
그대와 나는 서로의 마음에 자리하도록
끝없는 바다가 우리를 갈라놓을지라도,
당신은 내 사랑을 느낄 수 있으며
난 그대의 음성을 들을 수 있으며,
진실은 거짓을 말할 수 없답니다.
나는 비틀거리고 넘어질지라도,
내 모든 것을 그대에게 드리겠어요.

········ 반복

오, 오, 오. 난 사랑에 빠진 여인이랍니다.
그리고 당신과 얘기합니다.
당신이 어떤 기분인지 아시죠. 여자가 무엇을 할 수 있는지를.
언제까지라도 그렇게 할 거예요.

········ 반복

1 Life is a moment in space.

인생이란 우주 속에서 한순간에 불과한 것입니다.

Life is short. '인생이 짧다.'라는 말을 a moment in space '우주 속에 한순간'이라고 표현하네요. a moment '한순간'/a second '1초'/a minute '1분'은 모두 '잠시'라는 뜻으로 쓰입니다.

★ **Please wait a moment.** 잠시만 기다려주세요.

2 When the dream is gone, it's a lonelier place.

꿈이 사라지면, 인생이란 더 고독한 곳입니다.

꿈이 없는 세상은 더 외롭겠다는 말입니다. 우리는 늘 꿈을 꾸고 꿈을 간직하며 살아야겠습니다.

★ **I have a dream.** 난 꿈이 있어요.

3 The road is narrow and long.

인생의 길은 좁고도 긴 것이랍니다.

여기서 road '길'은 인생의 길을 뜻하며, narrow는 '좁은', long은 '긴'을 뜻합니다.

★ **He has narrow shoulders.** 그는 어깨가 좁다.

4 When eyes meet eyes and the feeling is strong,

서로의 눈길이 마주치고 서로에 대한 사랑의 느낌이 점점 강해질 때면,

eyes meet eyes는 '눈이 눈을 만나다', 즉 서로의 눈길이 마주치다는 말입니다.

5 I am a woman in love and I'm talkin' to you.

저는 사랑에 빠지는 여인이랍니다. 그래서 당신과 얘기하고 있습니다.

[be in love with+사람]은 '~와 사랑에 빠지다, ~를 사랑하고 있다'라는 뜻이며, woman in love는 '사랑에 빠진 여인'이라는 말입니다.

★ **I'm in love with you.** 난 당신을 사랑하고 있습니다.

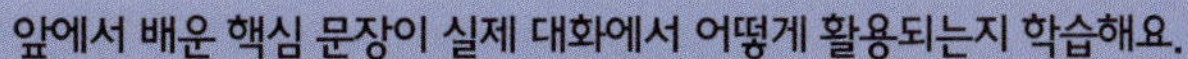

A: Life is a moment in space

인생은 우주 속에 한순간일 뿐이야.

B: What do you mean by that?

그게 무슨 뜻인가요?

A: I mean life is short, so we shouldn't ❶ **waste our time**.

제 말은 인생이 짧다는 말이에요, 그래서 우리는 시간을 낭비해서는 안 돼요.

B: Oh yeah. You're right. ❷ **It seems like yesterday** we went to high school.

아, 예. 당신 말이 맞아요. 우리가 고등학교 다닌 게 어제 같아요.

A: ❸ **Time flies like an arrow**.

세월이 쏜살처럼 지나가네요.

B: You can say that again.

지당하신 말씀입니다.

표현 익히기

❶ waste time은 '시간을 낭비하다'입니다.

★ **Don't waste your time.** 시간을 낭비하지 마시오.

❷ [It seems like yesterday that+주어+동사(과거)]는 '~한 것이 어제 같다'라는 뜻
으로 세월이 빠르다는 것을 표현할 때 씁니다.

★ **It seems like yesterday I met you first.** 제가 당신을 처음 만난 것이 어제 같네요.

❸ 한국말에는 세월이 유수와 같다는 말이 있듯이, 영어에는 '세월이 화살처럼 빨
리 날아간다'라는 표현을 씁니다. 유사표현으로 Time is flying. '세월 빠르네요.'/
How time flies! '참 세월 빠르다!'가 있습니다.

Woman in Love

사랑에 빠진 여인

★ Sung by Barbra Streisand

Life is a moment in space.
라잎 이즈어 모먼트 인 스페이스

When the dream is gone, it's a lonelier place.
웬 너 드림이즈 곤, 잇츠어 로온리어 플레이스

I kiss the morning good-bye, but down inside you know
아이 키스더 모~닝 굿바이, 밧 다운 인싸잇 유 노우

We never know why. The road is narrow and long.
위 네버 노우 와이. 더 로오드 이즈 네로우 앤 롱~

When eyes meet eyes and the feeling is strong.
웬 아이즈 밑 아이즈 앤 더 필~링 이즈 스트롱

I turn away from the wall. I stumble and fall.
아이턴 어웨이 프롬 더 월. 아이 스텀블 앤 폴.

But I give you it all.
밧아이 기뷰 잇 올

....

I am a woman in love and I'd do anything
아엠 어 워~먼 인 러브 앤 아두에~니씽

To get you into my world and hold you within.
투 겟 유 인투 마이 월~드 앤 홀쥬 위단~

It's alright I defend over and over again. What do I do?
잇츠 올롸잇 아이디펜드 오버 앤 오버 어겐. 왓 두 아이두?

....

With you eternally mine in love
위드 유 이터널리 마인 인 러브

There is no measure of time.
데~얼 이즈 노 메져 오브 타임

They planned it all at the start
데이 플랜딧 올 앳 더 스타트

That you and I live in each others heart.
댓 유 앤 이이리브 인 이지아덜스 할~트

We may be oceans away. You feel my love.
위 메이 비 오션스 어웨이. 유 필 마이 러브

I hear what you say. No truth is ever a lie.
아이히어 왓 유 쎄이. 노 추르쓰이즈에버 어라이

I stumble and fall. But I give you it all.
아이 스텀블 앤 폴. 밧 아이 기뷰 잇 올

.... Repeat

Oh, I am a woman in love and I'm talkin' to you.
오, 아이엠어 워~먼 인 러브 앤 아임 토킹 투 유

You know how you feel. What a woman can do.
유 노우 하우 유 필~ 와러 워~먼 캔 두

It's alright I defend over and over again.
잇츠 올롸잇 아이 디펜드 오버 앤 오버 어겐

.... Repeat

MUSIC STORY

이 노래는 미국 출신의 여성 싱어송라이터 바브라 스트레이샌드의 1980년 작품으로 3주간 정상을 기록했던 러브 발라드입니다. 사랑에 빠진 여인의 감성이 잘 드러난 이 노래는 The Way We Were, Evergreen 등과 함께 올 타임 리퀘스트 송으로 꾸준히 애청되고 있는 바브라 스트레이샌드의 대표곡입니다. 사랑에 빠진 여인은 아름답지요. 그리고 사랑을 위해서라면 뭐든지 다 한답니다.

Babra Streisand는 1942년 미국 뉴욕의 브루클린에서 태어났습니다. 그녀는 반세기 가까운 시간 동안 가수와 배우의 길에서 정상의 자리를 지켜 낸 '미국의 연인'이라는 칭호가 전혀 어색하지 않은 가수 겸 뮤지션입니다.

그녀는 어린 시절부터 노래에 남다른 재능을 가졌고 스타가 되겠다는 꿈을 꾸었으며, 꿈을 이루기 위해 연극 학교인 에라스무스홀 고등학교에 입학합니다. 연극 학교를 졸업한 후 1960년대 초반 뉴욕에서 무명 배우와 클럽 가수생활을 병행했는데, 1961년 아마추어 가수 경연대회에서 우승을 차지하게 되었고, 1962년도에는 꿈에 그리던 브로드웨이에 입성하여 뮤지컬 배우로서의 화려한 삶을 시작하게 됩니다. 그녀의 첫 정규 앨범인 〈The Barbra Streisand Album〉은 탑10 진입과 동시에 골드 레코드 획득의 큰 성공을 거둡니다.

1964년 가수로서의 성공을 발판 삼아 당시 브로드웨이 최고의 걸작에 주연으로 출연하게 되고 이로 인해 그녀는 곧 브로드웨이 대 스타로 성장하게 됩니다. 그녀는 가수로서, 뮤지컬배우로서, 영화배우로서 여러 분야에서 모두 뛰어난 능력을 발휘했습니다. 그녀의 대표 히트곡으로 The Way We Were, A Star Is Born, Memory 등이 있습니다.

노래를 들으며 가사를 차근차근 읽어보세요.

❶ When I was a little bitty baby,
❷ My mama would rock me in the cradle
In their old cotton fields back home.
It was down in Louisiana
Just about a mile from Texarkana.
In their old cotton fields back home.

❸ Oh when their cotton balls get rotten
❹ You can't pick very much cotton,
In their old cotton fields back home.
❺ It was down in Lousiana
just about a mile from Texarkana
In their old cotton fields back home.

·········· Repeat (X2)

우리말 해석

한글 가사를 읽으며 내용을 더 정확하게 이해해요.

....

내가 아주 갓난아이였을 때
엄마가 날 요람에 눕히고 흔들어 주곤 했지요.
그리운 고향집 목화밭에서요.
그곳은 루이지애나주 아래쪽에
택사캐나에서 약 1마일 거리에 있었죠.
그리운 고향집 목화밭에서였어요.

목화 열매가 못쓰게 되면
목화를 조금밖에 딸 수 없지요.
그곳은 루이지애나주 아래쪽에
택사캐나에서 약 1마일 거리에 있었죠.
그리운 고향집 목화밭에서였어요.

....

.... 반복 (2회)

words

cotton 면, 솜, 목화

field 들판, 밭

little 작은, 어린

bitty 조그만

mama 엄마

rock 흔들다, 달래다

cradle 요람

cotton ball 목화 열매

get rotten 썩다, 부패하다

pick 따다, 채집하다

① When I was a little bitty baby,

내가 아주 갓난아이였을 때

little bitty는 '아주 작은, 조그마한'이라는 뜻입니다.

★ **I lived in a small village when I was a little baby.**   내가 어린아이였을 때 작은 마을에 살았어요.

② My mama would rock me in the cradle.

엄마가 날 요람에 눕히고 흔들어 주곤 했지요.

would는 조동사로 과거의 불규칙적인 습관을 나타낼 때 '~하곤 했었다'라는 뜻이며, 규칙적인 습관을 말할 때는 [used to+동사원형]을 씁니다. rock은 동사로 '조용히 흔들다'라는 뜻입니다.

③ Oh when their cotton balls get rotten,

오, 목화 열매가 못쓰게 되면,

rotten은 '썩은, 부패한'이라는 뜻이고 [get+형용사]는 '~하게 되다'이므로 get rotten은 '썩게 되다'입니다.

★ **If you eat rotten food, you will get sick.**   만약 당신이 썩은 음식을 먹는다면, 아플 것입니다.

④ You can't pick very much cotton.

목화를 조금밖에 딸 수 없지요.

pick는 '(꽃, 과일을) 따다, 꺾다(pluck)'라는 뜻입니다.

★ **She picked an apple for me.**   그녀는 나에게 사과 하나를 따주었다.

⑤ It was down in Lousiana just about a mile from Texarkana.

그곳은 루이지애나주 아래쪽에 택사캐나에서 약 1마일 거리에 있었죠.

거리를 표현할 때 비인칭주어 it을 씁니다. 예를 들면, It's far from here. '그것은 여기서 멀어요.'라고 합니다.

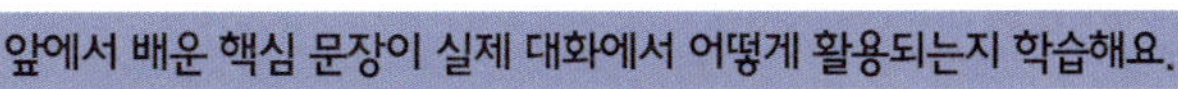

A: Excuse me, ❶ **is there a convenience store around here**?

실례합니다, 이 주변에 편의점 있나요?

B: Yes, there is one over there.

네, 저쪽에 하나 있어요.

A: Is it far from here?

여기서 먼가요?

B: No, it's not. It's down the road just about a mile from here.

아니요. 저 도로 아래쪽으로 여기서 약 1마일 정도 떨어진 곳에 있어요.

A: Is it ❷ **walking distance** or do I have to take a bus?

걸어갈 수 있는 거리인가요? 혹은 버스를 타야 하나요?

B: You can walk there. ❸ **It will take about** 15 minutes to get there.

거기 걸어갈 수 있어요. 그곳에 도착하는 데 약 15분 걸릴 거예요.

표현 익히기

---

❶ convenience store는 '편의점'이고, around here(=near here)는 '이 근처에, 이 주변에'라는 뜻입니다.

★ **Is there a supermarket near here?** 여기 가까이에 슈퍼마켓이 있나요?

❷ walking distance는 '걷는 거리'를 말합니다. [take+교통수단]은 '~을 타다'라는 뜻으로, take a bus/a taxi/a subway/a train '버스/택시/지하철/기차를 타다'을 자주 사용합니다.

★ **Where can I take the bus?** 버스는 어디서 타나요?

❸ take는 여러 가지 뜻으로 쓰이는데 [take+시간+to+동사원형]은 '~하는 데 시간이 걸리다'입니다.

Cotton Fields
목화밭

★ Sung by C.C.R.

When I was a little bitty baby,
웬 아이워즈 어 리를 비리 베이비

My mama would rock me in the cradle
마이 마마 웃 락 미 인 더 크래들

In their old cotton fields back home.
인 데어 올~드 튼 필즈 백 호옴

It was down in Louisiana just about a mile from Texarkana.
잇 워즈 다~운 인 루지애~나 저슷 어바웃 어 마일 프롬 텍싸캐~나

In their old cotton fields back home.
인 데어 올~드 카튼 필즈 백 호옴

Oh when their cotton balls get rotten
오 웬 데어 카튼 볼스 갯 라튼

You can't pick very much cotton, in their old cotton fields back home.
유 캔트 픽 베뤼 머치 카튼, 인 데어 올드 카튼 필즈 백 호옴

It was down in Lousiana just about a mile from Texarkana
잇 워즈 다운 인 루지애~나 서스터바웃 러 마일 프롬 텍싸캐~나

In their old cotton fields back home.
인 데어 올드 카~튼 필즈 백 호옴

Repeat (X2)

MUSIC STORY

Cotton '면, 목화'의 꽃말은 '어머니의 사랑, 우수'라고 합니다. 이 노래는 멋진 흑인 민요가수 레드베리의 작품으로 1940년대에 썼으나, 62년까지 판권을 취득하지 않고 있었다고 합니다. 남부 목화밭에서의 갖가지 고달팠던 추억도 지금에 와서는 그립다고 하는 내용입니다. 그 후 여러 가수가 편곡하여 불렀던 명곡으로 C.C.R. 카터의 편곡도 유명하며 한국에서도 애창되는 곡입니다.

내용은 아주 어린아이였을 때 부모님이 시골집 고향에서 목화밭을 했는데, 목화밭으로 일하러 갈 때 나를 데리고 가서 요람에 놓고 흔들어 주며 달래주곤 했다는 얘기입니다. 어떤 때는 목화가 썩어 목화를 많이 못 땄던 적도 있었는데 그 고향과 부모님을 그리워하는 마음을 노래로 표현한 곡입니다.

- -

C.C.R.은 Creedence Clearwater Revival '크리던스 클리어워터 리바이벌'의 약자로 미국 출신의 남성 4인조 록 밴드입니다. 1967년에 결성되어 1968년에 데뷔앨범을 발표했고 〈Creedence Clearwater Revival〉이라는 앨범이 미국에서 골드 앨범을 기록하는 등 큰 성공을 거두었으나, 1972년 마지막 앨범을 발표하고 아쉽게도 해체되었습니다. 그들의 이름은 '반드시 순수한 결정체를 부활시켜내겠다는 확신'을 뜻한다고 합니다. 그들의 히트곡으로는 Molina, Proud Mary, Have you ever seen the rain?, Cotton Fields 등이 있습니다.

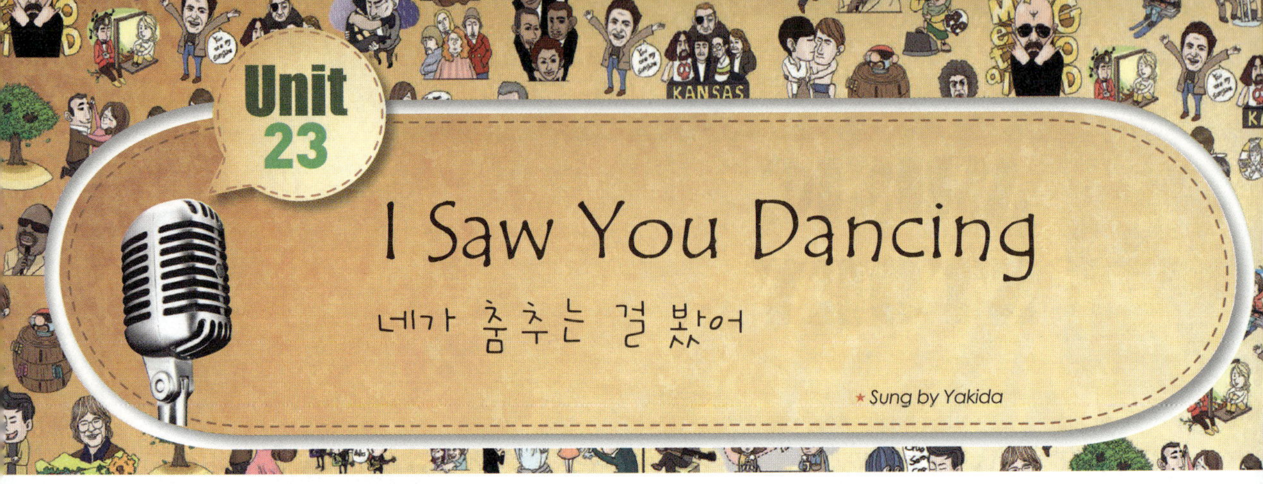

노래를 들으며 가사를 차근차근 읽어보세요.

I saw you dancing.
And I'll never be the same again for sure.
I saw you dancing. Say Yaki-da (my love)

·········· Repeat

❶ I'm waiting for a chance to get to know you,
To ask for a dance. Just look into my eyes
And I'll take you to paradise.

·········· Repeat (×2)

I'm falling, I'm falling
❷ Cause life's not easy for me.
Please touch me like you do.
To have you near me
To go where you go.

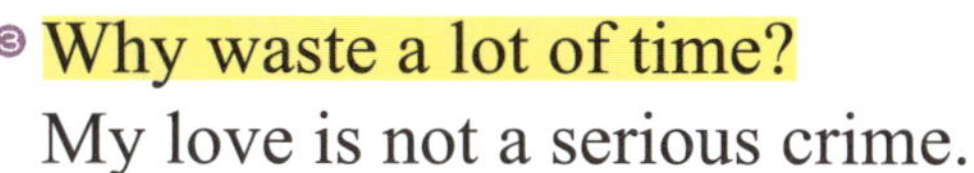

❸ Why waste a lot of time?
My love is not a serious crime.

········· Repeat (×2)

I'm falling to pieces.
Who do you think you are? O-ho!
❹ Maybe I've gone too far. O-ho!
Maybe I'm in love with you.
Don't hurt me or treat me bad.
Cause I will fight for what is mine. Say Yaki-da
❺ Cause life is meant for living.

········· Repeat (×2)

우리말 해석

한글 가사를 읽으며 내용을 더 정확하게 이해해요.

···········

네가 춤추는 걸 봤어.
그리고 난 절대로 전과 같이 될 수 는 없다는 것을 확신해.
네가 춤추는 걸 봤어. 야키다라고 말해봐 (내 사랑)

···········

난 너를 알 수 있는 기회를 기다리고 있어.
네게 춤을 청할 기회를 말이야. 그냥 내 눈을 들여다봐.
그럼 내가 널 낙원으로 데려갈 거야.

········· 반복 (2회)

난 절망에 빠지고 있어, 난 절망에 빠지고 있어.
삶은 내게 쉽지 않기 때문이야.
제발 네가 늘 하던 것처럼 날 만나줘.
널 내 곁에 두기 위해

네가 가는 곳으로 가기 위해.
왜 시간낭비를 하겠어?
내 사랑이 중대한 죄는 아니잖아.

········· 반복 (2회)

난 산산조각 나고 있어.
넌 네가 누구라고 생각하니?
아마도 난 너무 멀리 왔나봐.
아마도 난 너와 사랑에 빠졌나봐.
내게 상처를 주지 마, 날 나쁘게 대하지 마.
왜냐면 난 내 것을 위해 싸울 테니까. 야키다라고 말해봐
삶은 살아갈 만한 가치가 있는 거니까.

········· 반복 (2회)

① I'm waiting for a chance to get to know you.

난 너를 알 수 있는 기회를 기다리고 있어.

wait for는 '~를 기다리다'라는 뜻이고, [get to+동사원형]은 '~하게 되다'라는 뜻입니다.

★ **Please wait for me here.** 여기서 날 기다려 주세요.

② Cause life's not easy for me.

삶은 내게 쉽지 않기 때문이야.

easy는 형용사로 '쉬운, 손쉬운'이라는 뜻이고 반대어는 difficult '어려운'입니다.

★ **English is not easy for me.** 영어는 내게 쉽지 않아요.

③ Why waste a lot of time?

왜 시간낭비를 하겠어?

이 말은 Why do I waste a lot of time? '내가 왜 많은 시간을 낭비하겠어?'인데, do I를 생략한 말입니다. waste time은 '시간을 낭비하다'라는 뜻입니다.

★ **Life is short. Don't waste a lot of time.** 인생은 짧아요. 많은 시간을 낭비하지 마세요.

④ Maybe I've gone too far.

아마도 난 너무 멀리 왔나봐.

have gone too far '너무 멀리 갔다'는 어떤 말이나 행동이 도를 넘어설 때 '너무하다, 지나치다'라는 뜻으로도 사용합니다.

★ **You've gone too far.** 당신 너무하시는군요.

⑤ Cause life is meant for living.

삶은 살아갈 만한 가치가 있는 거니까.

be meant for는 '~의미 되어있다, ~하기로 되어있다'라는 뜻입니다. 직역하면 '인생은 살기로 되어있는 것이다.'입니다.

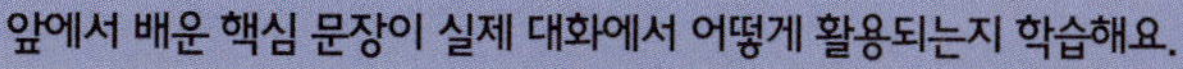

A: Hey, Kara. What did you do last night?
이봐, 카라. 너 어젯밤에 뭐했니?

B: Last night? I stayed at home and watched TV all evening.
어젯밤에? 난 집에 있으면서 저녁 내내 TV를 봤어.

A: ❶**Don't tell me a lie.** I saw you dancing at a club yesterday.
거짓말하지 마. 난 어제 네가 클럽에서 춤추는 걸 봤어.

B: What are you talking about? It was not me.
무슨 말이야? 그것은 내가 아니었어.

A: Really? I'm sorry ❷**I took you for someone else.** I've gone too far.
정말이니? 미안해 내가 널 다른 사람으로 착각했나봐. 내가 너무 지나쳤어.

B: That's okay. ❸**That can happen.**
괜찮아. 그럴 수도 있지.

❶ tell a lie는 '거짓말하다'라는 뜻으로 lie가 명사로 쓰인 것이고, lie는 동사로도 쓰입니다. liar는 '거짓말쟁이'라는 뜻이죠.
★ **I don't tell a lie.** 난 거짓말하지 않는다.

❷ take A for B는 'A를 B로 잘못 알다, 착각하다'라는 뜻으로 misunderstand '오해하다, 잘못 해석하다'와 같은 말입니다.

❸ happen은 '어떤 일이 생기다, 발생하다'라는 뜻으로, That can happen. '그런 일은 발생할 수 있다.'라는 말입니다. 어떤 일이든 그럴 수도 있다고 생각한다면 마음에 상처를 덜 받는다고 합니다.
★ **What happened to you?** 너에게 무슨 일이 있었니?

I Saw You Dancing
네가 춤추는 걸 봤어

★ Sung by Yakida

··········

I saw you dancing. And I'll never be the same again for sure.
아이 쏘 유 댄~씽 앤 아일 네~버 비 더 쎄임 어겐 훠 슈어

I saw you dancing. Say Yaki-da (my love)
아 이쏘 유 댄~씽. 쎄이 야기-디 (마이 러브)

··········

·········· Repeat

I'm waiting for a chance to get to know you, to ask for a dance.
아임 웨이팅 훠 어 챤~스 투 겟 투 노우 유, 투 애스크 훠러 댄스

Just look into my eyes and I'll take you to paradise.
져스트 룩 인투 마이 아이즈 앤 아일 테이큐 투 패러다이스

·········· Repeat (×2)

I'm falling, I'm falling cause life's not easy for me.
아임 폴~링, 아임 폴~링 코오즈 라잎스 낫 이지 훠 미

Please touch me like you do. To have you near me.
플리즈 터~치 미 라익 유 두. 투 해브 유 니어 미

To go where you go. Why waste a lot of time?
투 고우 웨어 유 고우. 와이 웨이스티 딧 오브 타임

My love is not a serious crime.
마이 러브 이즈 나러 씨리어스 크라임

·········· Repeat (×2)

I'm falling to pieces. Who do you think you are? O-ho!
아임 폴~링 투 피씨스. 후 두 유 씽크 유 아? 오-호

Maybe I've gone too far. O-ho! Maybe I'm in love with you.
메이비 아이브 곤 투 파. 오-호! 메이비 아임 인 러브 위드 유

Don't hurt me or treat me bad.
돈 헐~트 미 오어 트릿 미 뱃

Cause I will fight for what is mine. Say Yaki-da
코~즈 아 윌 파잇 훠 왓 이즈 마인. 쎄이 야키-다.

Cause life is meant for living.
코~즈 라이프 이즈 멘트 훠 리~빙

·········· Repeat (×2)

MUSIC STORY

이 노래는 한국에도 잘 알려진 스웨덴 미녀 여성듀오 야키다의 최고 히트곡으로 신나는 댄스음악입니다. I Saw You Dancing.은 '당신이 춤추는 것을 봤어요.'라는 뜻으로 아름다운 여인이 춤추는 걸 보고 그녀와 춤을 추고 싶은 충동과 그녀를 알고 싶고 가까이 하고 싶은 마음을 노래로 표현한 것입니다. 결국은 그녀를 사랑하게 됩니다.

Yaki-Da는 한국에도 잘 알려진 스웨덴 미녀 여성 듀오팝가수입니다. 1995년 데뷔앨범 〈Pride〉를 발표하여 혜성처럼 나타나 유럽과 아시아에서 폭발적인 인기를 끌었습니다. 이국적이고 독특한 분위기의 매력으로 인기를 끌었던 여성 2인조 가수로 히트곡은 I Saw You Dancing, Pride of Africa가 있습니다. Yaki-Da라고 하면 일본말로 착각이 드는데 사실은 영국 남서부 웨일즈 지방말로 영어로 Cheers '건배, 당신의 건강을 위해서'라는 말입니다. 한국에서도 큰 인기를 얻어 40만 장의 앨범판매고를 올렸습니다.

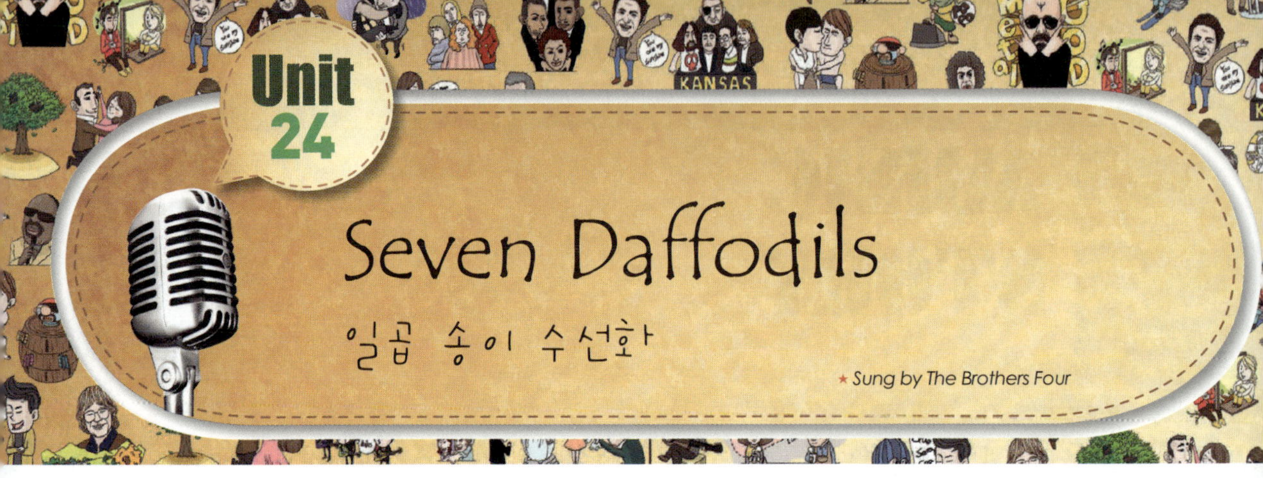

노래를 들으며 가사를 차근차근 읽어보세요.

❶ I may not have a mansion. I haven't any land.
Not even a paper dollar to crinkle in my hand.
❷ But I can show you mornings on a thousand hills
And kiss you and give you seven daffodils.

❸ I do not have a fortune to buy you pretty things.
❹ But I can weave you moonbeams for necklaces and rings.
And I can show you mornings on a thousand hills
And kiss you and give you seven daffodils.

Oh, seven golden daffodils are shining in the sun
To light our way to evening
❺ When our day is done,
And I will give you music and a crust of bread
And a pillow of piny boughs to rest your head.
A pillow of piny boughs to rest your head.

난 멋진 집을 가지고 있지도 않아요. 어떤 땅도 없어요.
손 안에 구겨 가지고 다닐 1달러 종이돈도 없어요.
하지만 수많은 언덕 위에서 아침을 당신께 보여드릴 수 있어요.
그리고 입맞춤과 일곱 송이 수선화를 당신께 드릴게요.

난 당신에게 예쁜 것을 사줄 만한 돈이 없어요.
하지만 달빛을 엮어 당신에게 목걸이와 반지 만들어드릴 수 있어요.
그리고 수많은 언덕 위에서 아침을 당신께 보여드릴 수 있어요.
그리고 입맞춤과 일곱 송이 수선화를 당신께 드릴게요.

오, 황금빛 일곱 송이 수선화가 햇빛에 찬란히 빛나고 있네요.
저녁까지 우리의 길을 밝혀주려고요.
일과가 끝날 때
나는 당신에게 아름다운 음악과 맛있는 빵을 드릴게요.
그리고 당신이 편히 누울 수 있는 소나무 가지로 만든 베개를
당신이 쉴 수 있는 소나무 가지로 만든 베개를 드릴게요.

words

daffodil 수선화
mansion 대저택
land 땅, 토지
crinkle 버스럭거리다
hill 언덕
fortune 재산, 부
pretty 예쁜
weave (직물) 짜다, 뜨다
moonbeam 달빛
necklace 목걸이
ring 반지
golden 황금빛의
shine 빛나다
light one's way ~의 길에 빛을 비추다
a crust of bread 한 조각의 빵
pillow 베개
piny 소나무의
bough 가지
rest 쉬게 하다

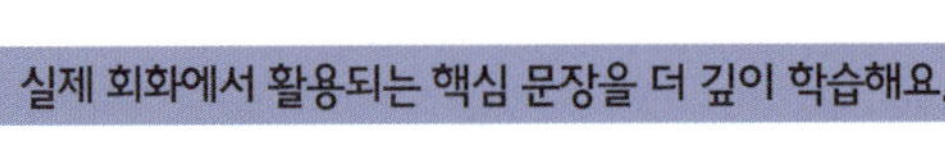

① I may not have a mansion. I haven't any land.

난 멋진 집을 가지고 있지도 않아요. 어떤 땅도 없어요.

mansion은 '대저택'을 뜻하며, land는 '땅, 토지'를 말합니다.

★ **A mansion is a very large house.** 맨션이란 아주 큰 집입니다.

② But I can show you mornings on a thousand hills.

하지만 수많은 언덕 위에서 아침을 당신께 보여드릴 수 있어요.

[show+간접목적어(사람)+직접목적어(사물)]은 '~에게 ~을 보여주다'라는 뜻입니다.

★ **I will show you the way.** 제가 길을 안내해 드릴게요.

③ I do not have a fortune to buy you pretty things.

난 당신에게 예쁜 것을 사줄 만한 돈이 없어요.

fortune은 '운, 재산, 부'라는 뜻이 있는데, 여기서는 money '돈'을 의미합니다. 금전적으로 당신을 위해 해줄 게 없다는 말입니다.

④ But I can weave you moonbeams for necklaces and rings.

난 할리우드에도 가봤고, 레드우드에도 가봤어요.

weave는 '~을 (직물을) 짜다, 엮다'라는 뜻이고, moonbeam은 '달빛줄기(moonlight), 월광'을 말합니다.

★ **Do you like to wear a necklace?** 당신은 목걸이 하는 걸 좋아합니까?

⑤ When our day is done.

일과가 끝날 때,

여기서 be done은 be finished '~이 끝나다, 마치다'라는 뜻이므로 Our day is done.은 '우리의 일과가 끝났다.'라는 말입니다.

★ **Are you done?** 다 끝났어요? (식사 다 하셨나요?)
★ **What's done cannot be undone.** 이미 한 것은 돌이킬 수가 없다.

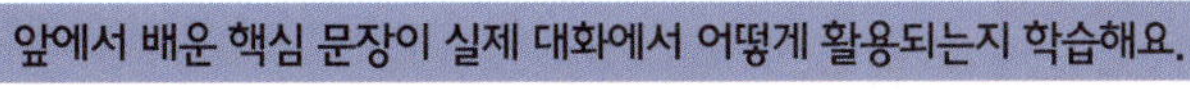

A: Excuse me, ❶**are you done with your meal**?
실례합니다, 식사 다 하셨습니까?

B: Yes, I'm done. Please ❷**put the dishes away**.
네. 다 했습니다. 접시를 치워주세요.

A: Certainly. Would you like to have some dessert?
물론이지요. 후식을 좀 드시겠어요?

B: That would be great. May I have the menu again, please?
그것 좋겠네요. 메뉴를 다시 좀 갖다 주실래요?

A: Yes, ma'am. Here it is. ❸**What will you have**?
네, 손님. 여기 있어요. 뭐 드시겠어요?

B: ❹**Let me see**, I will have chocolate ice cream.
글쎄요, 저는 초콜릿 아이스크림을 먹겠어요.

표현 익히기

❶ [be done with/be finished with/be through with+명사]는 '~을 끝내다, 끝마치다'라는 뜻입니다.
★ **When will you be finished with the report?** 보고서는 언제 끝낼 건가요?

❷ put something away는 '~을 치우다, ~을 넣다'라는 뜻입니다.

❸ 음식이나 술을 주문할 때 쓰는 '뭐 드시겠어요?'라는 말로 What would you like?/What will it be?/What will you have? 등을 자주 씁니다.
★ **I'd like a steak, please.** 저는 스테이크를 먹겠어요.

❹ Let me see는 뭔가를 생각하거나 기억하려 할 때 '어디 보자, 글쎄요'라고 말하는 것이며, 유사표현으로 문두에 Well '글쎄'를 씁니다.

Seven Daffodils
일곱 송이 수선화

★ Sung by The Brothers Four

I may not have a mansion. I haven't any land.
이이 메이 낫 해브 어 맨~션. 아이 해븐트 애니 랜~드

Not even a paper dollar to crinkle in my hand.
낫 이븐 어 페이퍼 달러 투 크린클 인 마이 핸드

But I can show you mornings on a thousand hills
밧 아이 캔 쇼우 유 모~닝 온 어 싸우전드 힐스

And kiss you and give you seven daffodils.
앤 키스 유 앤 기브 유 세븐 데퍼딜스

I do not have a fortune to buy you pretty things.
아이두 낫 해브 어 파~튠 투 바이 유 프리티 씽~스

But I can weave you moonbeams for necklaces and rings.
밧 아이 캔 위~브 유 문~빔스 휘 네클레이씨즈 앤 링스

And I can show you mornings on a thousand hills
앤 아이 캔 쇼우 유 모~닝스 온 어 싸우전드 힐스

And kiss you and give you seven daffodils.
앤 키스 유 앤 기브 유 세~븐 데퍼딜스

Oh, seven golden daffodils are shining in the sun
오, 세븐 골든 데퍼딜스 아 샤이닝 인 더 썬

To light our way to evening when our day is done.
투 라잇 아워 웨이 투 이브닝 웬 아워 데이 이즈 던

And I will give you music and a crust of bread
앤 아이 윌 기브 유 뮤직 앤 어 크러스트 오브 브랫

And a pillow of piny boughs to rest your head.
앤 어 필로우 오브 파이니 바우즈 투 레스트 유어 해드

A pillow of piny boughs to rest your head.
어 필로우 오브 파이니 바우즈 투 레스트 유어 해드

MUSIC STORY

수선화의 속명인 Narcissus '나르키수스'는 그리스 신화에 나오는 나르시스라는 청년의 이름에서 유래합니다. 나르시스는 연못 속에 비친 자기 얼굴의 아름다움에 반해서 물속에 빠져 죽었는데, 그곳에서 수선화가 피었습니다. 그래서 꽃말은 나르시스라는 미소년의 전설에서 '자기주의(自己主義)' 또는 '자기애(自己愛)'를 뜻하게 되었습니다.

Seven Daffodils '일곱 송이 수선화'는 집도 돈도 땅도 없는 한 남자가 사랑하는 사람을 위해 돈으로 해줄 게 없지만, 아름다운 언덕 위에서 아침을 맞이하게 해주고 입맞춤과 일곱 송이 수선화를 줄 수 있다고 합니다. 일과가 끝나면 멋진 음악과 맛있는 빵을 준비해 주겠다고 사랑을 고백합니다.

The Brothers Four는 1957년 미국의 시애틀에 있는 Washington 대학 동창들로 결성된 4인조 남성 포크밴드입니다. 그들은 1960년대 미국의 '포크 송의 부흥(folk revival)'에 앞장섰던 그룹입니다. 편안한 스타일의 연주와 노래로 대중들로부터 인기를 얻었고 수백만 장에 이르는 음반 판매고을 올렸습니다. 이 그룹은 기타. 반조. 만돌린, 업라이트 베이스 등 어쿠스틱 악기 구성에 듣기만 해도 편안한 스타일의 연주와 노래를 추구했습니다.

한국인들이 좋아하는 그들의 대표곡으로 Green Fields, Try To Remember가 있습니다. 특유의 부드러운 멜로디와 잔잔한 하모니로 유명한 그들의 음악은 그윽한 하모니와 서정적 멜로디로 대중을 사로잡았습니다. 한국 내에서는 1960년대에서 1980년대까지 젊은 이들에게 많은 사랑을 받았습니다. 한국의 포크송 대표 가수 양희은이 이 노래 Seven Daffodills를 '일곱 송이 수선화'로 번안해 불렀고 국내에서 아직도 추억의 팝송으로 좋아하는 사람이 많습니다.

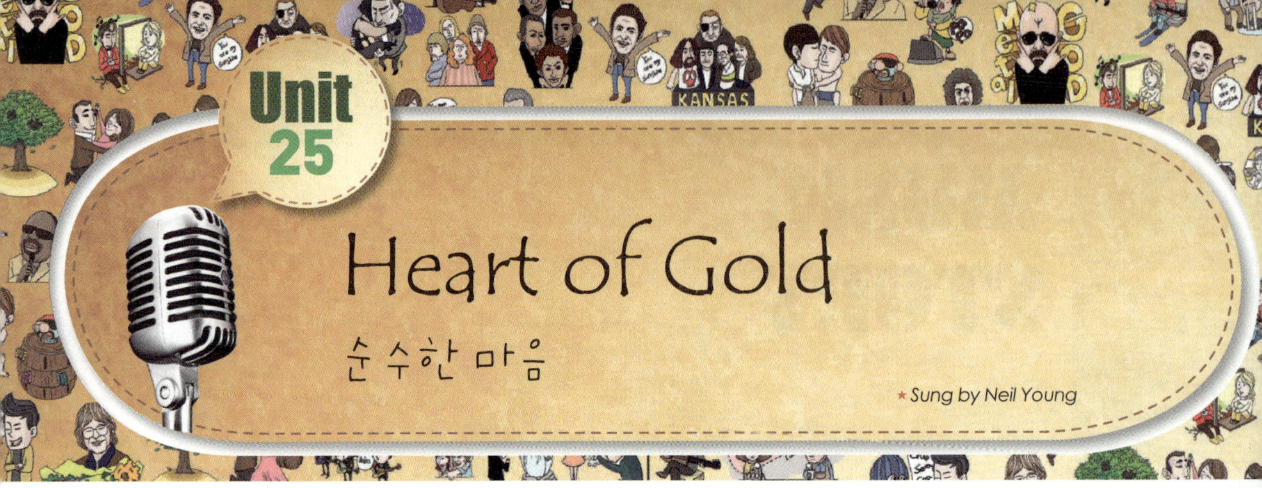

노래를 들으며 가사를 차근차근 읽어보세요.

❶ I wanna live, I wanna give.
❷ I've been a miner for a heart of gold.
❸ It's these expressions I never give.

That keeps me searching for a heart of gold.
And I'm getting old.
Keeps me searching for a heart of gold.
And I'm getting old.

❹ I've been to Hollywood. I've been to Redwood.
I'd cross the ocean for a heart of gold.
I've been in my mind. It's such a fine line.

That keeps me searching for a heart of gold.
And I'm getting old.
Keeps me searching for a heart of gold.
And I'm getting old.

Keep me searching for a heart of gold.
❺ You keep me searching on and on.
Keep me searching for a heart of gold.
I've been a miner for a heart of gold.

우리말 해석

난 살고 싶어요, 난 베풀고 싶어요.
난 순수한 마음을 찾아다니는 광부로 살았어요.
그것은 내가 한 번도 표현한 적 없는 말이에요.

이 때문에 내가 계속 순수한 마음을 찾아다녔죠.
나이는 들어가는데
계속 순수한 마음을 찾아다니게 하네요.
나이는 들어가는데

난 할리우드에도 가봤고, 레드우드에도 가봤어요.
순수한 마음을 찾아 바다 건너 가기도 했지요.
마음속으로 생각해 왔어요. 그것은 참 멋진 말이야.

그것 때문에 난 계속 순수한 마음을 찾게 다니고 있어요.
나이는 들어가는데
난 계속 순수한 마음을 찾고 있어요.
나이는 들어가는데

난 계속 순수한 마음을 찾고 있어요.
당신 때문에 난 계속 찾고 있어요.
순수한 마음을 계속 찾고 있어요.
난 순수한 마음 찾아 헤매고 다녔어요.

words

heart of gold 아름다운(고결한) 마음, 순수한 마음

wanna(=want to+동사) ~을 원하다

miner 광부

expression 표현

keep+-ing 계속 ~하게 하다

search for ~을 찾다, 탐색하다

get old 늙다

have been to+장소 ~에 가본 적이 있다

cross 건너가다

ocean 대양

fine 멋진

line 말, 대사

실제 회화에서 활용되는 핵심 문장을 더 깊이 학습해요.

1 I wanna live, I wanna give.

난 살고 싶어요, 난 베풀고 싶어요.

wanna는 [want to+동사원형]의 구어체 표현으로 '~을 하고 싶다, ~하기를 원한다'라는 말입니다. give는 '주다'라는 뜻이지만, 여기서는 사람들에게 베풀어준다는 말입니다.

★ **What do you want to do in the future?** 미래에 무엇을 하고 싶어요?

2 I've been a miner for a heart of gold.

난 순수한 마음을 찾아다니는 광부로 살았어요.

miner는 석탄이나 금을 캐는 '광부'를 뜻하는데, 여기서는 heart of gold '순수한 마음'을 찾아다니는 광부였다는 말입니다.

★ **My mother has a heart of gold.** 어머니는 순수한 마음을 지니셨다.

3 It's these expressions I never give.

그것은 내가 한 번도 표현한 적 없는 말이에요.

expression은 명사로 '표현'이라는 뜻이고, 동사로는 express '표현하다'라는 뜻입니다.

★ **I don't understand these expressions.** 난 이 표현들이 이해가 안 됩니다.

4 I've been to Hollywood. I've been to Redwood.

난 할리우드에도 가봤고, 레드우드에도 가봤어요.

[have been to+장소] '~에 가본 적이 있다'는 경험을 나타낼 때 하는 말입니다. 할리우드는 물질만 능의 세상을 상징하고, 레드우드는 국립공원으로 순수한 자연의 세계를 말하므로 '사방을 다 뒤지 며 돌아다녔다'라는 말입니다.

★ **Have you been to America before?** 전에 미국에 가본 적 있나요?

5 You keep me searching on and on.

당신 때문에 난 계속 찾고 있어요.

[keep+-ing]은 '계속 ~하다'라는 뜻이고, on and on은 '계속해서'라는 말입니다. 이 문장은 직역 하면 당신은 나를 계속해서 찾게 만든다, 즉 당신 때문에 난 계속 찾고 있다는 말입니다.

A: Everybody, ❶ **please pay attention to me. Stop chatting**!
여러분, 집중해주세요. 잡담 그만!

B: Yes, sir. We'll ❷ **stop talking**.
네, 선생님. 얘기 그만할게요.

A: You need to keep studying this lesson until 3 p.m.
너희들 오후 3시까지 이 수업을 계속 공부해야 한다.

B: We know that, but ❸ **why don't we take a break**?
우리도 그건 알아요. 하지만 좀 쉬는 게 어때요?

A: Alright. What do you want to do after this class today?
좋아. 너희들은 오늘 이 수업 끝나고 무엇을 하고 싶니?

B: We want to play soccer on the playground.
우리는 운동장에서 축구하고 싶어요.

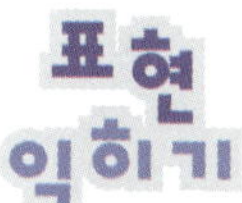
표현 익히기

❶ pay attention to '~에 주목하다'는 뜻으로 누군가를 집중시킬 때 자주 쓰입니다.
★ **May I have your attention, please?** 여기 주목 좀 해주시겠습니까?

❷ [stop+-ing]은 '~하는 것을 멈추다, 그만두다'라는 뜻으로 [keep+-ing]와 반대말입니다.
★ **I'll surely stop smoking this year.** 올해는 꼭 담배를 끊을 거야.

❸ [Why don't we+동사원형~?]은 '우리 ~하지 그래요?'라는 뜻으로 어떤 일을 제안할 때 자주 쓰이는 표현입니다. 유사표현으로 [Shall we+동사~?] '우리 ~할까요?'가 있습니다.
★ **Why don't we go shopping this afternoon?** 오늘 오후에 우리 쇼핑할까요?

Heart of Gold

순수한 마음

★ Sung by Neil Young

I wanna live, I wanna give.
이 워너 리브, 아 워너 기브

I've been a miner for a heart of gold.
압 빈 어 마이너 훠 어 할~트 오브 골드

It's these expressions I never give.
잇츠 디즈 익스프레션스 아이 네버 기브

That keeps me searching for a heart of gold. And I'm getting old.
댓 킵스 미 썰~칭 훠 어 할~트 오브 골드. 앤 이임 게~링 올드

Keeps me searching for a heart of gold. And I'm getting old.
킵스 미 썰~칭 훠 어 할트 오브 골드. 앤 이임 게~링 올드

I've been to Hollywood. I've been to Redwood.
압 빈 투 할리~우드. 압 빈 투 레드우드

I'd cross the ocean for a heart of gold.
아잇 크로스 디 오션 훠 어 할트 오브 골드

I've been in my mind. It's such a fine line.
압 빈 인 마이 마인드. 잇츠 써치 어 파인 라인

That keeps me searching for a heart of gold. And I'm getting old.
댓 킵스 미 썰~칭 훠 어 할~트 오브 골드. 앤 이임 게~링 올드

Keeps me searching for a heart of gold. And I'm getting old.
킵스 미 썰~칭 훠 어 할~트 오브 골드. 앤 이임 게~링 올드

Keep me searching for a heart of gold.
킵 미 썰~칭 훠 어 할~트 오브 골드

You keep me searching on and on.
유 킵 미 썰~칭 온 앤 온

Keep me searching for a heart of gold.
킵 미 썰~칭 훠 어 할트 오브 골드.

I've been a miner for a heart of gold.
압 빈 어 마이너 훠 어 할트 오브 골드

MUSIC STORY

노래
이야기

Heart Of Gold는 직역하면 황금의 마음이라는 뜻으로, '순수한 마음, 아무 조건 없이 다른 사람을 돕는 친절한 마음'을 뜻합니다. 1972년에 Neil Young '닐 영'이 발표한 그의 대표곡 중 하나입니다. 그의 네 번째 앨범 〈Harvest〉에 수록된 노래로 빌보드 팝 싱글 차트 1위에 올랐던 곡이며, 그를 세계적인 스타로 만든 노래이기도 합니다. 지금까지도 많은 사람들이 좋아하는 팝의 명곡 중 하나이며, 전주 부분의 하모니까 연주가 참 듣기 좋고 매력적입니다.

반복되는 가사 I've been a miner for a heart of gold. '난 순수한 마음을 찾아다니는 광부로 살았다.'는 '세상을 다 돌아다녀도 순수한 마음을 가진 사람을 찾기 힘들다.'라는 말입니다. Heart of Gold는 2006년에 나온 다큐멘터리 영화 제목이기도 합니다. 〈Neil Young: Heart of Gold〉란 제목의 이 영화는 2005년 8월 18일과 19일 테네시주 내시빌에서 열린 닐 영의 두 차례 공연실황을 담은 기록영화이며 영화제에서 소개된 뒤 널리 호평을 받았습니다.

가수
이야기

Neil Young은 1945년 캐나다 토론토 출생의 싱어송라이터 기타연주자, 가수, 작곡가입니다. 1966년 미국으로 가서 버팔로 스프링필드라는 포크 록 밴드를 결성하여 활동을 시작했고, 60~70년대에 가장 활발한 활동을 했으며 이때 발표한 앨범들은 명반의 대열에 올랐습니다. 그 당시 발표한 노래는 Buffalo Springfield Again, Everybody Knows This Is Nowhere, After The Gold Rush, Harvest, Tonight's The Night 등이 있습니다. 그는 밴드와 솔로를 오가면서 어쿠스틱, 펑크, 컨트리, 블루스, 하드 락, 테크노 등 다양한 장르에서 두각을 나타냈습니다. 그의 노래가사들은 문학적 가치가 있을 정도로 사람의 마음을 움직이며 끈끈한 삶의 모습이 묻어납니다. 특유의 애절하고, 가끔은 무심한 듯한, 또 가끔은 아픈 듯 부르는 닐 영의 모습은 참 인상 깊습니다. 역사상 가장 위대한 싱어송라이터 중 한 사람으로 꼽히며 1995년 로큰롤 명예의 전당 공연자 부분에 올랐습니다.

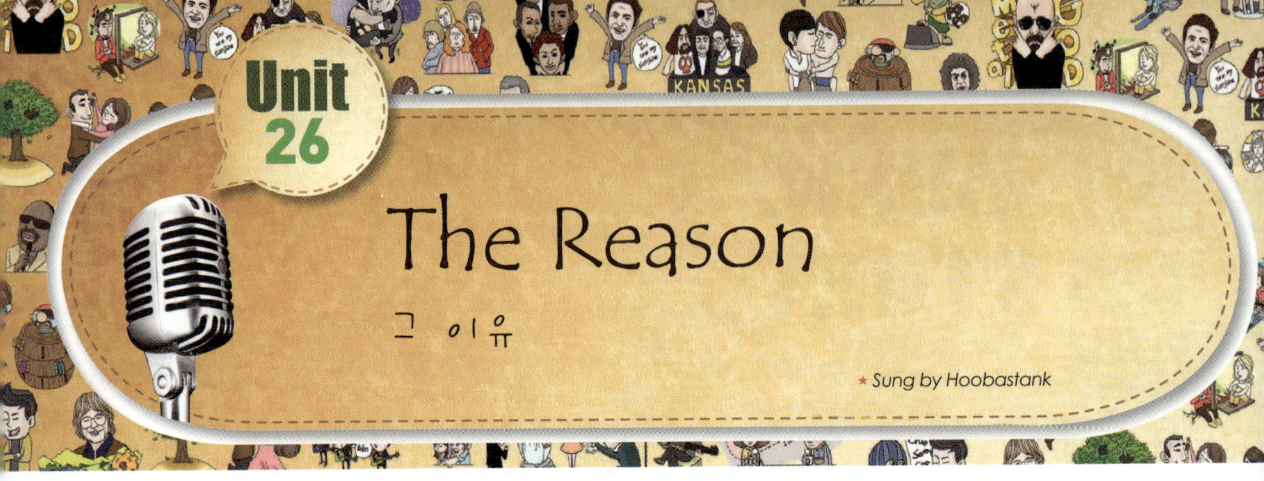

노래를 들으며 가사를 차근차근 읽어보세요.

❶ I'm not a perfect person
As many things I wish I didn't do.
But I continue learning.
❷ I never meant to do these things to you.
And so I have to say before I go.
That I just want you to know.

....

I've found a reason for me to change who I used to be.
❸ A reason to start over new and the reason is you.

....

I'm sorry that I hurt you.
It's something I must live with everyday.
And all the pain I put you through.
I wish that I could take it all away
And be the one who catches all your tears.
❹ That's why I need you to hear.

·········· Repeat

And the reason is you. (×3)

I'm not a perfect person
I never meant to do those things to you
And so I have to say before I go.
That I just want you to know.

·········· Repeat

I've found a reason to show
a side of me you didn't know.
⑤ A reason for all that I do and the reason is you.

words

reason 이유

perfect 완벽한

person 사람

things 일들, 것들

continue+-ing 계속 ~하다

mean to+동사
~할 의도이다

find 찾다, 발견하다
(find-found-found)

change 변하다

hurt 상처를 주다, 아프게 하다

pain 고통

wish 바라다

tear 눈물

우리말 해석

한글 가사를 읽으며 내용을 더 정확하게 이해해요.

난 완벽한 사람이 아니에요.
내가 하지 말았어야 하는 일도 많이 했어요.
하지만 난 계속 배우고 있어요.
당신에게 일부러 그렇게 할 생각은 없었어요.
그래서 내가 가기 전에 말해야겠어요.
난 그냥 당신이 알았으면 해요.

··········

난 예전의 내 모습을 바꿔야 하는 이유를 찾았어요.
다시 새롭게 시작해야 할 이유. 그 이유는 바로 당신이에요.

··········

당신에게 상처를 줘서 미안해요.
난 매일 어떻게든 살아야 했어요.
그리고 내가 당신에게 준 모든 고통들

내가 다 가져갈 수 있으면 좋으련만.
그리고 당신의 눈물을 닦아줄 수 있는 사람이 됐으면 좋겠어요.
그게 바로 당신이 들어줬으면 하는 이유예요.

·········· 반복

그리고 그 이유는 바로 당신이에요. (×3회)
난 완벽한 사람이 아니에요.
난 당신에게 그렇게 할 생각은 없었어요.
그래서 내가 가기 전에 이렇게 말하는 거예요.
난 단지 당신이 알아줬으면 해요.

·········· 반복

난 당신이 몰랐던 내 모습의 일부를 보여줄 이유를 찾았어요.
내가 하는 모든 것의 이유, 그 이유는 바로 당신이에요.

1. I'm not a perfect person.

난 완벽한 사람이 아니에요.

'나는 부족한 사람이다, 많이 모자라는 사람이다.'라는 말입니다.

★ **Nobody is perfect. Even monkeys fall from the tree.**
아무도 완벽하지는 않다. 원숭이조차 나무에서 떨어지기도 한다.

2. I never meant to do these things to you.

난 당신에게 일부러 그렇게 할 생각은 없었어요.

[meant to+동사]는 '~할 의도이다'라는 뜻입니다.

★ **I didn't mean to do it.** 그렇게 할 생각은 아니었어요.

3. A reason to start over new and the reason is you.

다시 새롭게 시작할 이유, 그 이유는 바로 당신이에요.

문두에 [주어(You)+동사(are)]를 넣으면 You are a reason to start over new. '당신은 내가 다시 새롭게 시작할 이유이다.'라는 완벽한 문장이 됩니다.

4. That's why I need you to hear.

그게 바로 당신이 들어줬으면 하는 이유예요.

[That's why+주어+동사] '그게 바로 ~한 이유이다'는 앞 문장에 어떤 말을 하고 '그 이유가 바로 이것이다'라고 말할 때 씁니다.

★ **I want to communicate with foreigners. That's why I study English hard.**
난 외국인들과 의사소통을 하고 싶어요. 그게 바로 내가 영어를 열심히 공부하는 이유예요.

5. A reason for all that I do and the reason is you.

내가 하는 모든 것의 이유, 그 이유는 바로 당신이에요.

이 문장은 '내가 살아가는 이유가 바로 당신입니다.'라는 말이겠죠. 다시 말하면 You are the reason for my life.입니다.

A: Hey, Julie. You look unhappy. What's wrong with you?
이봐요, 줄리. 기분이 안 좋아 보이네요. 무슨 일이에요?

B: I want to stop studying English.
저는 영어공부를 그만두고 싶어요.

A: What are you talking about? You said you really enjoyed it.
무슨 얘기예요? 공부하는 게 재미있다고 말했잖아요.

B: Right, but ❶ **I always make mistakes in speaking English**.
맞아요, 하지만 저는 영어를 말할 때 늘 실수를 해요.

A: That's quite natural. Everybody does in learning something.
그것은 당연한 거예요. 뭔가를 배울 때 누구나 다 그래요.

Nobody is perfect. ❷ **I'm not a perfect person, either**.
아무도 완벽하지는 않아요. 저도 역시 완벽한 사람은 아니에요.

B: You're right. I'm ❸ **relieved to hear that**. I must continue learning.
당신 말이 맞네요. 그 말을 들으니 안심이네요. 계속 배워야겠어요.

표현 익히기

❶ make a mistake는 '실수를 하다'라는 뜻입니다. 그리고 [in+-ing]는 '～하는 데 있어서'입니다.
★ **Don't be afraid to make a mistake in speaking English.**
영어를 말하는 데 실수하는 것을 두려워하지 마시오.

❷ 부정문의 문미에 either는 '역시'라는 뜻입니다. 긍정문일 때는 문미에 '역시'라는 뜻으로 too를 씁니다.

❸ relieved는 형용사로 '안심되는, 안도한'이라는 뜻이고, 동사로 relieve는 '안심시키다, 위안하다'라는 뜻입니다.
★ **I was relieved at the news.** 난 그 소식을 듣고 안심되었다.

The Reason
그 이유

★ Sung by Hoobastank

I'm not a perfect person
아임 나러 퍼빡~트 펄~슨

As many things I wish I didn't do.
애즈 매니 씽즈 아이 위시 아 디든트 두

But I continue learning.
밧 아이 컨티~뉴 라~닝.

I never meant to do these things to you.
아이 네버 멘~ 투 두 디즈 씽즈 투 유

And so I have to say before I go.
앤 쏘아이 해브 투 쎄이 비포 아이고우.

That I just want you to know.
대라이 저슷 원추 투 노우

....

I've found a reason for me to change who I used to be.
아입 파운드 어 리즌 훠 미 투 체인지 후 아이 유스 두 비

A reason to start over new and the reason is you.
어 리즌 투 스타트 오버 뉴 앤 더 리즌 이즈 유

....

I'm sorry that I hurt you.
아임 쏘리 댓 아이 헐 츄.

It's something I must live with everyday.
잇츠 썸~씽 아이 머슷 리브 위드 에브리데이

And all the pain I put you through.
앤 올 더 페인아이 풋 추 쓰~루.

I wish that I could take it all away
아이위시 댓 아이 쿳 테이 킷 올 어웨이

And be the one who catches all your tears.
앤 비 더 원 후 캐치스 올 유어 티얼즈

That's why I need you to hear.
댓츠 와이 아이 니 쥬 투 히어

.... Repeat

And the reason is you. (×3)
앤 더 리즌 이즈 유.

I'm not a perfect person.
아임 나 러 퍼펙트 펄~슨~

I never meant to do those things to you
아이 네버 멘~트 투 두 도오즈 씽즈 투 유

And so I have to say before I go.
앤 쏘아이 해브 투 쎄이 비포 아이 고.

That I just want you to know.
대 라이 저슷 원 추 투 노우

.... Repeat

I've found a reason
이입 파~운 더 리즌

To show a side of me you didn't know.
투 쑈우 어 싸잇 옵 미 유 디든트 노우

A reason for all that I do. And the reason is you.
어 리즌 훠 올 대라이 두. 앤 더 리즌 이즈 유~

이 노래는 자신이 사랑하는 누군가에게 자신이 잘못한 행동에 대해서 뒤늦게 뉘우치고 앞으로 잘하겠다는 내용입니다. 자신이 변해서 새로운 모습을 보여줄 거라고, 그 이유는 바로 당신 때문이라고 말합니다. 이 곡은 보컬의 음색과 기타와 절묘하게 잘 어울리는 곡으로 한국인이 좋아하는 록발라드 100위 안에 있는 노래입니다.

Hoobastank는 미국 캘리포니아 출신의 록밴드입니다. 2001년 데뷔앨범 〈Hoobastank〉에 Crawling In The Dark와 Running Away라는 곡이 주목을 받았고 가능성 있는 좋은 밴드라는 이야기를 들었습니다.

2004년 그들의 최고 히트곡 The Reason이 그들을 세계적인 가수로 성공하게 합니다. 그들은 현재 아일랜드 레코드에 소속되어 있으며 2009년 2월에 〈For(N)ever〉를 발매했으며 현재까지 그들의 앨범이 전 세계적으로 천만 장 이상 판매되었다고 합니다.

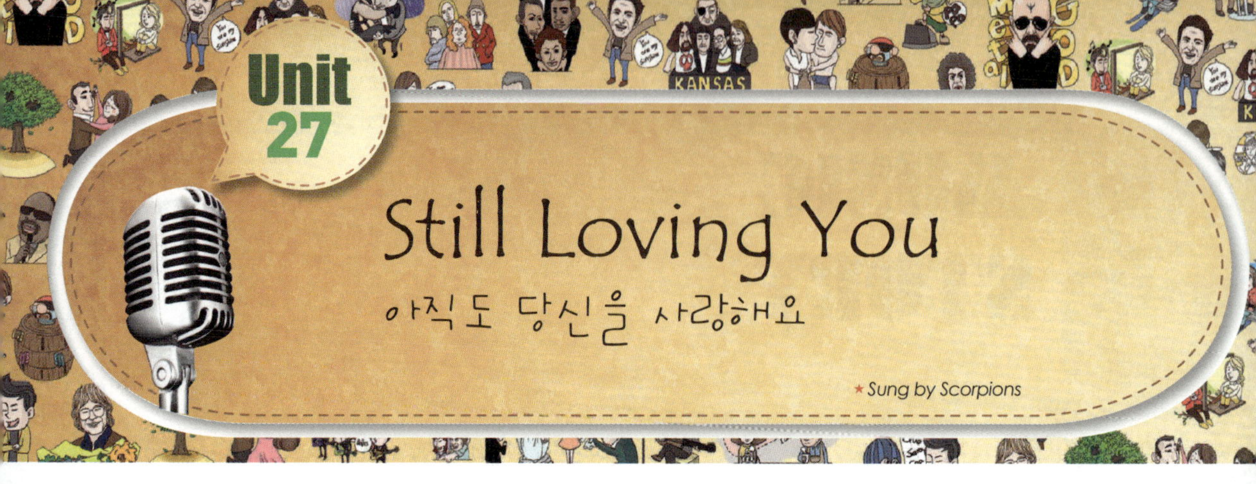

노래를 들으며 가사를 차근차근 읽어보세요.

❶ Time, it needs time to win back your love again.
I will be there, I will be there.
Love, only love can bring back your love someday.
I will be there, I will be there.
Fight, babe, I'll fight to win back your love again.
I will be there, I will be there.
Love, ❷ only love can break down the walls someday.
I will be there, I will be there.

....

If we'd go again all the way from the start,
I would try to change the things that killed our love.
❸ Your pride has built a wall,
So strong that I can't get through.
❹ Is there really no chance to start once again?
I'm loving you. Oh~

....

Try, baby try to trust in my love again.
I will be there, I will be there.

Love, our love just shouldn't be thrown away.
I will be there, I will be there.

·········· Repeat

If we'd go again all the way from the start,
I would try to change the things that killed
our love.
Yes, I've hurt your pride,
And I know what you've been through.
⑤ You should give me a chance.
This can't be the end.
I'm still loving you. I'm still loving you.
I need your love.
I'm still loving you. Still loving you, baby.

우리말 해석

한글 가사를 읽으며 내용을 더 정확하게 이해해요.

시간, 당신의 사랑을 되찾기 위해서 시간이 필요해요.
제가 거기에 있을게요. 기다릴게요.
사랑, 오직 사랑만이 언젠가 당신의 사랑을 되돌릴 수 있겠죠.
제가 거기에 있을게요. 기다릴게요.
싸움, 그대여, 난 당신의 사랑을 되돌리기 위해 싸우겠어요.
제가 거기에 있을게요. 기다릴게요.
사랑, 오직 사랑만이 언젠가 벽을 허물 수 있겠죠.
제가 거기에 있을게요. 기다릴게요.

··········

우리가 처음부터 다시 시작한다면,
난 우리 사랑을 가로막았던 것들을 바꾸려고 노력할 거예요.
당신의 자존심이 쌓은 벽은
너무나 단단해서 난 허물 수가 없어요.
정녕 다시 시작할 기회는 전혀 없는 건가요?
당신을 사랑하고 있어요.

··········

노력, 그대여, 나의 사랑을 다시 믿으려고 노력해 봐요.
제가 기다릴게요. 기다릴게요.
사랑, 우리의 사랑이 이렇게 저버릴 수는 없어요.
제가 기다릴게요. 기다릴게요.

·········· 반복

우리가 처음부터 다시 시작한다면,
난 우리 사랑을 가로막았던 것들을 바꾸려고 노력할 거예요.
그래요. 내가 당신 자존심을 상하게 했어요.
당신이 어떤 일을 겪어왔는지도 알고 있어요.
당신은 내게 기회를 줘야 합니다. 이렇게 끝낼 수는 없어요.
난 아직도 당신을 사랑하고 있어요.
난 아직도 당신을 사랑하고 있어요. 당신의 사랑이 필요해요.
난 아직도 당신을 사랑하고 있어요. 당신을 사랑하고 있어요.

① Time, it needs time to win back your love again.

시간, 당신의 사랑을 되찾기 위해서 시간이 필요해요.

[It needs time to+동사]는 '~하는 데 시간이 필요하다'라는 뜻입니다.

★ **It needs time to get used to this work.** 이 일에 익숙해지는 데는 시간이 필요하다.

② Only love can break down the walls someday.

오직 사랑만이 언젠가 벽을 허물 수 있겠죠.

break down은 '깨부수다, 허물다'라는 뜻이고 여기서 wall '벽'은 사랑의 장애물을 의미합니다. someday는 미래의 '언젠가'를 뜻하고 과거의 '어느 날'은 one day를 씁니다.

★ **Someday I will surely return to my country.** 언젠가 꼭 내 나라로 돌아갈 것이다.

③ Your pride has built a wall, so strong that I can't get through.

당신의 자존심이 쌓은 벽은 너무나 단단해서 난 허물수가 없어요.

[so+형용사+that+주어+can't+동사원형]은 '너무 ~해서 ~할 수 없다'라는 뜻으로, [too+형용사+to+동사]와 같은 말입니다. get through는 '통과하다, 지나가다'라는 뜻입니다. 즉, 당신의 자존심이 너무 강해 다가갈 수 없다는 말입니다.

④ Is there really no chance to start once again?

정녕 다시 시작할 기회는 전혀 없는 건가요?

[chance to+동사]는 '~할 기회'라는 뜻이며 예문으로 I have a chance to make big money. '난 큰돈을 벌 기회를 가지고 있다.'가 있습니다.

★ **There's no chance to start again.** 다시 시작할 기회는 없어요.

⑤ You should give me a chance. This can't be the end.

당신 내게 기회를 주셔야 해요. 이렇게 끝낼 수는 없어요.

can't be는 '~일리가 없다'라는 뜻으로 must be '~임에 틀림없다'의 반대말입니다.

A: **❶ You were speeding**, sir.
선생님, 속도위반 하셨습니다.

B: What's the **❷ speed limit** here, officer?
여기 제한속도 뭡니까, 경찰관?

A: It's 60 kilometers per hour, but you're speeding at 80.
시간당 60킬로미터입니다, 하지만 당신은 80킬로미터로 달렸어요.

B: Oh, really? **❸ I didn't realize that**. I'm sorry.
오, 그래요? 제가 몰랐습니다. 죄송합니다.

❹ Please give me a chance. 한 번 봐주세요.

A: You were driving so fast that I can't give you a break.
당신은 너무 빨리 달려서 제가 봐줄 수가 없습니다.

Can I see your driver's license? 운전면허증 좀 보여주시지요?

B: I see. Here it is. 알겠어요. 여기 있습니다.

 표현 익히기

❶ speed는 명사로 '속도', 동사로는 '속도를 내다'라는 뜻으로 You were speeding.은 '속도위반 하셨습니다.'입니다.
★ **Will you speed up? I'm in a hurry.** 속도 좀 내주시겠어요? 제가 급해서요.

❷ speed limit은 '제한속도, 속도제한'을 말합니다.

❸ realize는 동사로 '~을 깨닫다, 자각하다'라는 뜻으로 I didn't know that.과 같은 말입니다.

❹ give me a chance는 '나에게 기회를 주다'라는 뜻인데, 한 번 봐달라는 뜻으로도 쓰입니다. 같은 말로 Give me a break.가 있습니다.

Still Loving You
아직도 당신을 사랑해요

＊ Sung by Scorpions

Time, it needs time to win back your love again.
타~임, 잇 니즈 타~임 투 윈 백 뉴어 러브 어겐

I will be there, I will be there.
아이월 비 데어, 아이 월 비 데어

Love, only love can bring back your love someday.
라~브, 온리 러브 캔 브링 백 유어 러브 썸데이

I will be there, I will be there.
아이 월 비 데어, 아이 월 비 데어

Fight, babe, I'll fight to win back your love again.
파잇, 베이비, 아월 파잇 투 윈 백 유어 러브 어겐

I will be there, I will be there.
아이월 비 데어, 아이 월 비 데어

Love, only love can break down the walls someday.
라~브, 온리 러브 캔 브렉 다운 더 월스 썸데이

I will be there, I will be there.
아이 윌 비 네어, 아이 월 비 데어

Your pride has built a wall, so strong
유어 프라이드 해즈 빌트 어 월~, 쏘 스트롱

That I can't get through.
댓 아이 캔트 갯 쓰루~

Is there really no chance to start once again?
이즈 데어 륄리~ 노 챈~스 투 스타트 원스 어겐?

I'm loving you. Oh~
아임 러~빙 유~. 오~

....

If we'd go again all the way from the start,
이프윗 고우 어겐 올 더 웨이 프롬 더 스타트

I would try to change the things that killed our love.
아 웃 추라이투 체인지 더 씽즈 댓 킬드 아워 러브

Try, baby try to trust in my love again.
추라이, 베이비 추라이투 추라스트 인 마이 러브 이겐.

I will be there, I will be there.
아 월 비 데어, 아 월 비 데어

Love, our love just shouldn't be thrown away.
라~브, 아워 러브 저슷 슈든트 비 쓰로운 어웨이

I will be there, I will be there.
아 월 비 데어, 아 월 비 데어

.... Repeat

If we'd go again all the way from the start,
이프윗 고우 어겐 올 더 웨이 프롬 더 스타트

I would try to change the things that killed our love.
아 웃 추라이투 체인지 더 씽즈 댓 킬드 아워 러브

Yes, I've hurt your pride,
에스, 아입 헐트 유어 프라잇,

And I know what you've been through.
앤 아이 노우 왓 유브, 빈 쓰루

You should give me a chance.
유 슛 깁 미 어 챈~스.

This can't be the end.
디스 캔트 비 디 엔드

I'm still loving you. I'm still loving you.
아임 스틸 라~빙 유. 아임 스틸 라~빙 유.

I need your love.
아이 니쥬어 러브

I'm still loving you. Still loving you, baby.
아임 스틸 라~빙 유. 스틸 라~빙 유~, 베이비

MUSIC STORY

Still Loving You는 사랑하는 사람과 헤어진 후 그 사랑을 되찾기 위해 노력을 하지만 사랑을 얻기가 쉽지 않아 아직도 사랑하고 있다고 애원하는 노래입니다. 그녀의 자존심을 상하게 해서 너무나 커다란 벽을 쌓은 그녀에게 다가갈 수 없는 한 남자의 안타까운 마음이 드러납니다. 오직 사랑만이 그 벽을 허물 수 있다니까 사랑으로 문제를 해결해야 한다고 말합니다. 애절한 보컬과 무거운 록발라드 속에 흐르는 한국적인 선율을 담고 있는 이 노래는 미국의 인기차트와 상관없이 국내에서 빅 히트했습니다. 이곡은 1984년 발표한 앨범 〈Love At First Sting〉에 수록된 곡으로 유럽, 일본, 한국, 미국에서도 빅 히트를 기록한 노래입니다.

'전갈'이라는 뜻의 Scorpions는 독일출신의 5인조 남성 헤비메탈 하드록밴드입니다. 그들은 1972년 앨범 〈Lonesome Crow〉를 발표하여 정식으로 데뷔 활동을 했고, 수많은 히트곡을 냈으며 그중 Holiday, Wind of Change, Always Somewhere, Still Loving You는 국내에서도 선풍적인 인기를 끌었고, 록발라드를 세계적으로 히트시켰습니다. 그리고 1980년대를 대표하는 헤비 록그룹으로 군림했습니다. 데뷔 이후 지난 40년 이상 동안 왕성한 활동을 펼쳐 '살아있는 록의 전설'로 불리기도 합니다. 하지만 아쉽게도 2010년도 해체 소식이 들려왔습니다. 이들의 앨범은 세계적으로 1억만 장의 판매고를 올렸으며 록그룹의 대부라고도 합니다.

노래를 들으며 가사를 차근차근 읽어보세요.

❶ Love hurts, love scars,
Love wounds, and mars any heart.
Not tough or strong enough
To take a lot of pain, take a lot of pain.
❷ Love is like a cloud, holds a lot of rain.
Love hurts, ooh, love hurts.

I'm young, I know,
But even so I know a thing or two.
And ❸ I learned from you.
I really learned a lot, really learned a lot.
❹ Love is like a flame
It burns you when it's hot.
Love hurts. Ooh, ooh love hurts.

Some fools think of happiness, blissfulness, togetherness.
Some fools fool themselves.
I guess they're not fooling me.

hurt 아프게 하다
scar 상처(흉터)를 남기다
wound 상처를 내다
mar 손상시키다, 훼손하다
tough 강인한
pain 고통, 아픔
cloud 구름
hold 붙들다
learn 배우다
flame 불꽃
burn 태우다
fool 바보(n), 놀리다(v)
happiness 행복
blissfulness 축복
togetherness 단란함
lie 거짓말
blue 우울한

I know it isn't true, I know it isn't true.
⑤ Love is just a lie made to make you blue.
Love hurts. Ooh, ooh love hurts,
ooh, ooh love hurts.

·········· Repeat

우리말 해석

한글 가사를 읽으며 내용을 더 정확하게 이해해요.

사랑은 고통과 상처를 안겨줘요.
사랑은 어떤 마음에라도 아픔을 남기죠.
사랑은 굳세지도 강하지도 않아요.
엄청난 고통을 감당할 만큼
사랑은 구름 같아서, 많은 비를 머금고 있지요.
사랑은 상처를 주는 거예요.

내가 어리다는 걸 알아요.
하지만 나도 조금은 알고 있어요.
당신한테 배웠죠.
정말로 많은 것을 배웠어요. 많이 배웠지요.

사랑은 불꽃 같아서
뜨거울 때 상처를 입지요.

사랑은 고통을 주고, 상처를 남깁니다.

어떤 바보들은 사랑을 행복, 축복,
함께 하는 것이라 생각하죠.
바보들은 자신을 속이기도 하죠.
하지만 그들은 나를 속이지 못한답니다.

··········

난 그것이 사실이 아니란 걸 알고 있어요.
사랑은 그저 당신을 우울하게 하는 거짓말일 뿐이에요.
사랑은 아픔을 줘요. 아픔을 줘요. 아, 사랑은 아파요.

··········

·········· 반복

① Love hurts, love scars, love wounds, and mars any heart.

사랑은 고통과 상처를 안겨줘요. 사랑은 어떤 마음에라도 아픔을 남기죠.

hurt '아프다', scar '상처를 남기다', wound '상처를 입히다', mar '심하게 상처 입히다'라는 뜻으로 사랑아 아프다는 것을 같은 뜻의 다른 단어를 여러 번 쓰며 강조한 것입니다.

★ **I don't want to hurt you.** 난 당신에게 상처주고 싶지 않아요.

② Love is like a cloud, holds a lot of rain.

사랑은 구름 같아서 많은 비를 머금고 있어요.

이 문장은 콤마(,)대신 주격 관계대명사 which를 써서 Love is like a cloud which holds a lot of rain. 으로 쓰면 완벽한 문장이 됩니다. rain은 '눈물'을 상징하는 말로, 사랑을 하면 많은 눈물을 흘릴 것 이라는 말이겠죠.

③ I learned from you.

난 당신한테 배웠죠.

learn from '~로부터 배우다'라는 뜻으로 회화에 자주 쓰입니다.

★ **I learned from you a lot about life.** 난 당신에게 인생에 대해 많은 것을 배웠어요.

④ Love is like a flame. It burns you when it's hot.

사랑은 불꽃 같아서 뜨거울 때 상처를 입지요.

우리가 불꽃에 burn '데이다'라고 할 수 있듯이, 사랑도 너무 지나치게 열정적으로 뜨거우면 상처 입을 수 있다는 말입니다. like는 전치사로 '~처럼, ~같이'라는 뜻입니다.

⑤ Love is just a lie made to make you blue.

사랑은 그저 당신을 우울하게 하는 거짓말일 뿐이에요.

여기서 blue는 형용사로 '우울한'이라는 뜻으로 You make me blue. '너는 나를 우울하게 한다.'로 쓰입니다. 같은 말로 down, depressed가 있습니다.

★ **You look blue today.** 너 오늘 우울해 보이는구나.

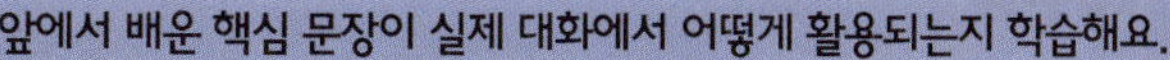

A: **❶I feel so lonely** in the autumn.
난 가을에 너무 외로워요.

B: I guess you need somebody to love. Why don't you make a boyfriend?
당신은 사랑할 사람이 필요한 것 같군요. 남자친구를 사귀어보지 그래요?

A: Well, **❷I am afraid to fall in love with someone**.
글쎄요, 난 누군가와 사랑에 빠지는 게 두려워요.

B: Why? What are you afraid of?
왜요? 무엇을 두려워하지요?

A: They say love hurts, love scars and love wounds. I don't want to be hurt.   사랑은 아프고, 상처를 주고, 사랑은 상처를 입힌다잖아요. 난 상처받고 싶지 않아요.

B: **❸I don't agree with you**.
난 당신 말에 동의하지 않아요.

Love gives us happiness, blissfulness, and togetherness.
사랑은 우리에게 행복, 축복, 그리고 단란함을 주거든요.

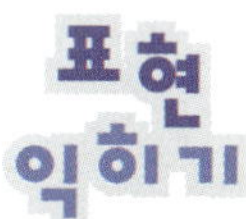

❶ [feel+형용사]는 '~하게 느끼다'라는 뜻으로 감정을 나타내는 말을 씁니다. 예를 들면 I feel happy '행복한'/sad '슬픈'/tired '피곤한'/hungry '배고픈'/angry '화난'/sleepy '졸린' 등입니다.

❷ [be afraid to+동사]는 '~하는 게 두렵다'라는 뜻이고, fall in love with는 '~와 사랑에 빠지다'라는 뜻입니다.
★ **Don't be afraid to speak English.** 영어 말하는 것을 두려워하지 마시오.

❸ [agree with+사람], [agree to+사물]은 '~에 동의하다'라는 뜻입니다.
★ **I don't agree to your plan.** 너의 계획에 동의하지 않는다.
★ **I agree with you in your opinion.** 너의 의견에 동감이다.

Love Hurts
사랑의 아픔

*Sung by Nazareth

Love hurts, love scars, love wounds, and mars any heart.
라∼브 헐∼츠, 라∼브 스칼스, 러브　운∼즈,　앤 말∼스 애니 할∼트

Not tough or strong enough to take a lot of pain, take a lot of pain.
낫　타∼프 오어 스트롱　이너프 투　테이커 랏 오브 페인,　테이커　랏 오브 페인

Love is like a cloud, holds a lot of rain.
라∼브 이즈 라이 커 클라웃,　홀즈　어 랏 오브 레인

Love hurts, ooh, love hurts.
라∼브　헐∼츠,　우,　라∼브 헐∼츠

I'm young, I know, but even so I know a thing or two.
이임　영∼, 아이 노우,　밧　이븐 쏘아이 노우 어 씽 오어 투

And I learned from you. I really learned a lot, really learned a lot.
앤 아이 런∼드　프롬　유. 아이 뤼얼리 런∼드 어 랏, 릴리　런∼드 어 랏

Love is like a flame. It burns you when it's hot.
라∼브 이즈 라이커 플레임. 잇 번즈　유　웬 잇츠 핫

Love hurts. ooh, ooh love hurts
라∼브 헐∼츠, 우,　우, 러브 헐∼츠

Some fools think of happiness, blissfulness, togetherness.
썸　풀스 씽크 오브 해∼피니스,　블라∼스니스,　투게∼덜니스

Some fools fool themselves. I guess they're not fooling me.
썸　풀스 푸울 뎀셀브즈.　아이 게스 데이아　낫 풀∼링 미

....

I know it isn't true, I know it isn't true.
아이노우 잇 이즌 추루, 아이 노우 잇 이즌 추∼루.

Love is just a lie made to make you blue.
라∼브 이즈 저스터 라이 메잇 투　메익 큐 블루

Love hurts. ooh, ooh love hurts, ooh, ooh love hurts.
라∼브 헐∼츠. 우, 우, 러브 헐∼츠, 우, 우, 라∼브 헐츠.

....

.... Repeat

MUSIC STORY

Love hurts는 1950년대 로커빌리 명 듀엣 포크그룹인
Everly Brothers '에벌리 브라덜스'의 원곡을 1975년에
나자레스가 리메이크한 것으로, 이듬해 빌보드 싱글 차
트 8위에 오르면서 국제적인 밴드로 알려집니다. 70~80
년대 국내 라디오에서 엄청난 신청을 받아 틀었으며 한
국인이 좋아하는 팝송리스트에 꼭 들어가는 곡입니다.
이 곡은 실연의 상처에 몸부림치는 한 남자의 사랑의 아
픔을 처절하고 아주 강렬하게 표현한 노래로 유명합니다.

Nazareth는 1969년 스코틀랜드에서 결성된 4인조 남성 하드록밴드입니다. 1970년에 영
국 런던으로 가서 활동을 했고, 1971년에 데뷔앨범 〈Nazareth〉을 발표합니다. 이들을 성공
시킨 것은 그들의 최고의 명반 여섯 번째 앨범 〈Hair Of The Dog〉에 싱글 커트된 히트곡
Love hurts였습니다. 또한 처절한 보컬이 매력적인 노래 Please Don't Judas Me는 록발라
드를 사랑하는 팬들을 사로잡았습니다.

노래를 들으며 가사를 차근차근 읽어보세요.

Just like a flower when winter begins,
Just like a candle blown out in the wind,
❶ Just like a bird that can no longer fly,
❷ I'm feeling that way sometimes.

But then ❸ as I'm falling weighed down by the road,
I picture a light at the end of the road
And closing my eyes I can see through the dark
❹ The dream that is in my heart.

....

❺ A little loving, a little giving,
To build a dream for the world we live in.
A little patience and understanding
For our tomorrow a little peace.

A little sunshine, the sea of gladness
To wash away all the tears of sadness.
A little hoping, a little praying
For our tomorrow a little peace

....

words	
peace 평화	
flower 꽃	
candle 촛불	
blow out 꺼지다	
bird 새	
no longer 더 이상 ~아니다	
fall down 떨어지다, 좌절하다	
weighed 무거워 부담되는	
road 도로, 길	
picture 그리다, 상상하다	
light 불빛	
see through 꿰뚫어 보다, 간파하다	

I feel I'm a leaf in November snow.
I fell to the ground there was no one below.
So now I am helpless alone with my song.
Just wishing the storm was gone.

·········· Repeat

We are feathers on the breeze.
Sing with me my song of peace.
We are feathers on the breeze.
Sing with me my song of peace.

우리말 해석

한글 가사를 읽으며 내용을 더 정확하게 이해해요.

초겨울에 피어나는 꽃처럼
바람에 흔들리는 촛불처럼
더 이상 하늘을 날 수 없는 새처럼
난 가끔 그런 느낌이 들어요.

하지만 근심으로 좌절하여 길에 쓰러지면
난 길 끝의 불빛을 머릿속에 그려봅니다.
그리고 눈을 감으면 어둠 속에서도 볼 수 있지요.
꿈은 내 마음속에 있는 거예요.

··········

작은 사랑, 작은 봉사가
우리가 살고 있는 세상의 꿈을 설계합니다.
작은 인내, 이해가
우리 미래의 작은 평화를 위하는 거예요.

한줄기 빛, 바다 같은 기쁨은
모든 슬픔이 사라지게 한답니다.
작은 희망, 작은 기도는
우리 미래의 작은 평화를 위하는 거예요.

··········

난 내가 11월 눈 속에 있는 나뭇잎같이 느껴져요.
내가 땅에 쓰러졌는데 아래에는 아무도 없네요.
그래서 난 지금 무기력하게 혼자 나의 노래를 부르고 있어요.
그저 폭풍이 지나가기를 바라면서요.

·········· 반복

우리는 산들바람에 날리는 깃털이에요.
평화의 노래를 나와 함께 부르세요.
우리는 산들바람에 날리는 깃털이에요.
평화의 노래를 나와 함께 부르세요.

실제 회화에서 활용되는 핵심 문장을 더 깊이 학습해요.

① Just like a bird that can no longer fly,

더 이상 하늘을 날 수 없는 새처럼

like가 전치사로 쓰여 '~처럼, ~같이'라는 뜻이며, that은 주격 관계대명사로 쓰인 것입니다. no longer는 '더 이상 ~이 아니다'라는 뜻입니다.

★ **You just eat like a bird.** 당신은 소식을 하는군요.

② I'm feeling that way sometimes.

난 가끔 그런 느낌이 들어요.

that way는 '그렇게, 그런 식으로'라는 뜻입니다.

★ **Don't you feel that way?** 그렇게 생각하지 않아요?

③ As I'm falling weighed down by the road,

근심으로 좌절하여 길에 쓰러지면

be weighed down은 '~에 짓눌리다'라는 뜻입니다.

★ **I feel so weighed down with all the responsibility.** 그 모든 책임이 너무 부담이 됩니다.

④ The dream that is in my heart.

꿈은 내 마음속에 있는 거예요.

이 문장에서 that '그것'은 the dream을 가리킨 말로 강조하기 위해 쓴 것입니다. 즉, '꿈 그것은 내 마음 속에 있다는 말입니다.

★ **Dreams come true.** 꿈은 실현됩니다.

⑤ A little loving, a little giving, to build a dream for the world we live in.

작은 사랑, 작은 봉사가 우리가 살고 있는 세상의 꿈을 설계합니다.

이 문장을 다시 바꾸면 With a little loving and a little giving, we can build a dream for the world we live in. '작은 사랑과 작은 봉사가 있으면, 우리는 우리가 살고 있는 세상의 꿈을 설계할 수 있다.'라는 메시지를 담은 말입니다.

A: ❶ **You just eat like a bird**. Why don't you have some more?
당신은 아주 조금 드시는군요. 좀 더 드시지 그래요?

B: No, thanks. ❷ **I've had enough**. I'm a small eater.
아니에요, 됐어요. 저는 충분히 먹었어요. 저는 소식가입니다.

A: Oh, I see. How did you like the food?
아, 그러시군요. 음식은 어땠어요?

B: It was great. I really enjoyed your dinner.
아주 좋았어요. 저녁 식사 정말 맛있었어요.

A: I am glad to hear that.
다행이네요.

B: ❸ **Thanks for inviting me to a good dinner**.
맛있는 저녁 식사에 초대해 주셔서 감사합니다.

❶ eat like a bird는 새처럼 먹다, 즉 '아주 소량을 먹는다'라는 뜻으로 '소식한다'라는 뜻입니다. 같은 표현으로 I'm a small eater. '난 소식가이다.'가 있습니다.
★ **I am a big eater.** 난 대식가입니다.

❷ 누군가 음식을 권하면 거절할 때 쓰는 말로 유사표현으로 I've had plenty. '많이 먹었어요.'/I had my fill. '제 양껏 먹었어요.'/I am full. '배불러요.'가 있습니다.

❸ [Thanks for+명사/동명사]는 '~에 감사하다'라는 뜻이며, [invite+사람+to+장소]는 '~를 ~에 초대하다'라는 말입니다.
★ **I'd like to invite you to my birthday party.** 당신을 제 생일파티에 초대하고 싶어요.

A Little Peace
작은 평화

Sung by Nicole Flieg

Just like a flower when winter begins.
저스트 라이커 플라워 웬 인터 비긴쓰

Just like a candle blown out in the wind.
저스트 라이커 캔들 블로운 아웃 인 더 윈~드

Just like a bird that can no longer fly.
저스트 라이커 버드 댓 캔 노 롱~거 플라이

I'm feeling that way sometimes.
아임 퓔~링 댓 웨이 썸타~임즈

But then as I'm falling weighed down by the road
밧 댄 애즈 아임 퐐링 웨이드 다운 바이 더 로드

I picture a light at the end of the road
아이 픽처 어 라잇 앳 디 엔드 오브 더 로드

And closing my eyes I can see through the dark
앤 클로징 마이 아이즈 아이 캔 씨 쓰루~ 더 달크

The dream that is in my heart.
더 드림 댓 이즈 인 마이 할~트

....

A little loving, a little giving,
어 리틀 러~빙, 어 리틀 가~빙

To build a dream for the world we live in.
투 빌드 어 드림 훠 더 월~드 위 리브 인

A little patience and understanding
어 리틀 페이션스 앤 언더스탠딩

For our tomorrow a little peace.
훠 아워 투머로우 어 리틀 피스

A little sunshine the sea of gladness
어 리틀 썬샤인 더 씨 오브 글래드니스

To wash away all the tears of sadness
투 워시 어웨이 올 더 티얼스 오브 쌔드니스

A little hoping a little praying
어 리틀 호~핑 어 리틀 프레잉

For our tomorrow a little peace
훠 아워 투머로우 어 리틀 피스

....

I feel I'm a leaf in November snow
아 필 아임 어 리프 인 노벰~버 스노우

I fell to the ground there was no one below
아 펠 투 더 그라운드 데얼 워즈 노 원 빌로우

So now I am helpless alone with my song
쏘 나우 아이 엠 헬플리스 어론 위드 마이 쏭

Just wishing the storm was gone
저스트 위싱 더 스톰 워즈 곤

.... Repeat

We are feathers on the breeze.
위 아 페덜스 온 더 브리즈

Sing with me my song of peace.
씽 위드 미 마이 쏭 오브 피스

We are feathers on the breeze.
위 아 페덜스 온 더 브리즈

Sing with me my song of peace.
씽 위드 미 마이 쏭 오브 피스

MUSIC STORY

A little peace는 우리에게 필요한 것이 작은 사랑, 작은 봉사, 작은 인내, 작은 이해, 작은 희망, 작은 기도이며 이것이 우리 미래에 작은 평화를 준다고 합니다. 평화의 노래를 다함께 부르자고 합니다. 많은 팝송이 사랑과 이별을 주제로 노래하는데 이 노래는 대중선동적인 평화를 주제로 많은 사람들에게 사랑받았습니다.

Nicole Flieg는 1965년 독일 샬브뤼켄 태생입니다. 뛰어난 미모와 우수한 가창력을 지닌 그녀는 1982년 4월 영국에서 열린 제27회 유로비전 송 콘테스트에 17세의 최연소자로 출전하여 '평화를 위해 노력하자'라는 내용을 담은 A Little Peace를 불러서 각국의 심사위원들로부터 최고의 점수를 받으며 그랑프리를 수상했습니다. 그로 인해 연예계로 진출하였고 그녀의 인기가 높아짐에 따라 직업가수로 변신합니다. 1982년 그녀의 첫 앨범 〈Flieg Nicht So Hoch Mein Kleiner Freund〉를 발표합니다.

수상 곡이자 출세작인 A Little Peace는 징기스칸 그룹을 만들었던 랄프 지젤과 베른트 마이넹거 콤비가 작사, 작곡을 맡았는데, 후에 영어, 독어, 네덜란드어, 스페인어 등 각국어로 녹음되어 소개되었으며, 영국에서는 1982년 5월 15일부터 4주간 1위를 기록했습니다.

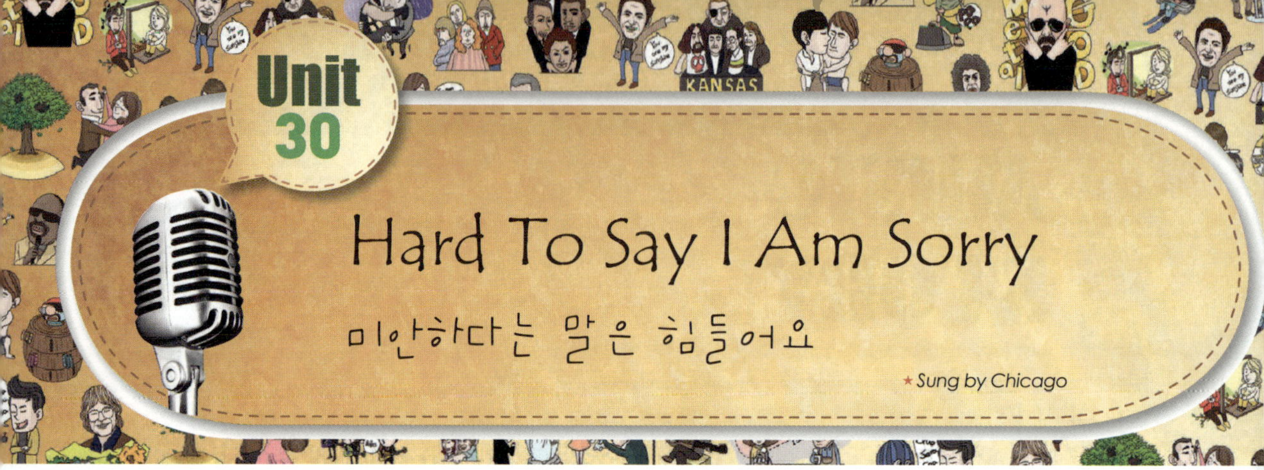

노래를 들으며 가사를 차근차근 읽어보세요.

❶ Everybody needs a little time away
I heard her say from each other.
Even lovers need a holiday far away from each other.
Hold me now. ❷ It's hard for me to say I'm sorry.
I just want you to stay.

....

After all that we've been through,
❸ I will make it up to you. I promise to.
And after all that's been said and done,
You're just the part of me. I can't let go.

....

❹ Couldn't stand to be kept away
Just for the day from your body.
Wouldn't wanna be swept away
Far away from the one that I love.

Hold me now. It's hard for me to say I'm sorry.

I just want you to know.
Hold me now. I really want to tell you I'm sorry.
I could never let you go.

·········· Repeat (×2)

After all that we've been through
I will make it up to you. I promise to.
⑤ You're gonna be the lucky one.

우리말 해석

한글 가사를 읽으며 내용을 더 정확하게 이해해요.

누구나 사람은 서로 떨어져 지낼 필요가 있다고
그녀가 말하는 걸 들었지요.
연인들조차 서로 멀리 떨어져 휴식을 가질 필요가 있어요.
이제 날 안아줘요. 미안하다는 말은 하기가 정말 힘들어요.
난 당신이 머물러 있어 주기만 바래요.

··········

우리가 겪어온 모든 일들
내가 다 보상해줄 거예요. 약속할게요.
결국 우리가 함께 행동하고 말했던 모든 것들
당신은 나의 일부예요. 당신을 보낼 수 없어요.

··········

당신과 단 하루라도 떨어져 있는 것은 견딜 수 없어요.
내가 사랑하는 당신에게서 멀리 떨어져 있고 싶지 않아요.

이제 날 안아줘요. 미안하다는 말은 하기가 힘들어요.
난 그저 당신이 내 맘 알아주기만 바래요.
이제 날 안아줘요. 정말 당신께 미안하다는 말하고 싶어요.
절대 당신을 떠나보낼 수 없어요.

·········· 반복 (2회)

우리가 겪어온 모든 일들
내가 다 보상해줄 거예요. 약속할게요.
당신 정말 운 좋은 사람이 될 거예요.

① Everybody needs a little time away.

누구나 사람은 서로 떨어져 지낼 필요가 있어요.

everybody/everyone은 '모든 사람, 누구나, 여러분'을 뜻하지만 난수로 취급하어 일반동사 need에 (e)s를 씁니다.

★ **Everybody needs a break now.** 지금 누구나 휴식이 필요하죠.

② It's hard for me to say I'm sorry.

미안하다는 말은 하기가 힘들어요.

[It's+형용사+for+사람+to+동사] 형태는 '~가 ~하는 게 ~하다'라는 뜻으로, it은 가주어이고 [to+동사]가 진주어 역할을 합니다.

★ **It's not easy for me to master English.** 내가 영어를 통달하는 것은 쉽지 않아.

③ I will make it up to you.

내가 다 보상해줄 거예요.

make it up to는 '(남에게 폐, 손해 등)을 보상하다, 갚다'라는 뜻입니다.

★ **How can I make it up to you?** 제가 어떻게 보상하면 될까요?

④ Couldn't stand to be kept away Just for the day from your body.

당신과 단 하루라도 떨어져 있는 것은 견딜 수 없어요.

여기서 stand는 타동사로 쓰여 '~을 참다, 견디다'라는 뜻입니다.

★ **I can't stand it anymore.** 난 더 이상 참을 수가 없어요.

⑤ You're gonna be the lucky one.

당신 정말 운 좋은 사람이 될 거예요.

be gonna는 [be going to+동사원형]에서 going to의 방언적인 말을 발음 나는 대로 쓴 것이며 '~할 예정인'이라는 뜻입니다.

★ **I am gonna sleep now. Don't make a noise.** 내가 지금 잘 거니까 떠들지 마라.

A: Excuse me, sir. ❶ **Why don't we have a break**? I feel so tired.
실례지만, 선생님. 우리 좀 쉬면 어떨까요? 너무 피곤해요.

B: All right. Does everybody need a break?
좋아요. 모두들 휴식이 필요한가요?

A: Yes, sir. Certainly. We need a little time away from the book.
네, 선생님. 물론이죠. 우리는 책으로부터 떨어져 있을 시간이 좀 필요해요.

B: I see. Let's take a ten-minute break.
알겠어요. 10분간 휴식합시다.

❷ **Please go out and get some fresh air**.
밖에 나가서 시원한 바람 좀 쐬고 와요.

A: That would be great. Thank you.
그것 좋겠네요. 감사해요.

B: We're gonna start the lesson again ❸ **in 10 minutes**.
10분 후에 수업을 다시 시작할 예정이에요.

❶ [Why don't we+동사원형~?]은 '~하는 게 어떠십니까?'라고 제안할 때 쓰는 표현입니다. 편한 사이에 제안할 때는 [Let's+동사원형] '~합시다, ~해요'를 쓰면 좋습니다. break는 명사로 '짧은 휴식'을 뜻하며, have(take) a break는 '휴식을 취하다, 쉬다'라는 뜻입니다.

❷ get some fresh air는 '신선한 공기를 마시다'라는 뜻으로 흔히 '시원한 바람을 쐬다'라는 뜻으로 씁니다.
★ **I feel sleepy now. I need to get some fresh air.** 난 지금 졸려. 시원한 바람 좀 쐐야겠어.

❸ 전치사 [in+시간개념]이 나오면 '지나서, ~후에'라는 뜻입니다. [in+공간/장소]일 때는 '~안에, ~에'라는 뜻이죠.
★ **I will be back in three days.** 난 3일 후에 돌아올 거야.

Hard To Say I Am Sorry

미안하다는 말은 힘들어요

★ Sung by Chicago

Everybody needs a little time away.
에브리바디 니즈 어 리를 타~임 어웨이

I heard her say from each other.
아이헐드 허 쎄이 프롬 이치 아~덜

Even lovers need a holiday far away from each other.
이븐 러벌스 니드 어 할러데이 파 어웨이 프~롬 이치 아~덜

Hold me now. It's hard for me to say I'm sorry.
홀~드 미 나우. 잇츠 할~드 풔 미 투 쎄이 아임 쏘~리

I just want you to stay.
아이저슷 원 추 투 스테이

....

After all that we've been through,
에프터 올 댓 위브 빈 쓰~루

I will make it up to you. I promise to.
아 월 메이킷 업 투 유. 아이 프라미스 투

And after all that's been said and done,
앤 에프터 올 댓츠 빈 쌔 댄 던

You're just the part of me. I can't let go.
유아 저슷 더 파트오브 미. 아이 캔트 렛 고우

....

Couldn't stand to be kept away
쿠든트 스탠드 투 비 켑트 어웨이

Just for the day from your body.
저슷 풔 더 데이 프롬 유어 바~디

Wouldn't wanna be swept away.
우든트 워나 비 스웹트 어웨이.

Far away from the one that I love.
파 어웨이 프~롬 더 원 댓 아이러브

Hold me now. It's hard for me to say I'm sorry
홀드 미 나우. 잇츠 할~드 풔 미 누 쎄이 아임 쏘~리

I just want you to know. Hold me now.
아이저슷 원 추 투 노우. 홀드 미 나우.

I really want to tell you I'm sorry.
아이륄리 원 투 텔 유 아임 쏘리,

I could never let you go.
아아 쿠드 네벌 렛 유 고우

.... Repeat (×2)

After all that we've been through
애프터 올 댓 위브 빈 쓰~루

I will make it up to you. I promise to.
아 월 메이킷 업 투 유. 아이 프라미스 투

You're gonna be the lucky one.
유아 고나 비 더 럭키 원.

MUSIC STORY

노래 이야기

1982년 5월에 발표한 시카고의 Hard To Say I'm Sorry는 빅 히트하면서 시카고의 전성기를 맞이하게 한 노래입니다. 재즈의 리듬과 팝의 고운 멜로디, 그리고 록 사운드를 결합한 진보적인 작품인 이 곡은 재즈 록의 범주를 한 단계 넓혔다는 점과 그 깊은 음악성으로 좋은 음악을 하려는 후배들에게 모범이 되었습니다. 이 곡이 국내 팝팬들에게 더욱 사랑받았던 이유는 영화 Love Story '러브스토리'의 대사 Love means never having to say you're sorry. '사랑하는 사이는 미안하다는 말할 필요가 없어요.'와 같은 주제를 담고 있기 때문입니다. 사랑하는 사람에게 미안하다는 말 대신 이 노래를 들려주며 서로의 사랑을 확인하는 재즈 록의 명품입니다.

가수 이야기

Chicago는 1960년대 중반 미국 시카고 지방을 무대로 결혼식이나 바에서 활동하던 밴드인데, 타인의 작품을 연주하던 것에 싫증을 느껴 자신들의 음악을 하고자 1967년에 남성 7인조로 결성된 미국의 재즈밴드입니다. 1969년 데뷔앨범 〈Chicago Transit Authority〉를 발표하며 본격적인 음악활동을 시작했으나 큰 호응을 얻지 못했고, 1970년 발표한 2집에서 Make Me Smile, 25 or 6 to 4, Does Anybody Really Know What Time It Is가 연이어 히트하면서 스타그룹으로 비상합니다. 초기에는 다양한 악기로 연주하던 재즈밴드였지만, 1980년 이후에는 팝 록밴드로 변신합니다.

그들은 재즈 록의 대중화를 주도한 선두그룹으로서 미국 팝을 대표하는 밴드로 음악의 역사를 장식했습니다. 그들의 수많은 히트곡 가운데 한국인이 가장 좋아하는 곡은 Hard To Say I'm Sorry일 것입니다.

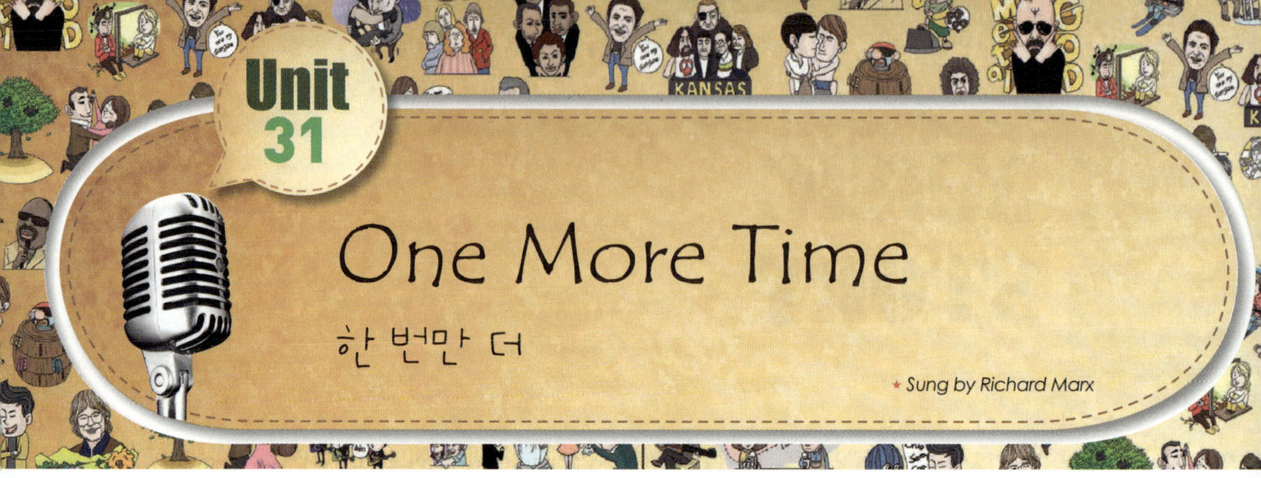

노래를 들으며 가사를 차근차근 읽어보세요.

❶ Nothing I must do. Nowhere I should be.
No one in my life to answer to but me.
❷ No more candlelight. No more purple skies.
No one to be near, as my heart slowly dies.

....

If I could hold you one more time
Like in the days when you were mine,
❸ I'd look at you till I was blind. So you would stay.
❹ I'd say a prayer each time you smiled
Cradle the moments like a child.
I'd stop the world
If only I could hold you one more time.

....

I've memorized your face.
I know your touch by heart.
Still lost in your embrace
❺ I dream of where you are.

.... Repeat

우리말 해석

한글 가사를 읽으며 내용을 더 정확하게 이해해요.

내가 해야 할 일도, 내가 가야 할 곳도 없어요.
내 삶 속엔 나 외에 아무도 대답해줄 사람이 없어요.
더 이상의 촛불도, 더 이상의 보랏빛 하늘도
가까이 있어줄 사람도 없어요.
내 마음은 서서히 죽어 가기 때문이에요.

··········

당신과 한 번만 더 함께할 수 있다면
당신이 내 사람이었던 그 나날들처럼
난 두 눈이 멀 때까지 당신을 바라볼 텐데.
그래서 당신이 머무를 수만 있다면요.
나는 언제나 기도할 텐데
요람 속의 아기처럼 당신이 미소 짓기를
나는 세상이라도 멈추게 할 텐데
당신과 한 번만 더 함께할 수 있다면요.

··········

난 당신의 얼굴을 기억하고 있어요.
당신의 손길을 기억하고 있어요.
아직도 당신의 포옹 속에 빠져들
당신이 있는 그곳의 꿈을 꾸어요.

·········· 반복

words

one more time 한 번만 더
nothing 아무것도 아님
nowhere ~할 곳 없음
answer 대답
but (전치사) 제외하고
candlelight 촛불
purple sky 자줏빛 하늘
hold 껴안다
blind 눈이 먼
prayer 기도
cradle 요람
memorize 기억하다
know(learn)~ by heart 암기하다
touch 접촉

1   Nothing I must do. Nowhere I should be.

내가 해야 할 일도, 내가 가야 할 곳도 없어요.

nothing은 '아무것도 아닌 것', nowhere는 '아무 데도 없는'이라는 뜻입니다.

★ **I have nothing particular to do.**   난 특별히 할 일이 없다.

2   No more candlelight. No more purple skies.

더 이상의 촛불도, 더 이상의 보랏빛 하늘도 없어요.

no more는 '더 이상~ 아니다'라는 뜻이고, purple은 '자줏빛, 화려한'이라는 뜻입니다. 이 말은 더 이상의 촛불을 밝혀 축하할 일도 없고, 행복한 일도 없다는 뜻입니다.

★ **No more questions.**   더 이상 질문은 하지 마시오.

3   I'd look at you till I was blind. So you would stay.

난 두 눈이 멀 때까지 당신을 바라볼 텐데. 그래서 당신이 머무를 수만 있다면요.

look at은 '~을 바라보다', [till+주어+동사]는 접속사로 '~할 때까지'라는 뜻입니다. 당신을 바라보다가 눈이 멀면 당신이 내게 머무르길 바라며 애절하고 간절한 사랑의 마음을 표현한 것입니다.

★ **Look at the sky. It's so beautiful.**   하늘을 보세요. 정말 아름다워요.

4   I'd say a prayer each time you smiled.

나는 언제나 당신이 미소 짓기를 기도할 거예요.

say a prayer는 '기도하다'라는 뜻이고, each time은 '매번, 언제나'라는 뜻입니다.

★ **I'll say a prayer for you every night.**   난 매일 밤 당신을 위해 기도할 거예요.

5   I dream of where you are.

당신이 있는 그곳의 꿈을 꾸어요.

dream of는 '~에 대해 꿈꾸다'라는 뜻입니다.

★ **We all dream of being rich.**   우리 모두 부자가 되기를 꿈꾼다.

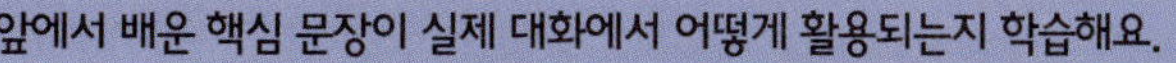

A: ❶**Do you have any plans for tonight**?
오늘 밤 무슨 계획 있나요?

B: No, I have nothing special to do. Nowhere I should be. Why?
아니요, 특별히 할 일은 없어요. 갈 데도 없고요. 왜요?

A: ❷**Will you go to a movie with me, then**?
그럼 저와 함께 영화 보러 가실래요?

B: That sounds nice. What kind of movies do you like?
그것 좋지요. 당신은 어떤 종류의 영화를 좋아하시나요?

A: I like romantic comedies. How about you?
저는 로맨틱 코미디를 좋아해요. 당신은 어때요?

B: ❸**So do I. We have the same tastes**.
저도 그래요. 우리는 취향이 같네요.

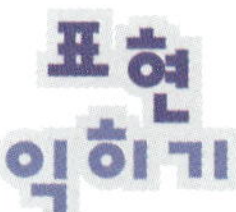
표현 익히기

❶ [Why don't we+동사원형~?]과 유사표현으로 What are you going to do tonight? '오늘 밤 뭐 할 예정인가요?'/What are you planning to do tonight? '오늘 밤 뭐 할 계획입니까?'가 있습니다.

❷ 상대방에게 뭔가를 권유/제안할 때 [Will you+동사원형~?] '~할래요?'를 자주 씁니다. go to a movie는 '영화 보러가다'라는 뜻인데, 같은 표현으로 go to the movies/go to see a movie와 같은 말입니다.

❸ So do I.는 '나도 그래요./나도 마찬가지예요.'라는 뜻으로 상대방의 말에 대해 동의, 동감할 때 [So+동사+주어]를 씁니다. 앞 문장의 동사와 시제에 따라 So do I./So did I./So am I./So will I./So can I./So have I. 등을 씁니다. taste는 '맛, 입맛'이라는 뜻인데, tastes는 '취미, 취향'이라는 뜻으로도 쓰입니다.

★ **Everybody has different tastes.** 사람마다 취향이 달라요.

One More Time
한 번만 더

★ Sung by Richard Marx

Nothing I must do. Nowhere I should be.
낫~씽 아이 머슷 두. 노웨아~ 아이 슛 비

No one in my life to answer to but me.
노 원 인 마이 라잎 투 앤~써 투 밧 미

No more candlelight. No more purple skies.
노 모어 캔~들라잇. 노 모어 파~플 스카이즈

No one to be near, as my heart slowly dies.
노 원 투 비 니어, 애즈 마이 할~트 슬로리 다이즈

....

If I could hold you one more time
이프아이 쿳 홀~ 쥬 원 모어 타~임

Like in the days when you were mine,
라익 인 더 데이즈 웬 유 워 마인

I'd look at you till I was blind. So you would stay.
이잇 룩 앳 유 틸 아이 워즈 블라인드. 쏘 유 웃 스떼이

I'd say a prayer cach time you smiled
이잇 쎄이 어 프레이어 이치 타임 유 스마일드

Cradle the moments like a child.
크레들 더 모~먼츠 라이커 차일드

I'd stop the world if only I could hold you one more time.
이잇 스땁 더 월~드 이프 온니 아이 쿳 홀 쥬 원 모어 타~임

....

I've memorized your face. I know your touch by heart.
이입 메모라이즈드 유어 페이스. 아이 노우 유어 타~치 바이 할~트

Still lost in your embrace I dream of where you are.
스틸 로스트 인 유어 엠브레이스 아이 드림 오브 웨어 유 아

.... Repeat

MUSIC STORY

이 노래는 사랑했던 사람과 헤어진 후 아무 할 일도 없고, 갈 곳도 없고, 더 이상 축하하며 촛불 밝힐 일도 없고, 곁에 아무도 없는 외로운 남자의 마음을 그린 가슴 찡하게 슬픈 곡입니다. 그래서 만약에 한 번이라도 다시 그녀를 볼 수만 있다면 그녀를 눈이 멀 때까지 쳐다봐서 내 눈이 멀면 불쌍해서라도 그녀가 남아있지 않을까 하는 애절한 마음을 노래합니다.

Richard Marx는 1963년 9월 16일 미국 시카고 출신의 싱어송라이터입니다. 그는 80~90년대 활동이 활발했던 가수로 한국인들에게도 많은 사랑을 받은 뮤지션입니다. 5세 때부터 아버지의 상업광고에 등장해 17세까지 CM송을 노래했고, 1987년 데뷔앨범 〈Richard Max〉를 발표해 1988년 더블 플래티넘을 기록합니다. 영화 〈데킬라 선라이즈〉의 주제곡을 작곡했으며 여성 메탈그룹 빅슨 · 포코 · 에니모션 등에게 곡을 주어 능력을 인정받았습니다. 그의 따뜻하고도 부드럽고, 감미로운 목소리가 더욱 돋보이는 One More Time은 우리에게 아주 익숙한 그의 여러 히트곡 중 하나입니다. 그의 히트곡으로는 Right Here Waiting, Now and Forever, Hazard, Endless Summer Nights 등이 있습니다. 빌보드 차트 싱글 100에서 Top 5에 1위 3번, 총 7번이나 순위에 등극해 대단한 인기몰이를 했던 가수입니다.

노래를 들으며 가사를 차근차근 읽어보세요.

❶ L is for the way you look at me.
O is for the only one I see.
V is very very extraordinary.
❷ E is even more than anyone that you adore can.

Love is all that I can give to you.
❸ Love is more than just a game for two.
❹ Two in love can make it.
Take my heart and please don't break it.
❺ Love was made for me and you.

·········· Repeat

Love was made for me and you.
Love was made for me and you.
Love was made for me and you.

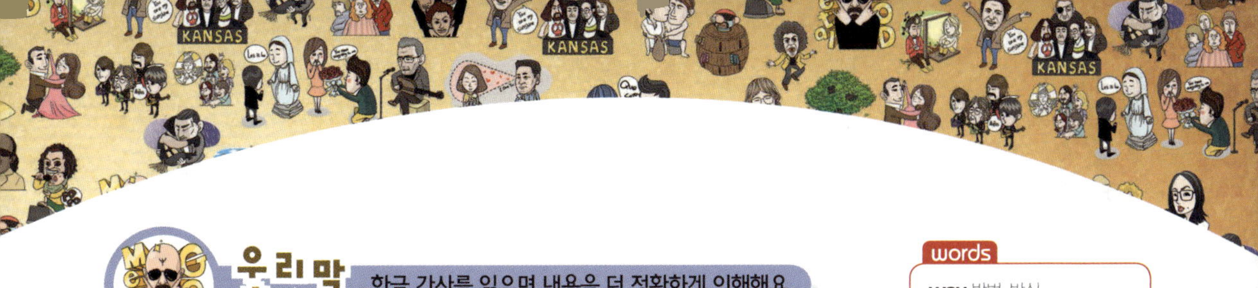

....

L은 당신이 날 바라보는 그 방식을 위한 것이고
O는 내가 바라보는 오직 한 사람을 위한 것이라면
V는 아주 아주 특별하다는 거죠.
E는 당신이 흠모하는 그 누구보다 훨씬 더한 사람을
말하죠.

사랑은 내가 당신에게 줄 수 있는 모든 것이에요.
사랑은 단지 두 사람이 하는 게임 그 이상이죠.
사랑에 빠진 두 사람은 해낼 수 있어요.
내 마음을 가져가요. 제발 상처주지는 말고요.
사랑은 나와 당신을 위해 만들어진 거니까요.

....

.... 반복

사랑은 나와 당신을 위해 만들어진 거예요.
사랑은 나와 당신을 위해 만들어진 거예요.
사랑은 나와 당신을 위해 만들어진 거예요.

① L is for the way you look at me.

L은 당신이 날 바라보는 그 방식을 위한 것입니다.

look at은 '~을 바라보다, 쳐다보다'라는 뜻으로 위 문장에서는 당신이 나를 바라보는 그 눈빛이라는 말입니다.

② E is even more than anyone that you adore can.

E는 당신이 흠모하는 그 누구보다 훨씬 더한 사람을 말하죠.

more than은 '~보다 더, ~이상'이라는 뜻이고, 비교급 앞에 even/much/a lot/far는 '훨씬'이라는 뜻으로 비교급을 강조할 때 씁니다. 목적격 관계대명사 that 다음에는 you can adore '당신이 흠모할 수 있는'이라는 문장이 바뀐 것입니다.

③ Love is more than just a game for two.

사랑은 두 사람이 하는 게임 그 이상이죠.

사랑은 두 사람이 하는 단순한 게임이 아니라는 얘기입니다.

★ **Love is not a game.** 사랑은 장난이 아니야.

④ Two in love can make it.

사랑에 빠진 두 사람이 그것을 이룰 수 있어요.

Two in love는 Two who are in love '사랑에 빠진 두 사람'에서 [주격 관계대명사+be동사]가 생략된 것입니다. make it은 '~해내다, 성공시키다, 이루다'라는 뜻입니다.

★ **We made it.** 우리가 해냈어.

⑤ Love was made for me and you.

사랑은 나와 당신을 위해 만들어진 거예요.

우리의 사랑은 천생연분이라는 말입니다.

A: Congratulations on your promotion.
당신의 승진을 축하합니다.

B: Thank you. ❶ **Thanks to your help and cooperation**, I made it.
고맙습니다. 당신의 도움과 협력 덕분에 제가 해냈습니다.

A: I believed you could do it. ❷ **You deserve it**.
난 당신이 할 수 있을 거라 믿었어요. 당신은 그럴 만한 자격 있어요.

B: Thanks again. Let's celebrate it tonight. ❸ **I'll treat you to dinner**.
다시 한 번 감사해요. 우리 오늘 밤 축하합시다. 제가 저녁을 대접할게요.

A: That sounds good to me.
그것 좋지요.

B: Please let me know when you finish your work.
일 끝나면 내게 알려줘요.

❶ thanks to는 '~덕분에, ~덕택에, ~때문에'라는 뜻으로 [because of/ owing to+명사]와 같은 뜻으로 씁니다. 부정적인 내용으로도 사용합니다. cooperation은 '협력, 협조'라는 뜻입니다.
  ★ **Thanks to your hard work, the project was a great success.**
    당신이 열심히 일한 덕분에 그 프로젝트가 대성공이었습니다.

❷ deserve는 '(보수, 도움)을 받을 만하다, ~의 가치가 있다'라는 뜻입니다.
  ★ **You deserve to live a happy life.** 너는 행복하게 살 자격이 있다.

❸ [treat+사람+to something]은 '~에게 ~을 대접하다, 한턱내다'라는 뜻입니다. treat이 명사로 쓰이면 '대접, 한턱내기'입니다.
  ★ **This is my treat.** 이것은 내가 한턱내는 거야.

L.O.V.E

사랑

★ Sung by Natalie Cole

....

L is for the way you look at me.
엘 이즈 훠 더 웨이 유 룩 엣 미

O is for the only one I see.
오 이즈 훠 디 온리 원 아이 씨

V is very very extraordinary.
브이 이즈 붸리 붸리 엑스트라오더네리

E is even more than anyone that you adore can.
이 이즈 이븐 모어 댄 애니원 댓 유 오~덜 캔

Love is all that I can give to you.
러브 이즈 올 댓 아이 캔 기브 투 유

Love is more than just a game for two.
러브 이즈 모어 댄 져스터 게임 훠 투

Two in love can make it.
투 인 러브 캔 메이 킷

Take my heart and please don't break it.
테익 마이 할~트 앤 플리즈 돈 브레이킷

Love was made for me and you.
러브 워즈 메이드 훠 미 앤 유

....

.... Repeat

Love was made for me and you. (×3)
러브 워즈 메이드 훠 미 앤 유

MUSIC STORY

L.O.V.E는 나탈리 콜의 아버지 냇 킹 콜의 원곡으로, 부드럽고 감미로운 재즈풍의 편안한 노래를 나탈리 콜이 리메이크하여 산뜻하고 발랄한 느낌으로 부른 것입니다. 우리가 흔히 삼행시를 짓듯이 L.O.V.E를 한 글자 한 글자씩 풀어서 새롭게 정의를 내려놓았네요. 사랑을 하는 사람은 바라보는(Look) 눈빛이 다르고, 그에게 오직(Only) 한 사람이 되고, 아주(Very) 특별한 사람이 되며, 흠모하는 것보다 훨씬(Even) 더 좋아하게 되는 것이랍니다.

Natalie Cole은 1959년 2월 6일 미국 로스앤젤레스 출신의 싱어송라이터입니다. 어린 시절부터 아버지 Nat King Cole의 영향을 받아 자연스럽게 음악을 접합니다. 그녀의 아버지 냇 킹 콜은 미국의 유명한 재즈 가수로 1900년대 중반 흑인 최고의 스탠다드 보컬로 인기를 누렸고 그가 떠난 지금도 그의 노래는 팬들에게 지속적으로 사랑받고 있습니다.

1970년 대학생시절부터 음악활동을 시작한 그녀는 1975년에 데뷔 싱글 앨범 〈This Will Be〉를 발표합니다. 첫 앨범의 노래가 싱글 차트 6위의 성공을 거두었고, R&B 차트에서는 No.1에 오르는 영광을 누립니다. 그런데 1991년은 그녀에게 또 다른 전환기가 찾아 왔는데, 아버지 냇 킹 콜이 생전에 녹음했던 Unforgettable에 자신의 목소리를 입힌 새로운 방식의 듀엣 곡을 수록한 앨범 〈Unforgettable〉을 발표하여 그래미에서 7개 부문을 수상합니다. 마치 부녀가 나란히 함께 노래를 부르는 듯한 착각을 일으킬 정도로 정교한 녹음을 했고 이 앨범은 사랑하는 딸에게 아빠가 준 멋진 선물이 됩니다. 1990년대 중반 이후 팝적인 곡보다는 재즈적 성향이 강한 노래들과 초기 스탠다드 팝들을 앨범에 수록하면서 지금까지 꾸준하게 활동하고 있습니다.

노래를 들으며 가사를 차근차근 읽어보세요.

I'm sitting here in a boring room.
❶ It's just another rainy sunday afternoon.
I'm wasting my time. I got nothing to do.
❷ I'm hanging around. I'm waiting for you,
But nothing ever happens and I wonder.

I'm driving around in my car.
I'm driving too fast. I'm driving too far.
I'd like to change my point of view.
I feel so lonely. I waiting for you,
But ❸ nothing ever happens and I wonder.

....

❹ I wonder how I wonder why.
Yesterday you told me 'bout the blue blue sky,
And all that I can see. It's just a yellow lemon tree.
I'm turning my head up and down.
I'm turning, turning, turning, turning,
Turning around and all that I can see.
It's just another lemon tree.

....

SING! Da Da Ra Ra, Di Ra Da, Da Ra Ra Ra, Di Ra Da, Da Di Di Ra.

I'm sitting in here. I miss the power.
I'd like to go out takin' a shower.
There's heavy cloud inside my head.

I feel so tired. Put myself into bed where
Nothing ever happens and I wonder.

⑤ Isolation, it's not good for me.
Isolation, I don't want to sit on the lemon tree.
I steppin' around in the desert of joy.
Baby anyhow I get anther toy,
And everything will happen and you wonder.

·········· Repeat

And I wonder, wonder. I wonder how I wonder why.
Yesterday you told me 'bout the blue blue sky,
And all that I can see. (×3) It's just a yellow lemon tree.

우리말 해석

한글 가사를 읽으며 내용을 더 정확하게 이해해요.

난 여기 지루한 방에 앉아 있어요.
오늘도 그저 또 비 오는 일요일 오후네요.
난 시간만 낭비하고 있죠. 할 일도 없이요.
난 당신을 기다리며 서성이고 있어요.
하지만 아무 일도 일어나지 않아요, 이상하죠.

난 내 차로 돌아다니는 중이에요.
난 너무 빠르게, 너무 멀리 달리고 있죠.
난 내 관점을 바꾸고 싶어요.
난 너무 외로워요. 당신을 기다리고 있어요.
하지만 아무 일도 일어나지 않아요, 이상하죠.

··········
난 어째서 그런지, 왜 그런지 궁금해요.
어제 당신은 내게 파랗고 파란 하늘을 얘기했지만
내가 볼 수 있는 것은 그저 노란 레몬나무뿐이네요.
난 머리를 위아래로 돌려보고 있어요.
돌리고 돌리고 돌리고 돌리고 돌려도
내가 볼 수 있는 것은 그저 노란 레몬나무뿐이네요.

··········

난 여기 앉아 있어, 활력이 그리워져요.
난 밖으로 나가 샤워를 하고 싶어지네요.
내 머릿속엔 음산한 구름이 깔려있어요.
난 너무 피곤해요. 침대로 기어들어가 누웠지만
거기엔 아무런 일도 일어나지 않아요. 그래서 궁금해지네요.

고립은 내게 좋지 않아요.
고립, 난 레몬나무에 올라가 앉아있고 싶진 않아요.
난 환희의 사막에서 서성여 보고 있어요.
이봐요, 어떻게든지 난 또 다른 놀 거리를 구해 볼 거예요.
그러면 무슨 일이든 일어나겠지. 그러면 당신은 궁금해 할 거야.

·········· 반복

난 어째서인지, 왜인지 궁금해요.
어제 당신은 내게 파랗고 파란 하늘에 관해 내게 얘기해 주었죠.
그런데 내가 볼 수 있는 것은 그런데 내가 볼 수 있는 것은
그런데 내가 볼 수 있는 건 그저 노란 레몬나무 한 그루뿐이에요.

1 It's just another rainy sunday afternoon.

오늘도 그저 또 비 오는 일요일 오후네요.

another는 '또 다른, 또 하나의'라는 뜻으로 여기서는 비 오는 일요일 오후가 반복됨을 나타내고 있습니다.

★ **It will be another cold day today.** 오늘도 또 추운 날이겠네요.

2 I'm hanging around. I'm waiting for you.

난 당신을 기다리며 서성이고 있어요.

hang around는 '배회하다, 빈둥거리다, 시간을 보내다'라는 뜻이고, wait for는 '~를 기다리다'라는 뜻으로 회화에 자주 쓰이는 표현입니다.

★ **I just hang around with friends on the weekend.** 난 주말에 그냥 친구들과 시간을 보내요.

3 Nothing ever happens and I wonder.

아무 일도 일어나지 않아요, 이상하죠.

happen은 동사로 '어떤 일이 발생하다, 일어나다'라는 뜻이고, 명사로 happening은 '우연히 발생한 사건, 사고'를 말합니다.

4 I wonder how I wonder why.

난 어째서인지, 왜인지 궁금해요.

wonder는 타동사로 '궁금하다, ~을 알고 싶다'라는 뜻인데, 의문문 대신에 세련된 표현으로 [I wonder if+주어+동사] 혹은 [I wonder+의문사+주어+동사] '~인지 궁금하다' 문형을 자주 씁니다.

★ **I wonder where you live now.** 난 당신이 어디에 사는지 궁금해요.

5 Isolation, it's not good for me.

고립은 내게 좋지 않아요.

isolation은 '고독, 고립'을 뜻하고, be good for는 '~에 좋다, 유익하다'라는 뜻입니다.

★ **Smoking is not good for your health.** 흡연은 당신 건강에 좋지 않아요.

A: What do you usually do ❶ **in your free time**?
당신은 여가시간에 주로 뭐하세요?

B: I just hang around with friends or go for a drive. How about you?
저는 친구들과 시간을 보내거나 드라이브를 갑니다. 당신은 어때요?

A: I don't have much free time. ❷ **I'm tied up at work all day**.
저는 여가시간이 많지 않아요. 하루 종일 일로 바빠요.

B: Oh, you are always as busy as a bee. Actually ❸ **I'm in pursuit of** slow life. ❹ **I can't stand a tight schedule**.
아, 당신은 항상 벌처럼 바쁘시군요. 사실 난 느린 삶을 추구합니다. 난 빡빡한 일정이 싫어요.

A: That's really different from my lifestyle. I hate to waste my time.
그것은 저의 생활방식과 다르네요. 저는 시간 낭비하는 것을 싫어해요.

B: Oh, really? Different people have different tastes.
오, 그래요? 사람들은 제각기 다르죠.

❶ in your free time은 '자유시간에, 여가시간에'라는 뜻으로, in your leisure time 과 유사표현입니다.

❷ be tied up은 '～에 묶여있다'라는 말로 '아주 바쁘다(=be very busy)'와 같은 말입니다. all day는 '하루 종일'을 뜻합니다. be as busy as a bee는 아주 바쁘다 는 관용적인 표현입니다.

❸ be in pursuit of는 '～을 추구하다'라는 뜻입니다.
　★ **Everybody is in pursuit of happiness.** 누구나 행복을 추구합니다.

❹ stand는 타동사로 '～을 견디다, 참아내다'라는 뜻으로 I can't stand it.은 '난 그 것을 참을 수 없다', 즉 너무 싫다는 뜻으로 I hate it.과 유사표현입니다.
　★ **I have a tight schedule today.** 난 오늘 일정이 바빠요.

Lemon Tree
레몬나무

★ Sung by Fools Garden

I'm sitting here in a boring room.
암 싸~팅 히어 인어 보링 룸,

It's just another rainy sunday afternoon.
잇츠 저스 터나더 레이니 썬데이 에프터눈

I'm wasting my time. I got nothing to do. I'm hanging around.
이임 웨이스팅마이 타임. 아이갓 낫씽 투 두. 이임 행잉 어라운드.

I'm waiting for you, but nothing ever happensand I wonder.
이임 웨이팅 훠 유, 밧 낫~씽 에버 해픈스 앤 아이 원더

I'm driving around in my car. I'm driving too fast.
이임 드라이빙 어라운 인 마이 카. 암 드라이빙 투 패스트

I'm driving too far. I'd like to change my point of view
이임 드라이빙 투 파. 아잇 라익투 체인지 마이 포인트 오뷰

I feel so lonely. I'm waiting for you.
아이필 쏘 론리. 이임 웨이팅 훠 유

But nothing ever happens and I wonder
밧 낫~씽 에버 해픈스 앤 아 원더

....

I wonder how I wonder why.
아 원~더 하우 아 원~더 와이.

Yesterday you told me about the blue blue sky.
에스터데이 유 톨드 미 어바웃 더 블루 블루 스카이

And all that I can see is just another lemon tree.
앤 올 댓 아 캔 씨 이즈 저스 터나더 레~몬 추리

I'm turning my head up and down.
암 터닝 마 헷 업 앤 다운.

I'm turning turning turning turning around.
암 터닝 터닝 터닝 터닝 어라운드

And all that I can see is just another lemon tree.
앤 올 댓 아 캔 씨 이즈 저스 터나더 레몬 추리

....

SING! Da Da Ra Ra, Di Ra Da, Da Ra Ra Ra, Di Ra Da, Da Di Di Ra.

I'm sitting in here. I miss the power.
임 시팅 인 히어. 아이 미쓰 더 파~워.

I'd like to go out takin' a shower.
아이잇 라익투 고 아웃 테이킹어 샤워

There's heavy cloud inside my head. I feel so tired.
데얼스 헤비 크라웃 인씨잇 마 헷. 아이 필 쏘타이얼드

Put myself into bed
풋 마이셀프 인투 벤

Where nothing ever happens and I wonder.
웨어 낫~씽 에버 해픈스 앤 아이 원더

Isolation, it's not good for me.
아이쏠레이션, 잇츠 낫 굿 훠 미

Isolation, I don't want to sit on the lemon tree.
아이쏠레이션, 아 돈 원투 씻 온 더 레~몬 추리

I steppin' around in the desert of joy.
아 이스텝핑 어라운 인 너 데절트 옵 조이.

Baby anyhow I get anther toy.
베이비 에니하우 아이 갯 어나더 토이

And everything will happen and you wonder.
앤 에브리씽 월 해~픈 앤 유 원~더

.... Repeat

And I wonder, wonder. I wonder how I wonder why.
앤 아이 원~더, 원~더. 아이 원~더 하우아이 원더 와이

Yesterday you told me 'bout the blue blue sky.
예스터데이 유 톨드 미 바웃 더 블루 블루 스카이

And all that I can see. (×3)
앤 올 댓 아 캔 씨

It's just a yellow lemon tree.
잇츠 저스터 옐로우 레~몬 추리

Lemon Tree는 제목이 독특하듯 내용도 참 재미있습니다. 멜로디는 매우 경쾌하고 가사는 코믹하죠. 어느 비 내리는 일요일 오후 할 일 없이 따분한 방에 앉아서 빈둥거리며 시간을 보내다가 당신을 기다려 보지만 아무 일도 일어나지 않습니다. 그래서 차를 몰고 나가 빠르게 달려보고 멀리 가보지만 역시 아무 일도 일어나지 않습니다. 너무 외롭고 피곤한데 고립된 느낌이 좋지 않다고 노래합니다. 어제 당신이 파란 하늘에 대해 말한 것이 생각나 하늘을 바라보지만 내 눈에 보이는 것은 오직 노란 레몬나무뿐이랍니다. 따분하고 권태로운 일상에서 외로움을 느끼며 사랑을 기다리는 마음을 잘 표현한 곡입니다.

Fools Garden은 독일의 5인조 록 밴드로 1993년에 데뷔했습니다. 1995년 2집 앨범 〈Dish Of The Day〉에 수록된 Lemon Tree는 싱글로 발표하여 1996년에 국제적으로 히트를 했으며 UK차트 26위, 독일에서는 몇 주 동안 인기순위 1위에 머물렀고 아시아 전 지역을 휩쓸었던 인기곡이었습니다.

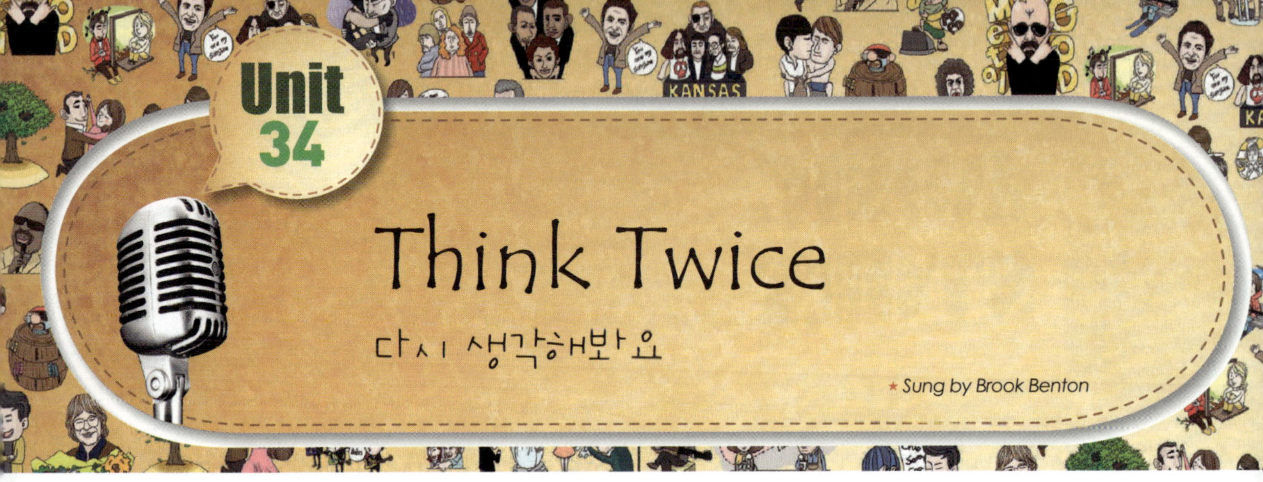

노래를 들으며 가사를 차근차근 읽어보세요.

❶ **Think twice before you answer.**
Think twice before you say yes.
I'm asking you if you love me true
❷ **'Cause you're my happiness.**

❸ **Take your time, think it over.**
Think twice, then let me know
If you don't feel that your love is real,
Tell me although you'll hurt me so.

Funny how a word can mean everything.
❹ **That's why I want you to talk to me.**
To hear you say my name. I'd give anything.
Only you can decide what my future will be.

Think twice before you answer.
Think twice whatever you do.
❺ **A love as strong as mine can stand the test of time.**
Think twice of the one who loves you.

우리말 해석

한글 가사를 읽으며 내용을 더 정확하게 이해해요.

대답하기 전에 다시 생각을 해봐요.
'예'라고 말하기 전에 다시 생각해봐요.
지금 당신이 나를 진정으로 사랑하는지 묻고 있는 거예요.
당신은 나의 행복 그 자체이니까요.

시간을 가지고 천천히, 깊이 생각해봐요.
다시 생각해보고 나서, 내게 알려 주세요.
만약 당신의 사랑이 진실이 아니라고 느껴진다면,
내게 말해줘요 비록 내 마음에 상처를 줄지라도 말이죠.

한마디 말로 모든 걸 뜻할 수 있다는 게 너무도 우습군요.
그게 바로 당신이 내게 말해주기를 바라는 이유랍니다.
당신이 내 이름을 불러주는걸 듣고 싶어요.
난 뭐든지 줄 수 있을 것 같아요.
오직 당신만이 나의 미래가 어떻게 될지 결정할 수 있는
거예요.

대답하기 전에 다시 생각해봐요.
당신이 무슨 일을 하든지 다시 생각해봐요.
나만큼 강한 사랑은 어떤 시련도 견뎌낼 수 있답니다.
당신을 사랑하고 있는 사람에 대해 다시 생각해봐요.

think twice 숙고하다, 다시 생각하다

answer 대답하다

true 진실로

happiness 행복

think over 숙고하다, 다시 생각하다

feel 느끼다

real 사실의

although 비록 ~일지라도

hurt 상처를 주다, 아프게 하다

funny 웃기는

mean 의미하다

everything 전부, 모든 것

decide 결정하다

future 미래

before ~전에

whatever 뭐든지

strong 강한

stand 참다, 견디다

1 Think twice before you answer.

대답하기 전에 다시 생각을 해봐요.

'다시 생각하다, 숙고하다'의 Think twice는 think it over/consider carefully와 유사표현입니다.

★ **When I have to buy something, I think twice.** 난 뭔가를 사야 할 때 두 번 생각한다.

2 'Cause you're my happiness.

당신은 나의 행복 그 자체이니까요.

cause는 because의 줄임말로 '왜냐하면'이라는 뜻이고 이유를 나타내는 문장을 이끄는 접속사입니다. 전치사로는 [because of+명사]를 씁니다.

3 Take your time, think it over.

시간을 가지고 천천히, 깊이 생각해봐요.

Take your time은 직역하면 너의 시간을 가져라, 즉 '서두르지 말고 천천히 하라'라는 말입니다. Hurry up. '서두르다.'의 반대말입니다.

★ **Here is the menu. Take your time.** 메뉴 여기 있어요. 천천히 보세요.

4 That's why I want you to talk to me.

그게 바로 당신이 내게 말해주기를 바라는 이유랍니다.

[That's why+주어+동사]는 '그게 바로 ~한 이유이다'라는 뜻으로 앞에 한 말에 대한 이유를 덧붙여 말할 때 씁니다.

★ **That's why I feel so sick these days.** 그게 바로 요즘 제가 아픈 이유예요.

5 A love as strong as mine can stand the test of time.

나만큼 강한 사랑은 어떤 시련도 견뎌낼 수 있답니다.

mine은 my love를 의미하며, stand는 타동사로 '참아내다, 견디다'라는 뜻으로 쓰인 것입니다. stand the test of time은 '세월의 시련을 견뎌내다'라는 뜻입니다.

앞에서 배운 핵심 문장이 실제 대화에서 어떻게 활용되는지 학습해요.

A: ❶ **I'm so stressed out.**
나 너무 스트레스 받았어.

B: What's going on?
무슨 일이야?

A: You know my work is too stressful. I will ❷ **quit my job**.
있잖아, 내 일이 너무 스트레스를 줘. 일을 그만둘 거야.

B: You ❸ **must** have a hard time at work. But think twice before you quit it. 직장에서 힘든가 보구나. 하지만 그만두기 전에 다시 생각해봐.

A: You really liked your job.
너는 일을 정말로 좋아했잖아.

B: You're right. I need to find a way ❹ **to relieve my stress**.
네 말이 맞아. 난 스트레스 풀 방법을 찾아야겠어.

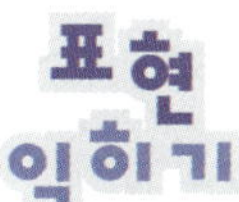

❶ be stressed out은 '스트레스를 무척 받다'라는 뜻으로 be under lots of stress 와 유사표현이고, stressful은 형용사로 '스트레스 받는'이라는 뜻입니다.

❷ quit one's job은 '직업을 그만두다(=resign 사임하다)'라는 뜻입니다.
[quit+-ing]는 [stop+-ing]와 같은 말로 '~하는 것을 관두다'라는 말입니다.
★ **Why don't you quit smoking?** 담배를 좀 끊지 그래요?

❸ must는 조동사로 '~해야만 한다'이며, 의무를 나타낼 때와 '~임에 틀림없다' 처럼 확실한 추측을 말할 때 쓰는데 여기서는 '~임에 틀림없다'라는 뜻으로 쓰인 것입니다.
★ **You must be very hungry now.** 당신 지금 무척 배고프시겠네요.

❹ relieve stress는 '스트레스를 풀다, 완화시키다'라는 뜻입니다.
★ **What do you do to relieve your stress?** 너는 스트레스를 풀기 위해 뭐하니?

Think Twice
다시 생각해봐요

★ Sung by Brook Benton

Think twice before you answer.
씽크 투와이스 비포 유 앤~써.

Think twice before you say yes.
씽크 투와이스 비포 유 쎄이 예스

I'm asking you if you love me true.
아임 애스킹 유 이프 유 러브 미 추루.

'Cause you're my happiness.
코오즈 유아 마이 해피니스

Take your time, think it over.
테익 유어 타임, 씽크 잇 오버.

Think twice, then let me know.
씽크 투와이스, 덴 렛 미 노우

If you don't feel that your love is real.
이프 유 돈 필 댓 유어 러브 이즈 리얼

Tell me, although you'll hurt me so.
텔 미, 올도우 유윌 헐트 미 쏘우

Funny how a word can mean everything.
퍼니 하우 어 워드 캔 민 에브리씽

That's why I want you to talk to me.
댓츠 와이 아이 원 추 투 톡 투 미

To hear you say my name I'd give anything.
투 히얼 유 쎄이 마이 네임 아이드 기브 애니씽

Only you can decide what my future will be.
온니 유 캔 디싸이드 왓 마이 퓨쳐 윌 비

Think twice before you answer.
씽크 투와이스 비포 유 앤~써.

Think twice, whatever you do.
씽크 투와이스 왓에버 유 두

A love as strong as mine can stand the test of time.
어 러브 애즈 스트롱 애즈 마인 캔 스텐드 더 테스트 옵 타임

Think twice of the one who loves you.
씽크 투와이스 오브 더 원 후 러브즈 유

MUSIC STORY

Think Twice는 '다시 생각해봐라, 숙고하라'라는 뜻으로 Think it over./Consider carefully.와 같은 말입니다. 사랑하는 사람에게 진정으로 나를 사랑하는지 물어보며 대답할 때 다시 생각해보고 대답하라는 내용입니다. 따뜻한 생기가 도는 풍부한 바리톤 보컬 브룩 벤톤의 중저음의 노래는 가슴을 두드리는 듯합니다.

Brook Benton(1930-1988)은 미국의 South Carolina에서 태어나 1950년대 말부터 1960년대 초까지 로큰롤, 리듬앤 블루스, 팝뮤직으로 인기를 누린 흑인 가수이자 작곡가입니다. 그는 원래 택시 운전사였는데 자신이 작곡한 Looking Back 노래 악보를 주머니에 넣고 다니다가 당시 레코드업계의 거물급 손님을 만나 음악계에 발을 들여 놓습니다. 당시 흑인음악계의 거물이었던 냇 킹 콜이 그의 노래를 부르게 되고 그는 작곡가로 활동합니다. 영업용 택시운전사의 곡을 냇 킹 콜이 부르게 되어 당시 음악계의 빅 뉴스였다고 합니다. 작곡가로 활동하며 명성을 얻다가 1958년 정식 가수로 데뷔합니다. 그의 최대 히트곡 Think Twice는 1961년에 발표된 노래입니다.

노래를 들으며 가사를 차근차근 읽어보세요.

❶ Oh, thinkin' about our younger years,
There was only you and me.
We were young and wild and free.
Now nothing can take you away from me.
❷ We've been down that road before, but that's over now.
You keep me comin' back for more.

....

Baby, you're all that I want,
When you're lyin' here in my arms,
I'm findin' it hard to believe we're in heaven.
And love is all that I need,
And I found it there in your heart.
❸ It isn't too hard to see we're in heaven.

....

Oh, once in your life you find someone
Who will turn your world around,
Bring you up when you're feelin' down.
Yeah nothin' could change what you mean to me.
Oh, there's lots that I could say, but just hold me now,
'Cause our love will light the way.

············ Repeat

I've been waitin' for so long,
For somethin' to arrive, for love to come along.
❹ Now our dreams are comin' true,
❺ Through the good times and the bad,
Yeah I'll be standin' there by you.

············ Repeat

You're all that I want. You're all that I need.

우리말 해석

한글 가사를 읽으며 내용을 더 정확하게 이해해요.

우리의 젊은 시절을 생각해보니
오직 당신과 나뿐이었어요.
우린 젊고 거칠고 자유로웠죠.
이제 아무것도 당신을 내게서 빼앗어갈 수 없어요.
어렵고 힘들었던 때도 있었지만, 이제 모두 끝났어요.
당신은 더 큰 사랑을 위해 나를 돌아오게 하네요.

············

그대여, 내가 원하는 것은 당신뿐이에요.
당신이 이렇게 여기 내 품에 안겨 있을 때 이 느낌
우리가 천국에 있는 거라는 것 믿기 어려워요.
내가 필요한 것은 사랑뿐이에요.
그 사랑이 거기 당신 가슴속에 있다는 걸 알았어요.
우리가 천국에 있다는 걸 쉽게 알 수 있어요.

············

당신도 인생에 한 번쯤은
당신의 세계를 바꿔 놓아줄 그런 사람
당신이 우울할 때 위로해주는 사람, 그런 사람을 만날 거예요.
네, 그 무엇도 내게 의미하는 당신의 소중함을 바꿀 수 없어요.
오, 할 말이 너무 많지만 지금은 그냥 안아주세요.
우리의 사랑이 앞길을 밝혀줄 테니까요.

············ 반복

너무 오랫동안 기다려 왔어요.
무언가 내게 오기를, 사랑이 내게 찾아오기를
이제 우리의 꿈이 실현되고 있어요.
기쁠 때나 슬플 때나 그래요 난 당신 곁에 있을 거예요.

············ 반복

당신은 내가 원하는 모든 것. 당신은 내가 필요한 전부예요.

① ## Oh, thinkin' about our younger years, there was only you and me.
우리의 젊은 시절을 생각해보니, 오직 당신과 나뿐이었어요.

thinking about은 분사구문으로 As I was thinking about '내가 ~에 대해서 생각해보니'에서 [접속사+주어+be동사(As I was)]를 생략한 문장입니다.

★ **What are you thinking about?** 너는 무엇에 대해 생각하고 있니?

② ## We've been down that road before, but that's over now.
어렵고 힘들었던 때도 있었지만, 이제 모두 끝났어요.

have been down that road before는 직역하면 우린 예전에 저 길 아래에도 가봤다는 뜻인데, '전에 경험하여 익숙하다, 전에 그런 일을 겪어본 적이 있다'라는 뜻입니다. be over는 '~끝나다'라는 뜻입니다.

★ **Time is over.** 시간이 지났어요.

③ ## It isn't too hard to see we're in heaven.
우리가 천국에 있다는 걸 쉽게 알 수 있어요.

[too+형용사+to+동사원형]은 '너무 ~해서 ~할 수 없다'라는 뜻입니다. We're in heaven.은 우리가 천국에 있는 것처럼 행복하다는 말입니다.

④ ## Now our dreams are comin' true.
이제 우리의 꿈이 실현되고 있어요.

come true는 '실현되다, 이루어지다'라는 뜻으로 [come(get/go/grow/turn)+형용사]는 become '~이 되다'라는 뜻입니다. 동의어로 realize가 있습니다. comin'은 coming의 줄임말입니다.

★ **I believe your dreams will come true.** 난 당신의 꿈이 이루어질 거라 믿어요.

⑤ ## Through the good times and the bad, I'll be standin' there by you.
기쁠 때나 슬플 때나 그래요 난 당신 곁에 있을 거예요.

직역하면 좋은 시간과 나쁜 시간을 겪어도 당신 곁에 있겠다는 말입니다. [stand by+사람]은 '~를 지지하다, ~옆에 있다'라는 뜻입니다.

A: ❶ **What are you thinking about?**
당신은 무엇에 대해 생각하고 있어요?

B: Well, I'm thinking about my younger years. I had a lot of dreams then.
글쎄, 젊은 시절에 대해 생각하고 있어요. 그땐 나도 꿈이 많았어요.

A: What were your dreams?
당신 꿈이 뭐였나요?

B: I wanted to do many things ❷ **such as** speaking English well, traveling around the world, and making foreign friends.
저는 많은 것들을 하고 싶었어요. 예를 들면 영어를 잘 말해서 전 세계를 여행하고 외국친구들을 사귀는 것이요.

A: Now your dreams are coming true. 이제 당신의 꿈이 실현되고 있네요.
You study English very hard, huh? 당신은 영어공부 아주 열심히 하잖아요, 응?

B: Yes, you're right. But ❸ **I'm not good at speaking English.**
네, 맞아요. 하지만 난 영어말하기가 서툴러요.

표현 익히기

❶ think about(of)은 '~에 대해서 생각하다'라는 뜻이고, [think of+동사+-ing]는 '~할까 생각 중이다'라는 뜻입니다.
★ **I'm thinking of buying a new car this weekend.**
난 이번 주말에 새 차를 살까 생각 중입니다.

❷ such as는 '예를 들면, ~와 같은, 가령'이라는 뜻으로 두세 가지 예를 들 때 자주 씁니다. 같은 말로 for example, for instance가 있습니다.
★ **You need to cut down on fatty food such as butter, bacon, and meat.**
당신은 버터, 베이컨, 육류와 같은 살찌는 음식을 줄여야 합니다.

❸ [be good at+명사/동명사]는 '~에 능통하다, ~하는 것에 능숙하다, ~을 잘 하다'라는 뜻이고, be poor at은 '~에 서투르다'라는 표현입니다.
★ **Are you good at cooking?** 너는 요리를 잘하니?

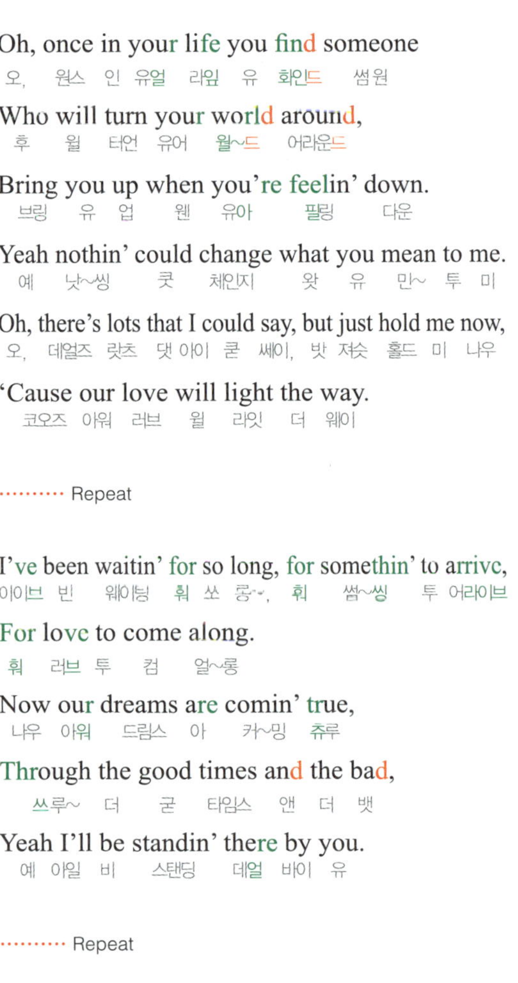

Oh, thinkin' about our younger years,
오, 씽~킹 에바웃 아워 영~걸 이얼스

There was only you and me.
데얼 워즈 온리 유 앤 미

We were young and wild and free.
위 워~얼 영 앤 와일드 앤 프리

Now nothing can take you away from me.
나우 낫~씽 캔 테익 유 어웨이 프롬 미

We've been down that road before,
위브 빈 다운 댓 로~드 비포

But that's over now.
밧 댓츠 오버 나우

You keep me comin' back for more.
유 깊 미 커밍 백 훠 모~얼

·········

Baby, you're all that I want.
베이비 유아 올 댓 아이 원트

When you're lyin' here in my arms,
웬 유아 라잉 히얼 인 마이 아암즈

I'm findin' it hard to believe we're in heaven.
아임 파인딩 잇 하드 투 빌리~브 위아 인 해~븐

And love is all that I need.
앤 러브 이즈 올 댓 아이 닛

And I found it there in your heart.
앤 아이 파운딧 데~얼 인 유어 할~트

It isn't too hard to see we're in heaven.
잇 이즌 투 하드 투 씨 위아 인 해~븐

·········

Oh, once in your life you find someone
오, 원스 인 유얼 라잎 유 화인드 썸원

Who will turn your world around,
후 윌 터언 유어 월~드 어라운드

Bring you up when you're feelin' down.
브링 유 업 웬 유아 필링 다운

Yeah nothin' could change what you mean to me.
예 낫~씽 쿳 체인지 왓 유 만~ 투 미

Oh, there's lots that I could say, but just hold me now,
오, 데얼즈 랏츠 댓 아이 쿤 쎄이, 밧 져슷 홀드 미 나우

'Cause our love will light the way.
코오즈 아워 러브 윌 라잇 더 웨이

········· Repeat

I've been waitin' for so long, for somethin' to arrive,
이이브 빈 웨이팅 훠 쏘 롱~, 훠 썸~씽 투 어라이브

For love to come along.
훠 러브 투 컴 얼~롱

Now our dreams are comin' true,
나우 아워 드림스 아 카~밍 츄루

Through the good times and the bad,
쓰루~ 더 굳 타임스 앤 더 뱃

Yeah I'll be standin' there by you.
예 아일 비 스탠딩 데얼 바이 유

········· Repeat

MUSIC STORY

Heaven은 1985년 넘버원 싱글로 발표된 캐나다 출신가수 브라이언 아담스의 호소력 짙은 보컬이 매력적인 곡으로, 그를 세계적인 스타로 만들었습니다. 노래 가사가 아름다워서 많은 팬들에게 애창되고 있는 그의 대표적인 록 발라드입니다. 천국은 어디일까요? 바로 사랑하는 사람 곁에 있는 것이 천국이랍니다. You are all that I want. '당신은 내가 원하는 전부입니다.' 그런 당신과 함께 있을 때 We're in heaven. '우린 천국에 있는 거예요.'라고 말하고 있습니다.

Byran Adams는 1959년에 태어난 캐나다 출신의 싱어송라이터이자 기타리스트, 사진가, 배우, 프로듀서, 사회운동가입니다. 1980년 2월 첫 데뷔앨범 〈Bryan Adams〉를 발표했고, 1981년에 두 번째 앨범 〈You Want It You Got It〉에 수록된 곡 Lonely Night가 라디오에서 히트합니다. 1984년에 발표된 음반 〈Reckless〉는 빌보드차트 200에서 1위를 차지했고, 수록된 싱글 곡 Run To You, Summer of '69, Heaven은 모두 톱10에 올랐습니다. 그는 캐나다의 대표적인 가수 중 한 명이고 세계적으로 1억만 장의 음반판매고를 기록했습니다. 또한 2000년 최고의 남성 아티스트 상, 1997년 올해의 남성 보컬리스트 상 등 23개의 상을 받았으며, 1998년에는 캐나다 명예의 거리에, 2006년에는 캐나다 음악 명예의 전당에 입성하였습니다.

Midnight, not a sound from the pavement
Has the moon lost her memory? She is smiling alone.
In the lamplight, the withered leaves collect at my feet
And the wind begins to moan.

Memory, all alone in the moonlight
❶ I can dream of the old days. Life was beautiful then.
I remember the time I knew what happiness was.
Let the memory live again.
Every street-lamp seems to beat a fatalistic warning.
Someone mutters, and the street-lamp sputters.
And soon it will be morning.

Daylight, I must wait for the sunrise.
❷ I must think of a new life and I musn't give in.
When the dawn comes, tonight will be a memory too.
And ❸ a new day will begin.
Burned-out ends of smoky days, the stale, cold smell of morning
A street-lamp dies. ❹ Another night is over. Another day is dawning.

Touch me, it's so easy to leave me
All alone with a memory of my days in the sun.
❺ If you touch me, you'll understand what happiness is.
Look, a new day has begun.

한밤중, 거리에는 적막함만 감돌고
저 달은 추억을 잃었나요? 홀로 미소만 짓고 있네요.
가로등 아래에, 시든 나뭇잎들이 내 발치에 쌓이고
바람은 신음하기 시작하네요.

추억이여, 달빛 아래서 나 홀로
나는 지난날을 꿈꿔봅니다. 그때의 삶은 아름다웠죠.
난 행복이 무엇인지 알았던 때를 기억합니다.
추억이여 다시 살아나주오.
모든 가로등불빛이 마치 중대한 경고를 하는 듯 비치네요.
누군가 웅얼거리고, 가로등은 깜박거리네요.
이제 곧 아침이 되겠죠.

낮의 빛, 난 해뜨기를 기다려야 해요.
새 삶을 생각해야 하고 포기할 순 없어요.
동이 트면, 이 밤도 역시 하나의 추억이 되겠죠.
그리고 새날이 시작될 거예요.
타버린 담배꽁초 같은 일상의 날들, 퀴퀴하고 차가운 아침의 냄새
가로등이 꺼지고 또 한밤이 지나가네요. 또 다른 날이 시작되네요.

날 어루만져 줘요. 날 홀로 두고 떠나기는 아주 쉽겠죠.
밝은 날들의 기억만 남긴 채.
날 어루만져 주면 당신은 행복이 뭔지 알게 될 거예요.
보세요, 새날이 시작됐어요.

① I can dream of the old days. Life was beautiful then.

나는 지난날을 꿈꿔봅니다. 그때 인생은 아름다웠죠.

dream of는 '~에 대해 꿈꾸다'라는 뜻이고, 과거를 생각해 보니 인생이 아름다웠다고 추억하는 내용입니다.

★ **People around the world dream of becoming rich.**
세상 모든 사람들은 부자가 되길 꿈꾼다.

② I must think of a new life and I musn't give in.

나는 새 삶을 생각해야 하고 포기할 순 없어요.

think of(about)는 '~에 대해 생각하다'라는 뜻이고, musn't는 must not을 말합니다. give in은 '항복하다, 굴복하다'라는 뜻으로 여기서는 give up '포기하다'와 같은 말입니다.

★ **What do you think of my plan?** 나의 계획에 대해 어떻게 생각하세요?

③ A new day will begin.

새날이 시작될 거예요.

새로운 삶을 살게 될 새날이 시작된다는 의미입니다.

★ **A new day is beginning.** 새날이 시작되고 있어요.

④ Another night is over. Another day is dawning.

또 한밤이 지나가네요. 또 다른 날이 시작되네요.

be over는 '~이 끝나다, (관계가) 끝나다'라는 뜻으로, be done/be finished와 같은 뜻입니다. dawn은 동사로 '날이 밝다, 동이 트다'라는 뜻으로 여기서는 begin과 같은 말입니다.

★ **The day dawns at 6 these days.** 요즘은 여섯 시에 날이 밝는다.

⑤ If you touch me, you'll understand what happiness is.

날 어루만져주면, 당신은 행복이 뭔지 알게 될 거예요.

행복은 사람과 사람 관계 속에서 느끼는 거죠. touch는 '접촉하다(contact), 어루만지다, 만나다(meet)'라는 뜻으로 쓰입니다.

A: ❶ **Are you doing anything this weekend?**
이번 주말에 무슨 일 있나요?

B: No, ❷ **nothing particular**, why?
아니요, 특별한 일은 없어요. 왜요?

A: ❸ **I'm planning to** go on a trip to the east coast.
저는 동해안으로 여행을 갈 계획입니다.

B: Oh, that would be wonderful.
아, 그것 멋지겠네요.

A: What do you think of my plan? Will you join me?
저의 계획에 대해 어떻게 생각하세요? 저와 함께 가실래요?

B: That's a good plan. I dreamed of going to the east sea.
그것은 좋은 계획입니다. 난 동해 가는 걸 꿈꿔왔어요.

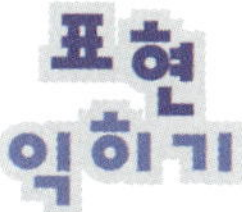

❶ 이 말은 Do you have any plans for this weekend? '이번 주말에 무슨 계획 있나요?'/What are you going to do this weekend? '이번 주말에 뭐 하실 거예요?'와 유사한 표현입니다.

❸ I have nothing particular to do. '특별히 할 일은 없어요.'의 줄임말로, nothing special과 같은 표현입니다.

❹ [be planning to+동사원형]은 '~할 계획이다, ~할 예정이다'라는 뜻으로 미래의 계획이나 예정을 말할 때 쓰며, [be going to+동사]/[be supposed to+동사]/[be scheduled to+동사]와 유사한 표현입니다.

★ **What are you planning to do tonight?** 오늘 밤에 뭐 할 계획인가요?

Memory
추억

★ Sung by Barbra Streisand

Midnight, not a sound from the pavement
미~드나잇   나러 사운드   프~롬 더   페~이브먼트

Has the moon lost her memory? She is smiling alone.
해즈 더 문 로스트 허 메~모리?   쉬 이즈 스마일링   얼론

In the lamplight, the withered leaves collect at my feet
인 더   램프~라잇,   더   위덜드   리브즈 콜렉~트 앳 마이   핏~

And the wind begins to moan.
앤 더 윈~드   비긴스 투 모~온

Memory, all alone in the moonlight
메~모리,   올 얼론 인 더   문~라잇

I can dream of the old days. Life was beautiful then.
아이캔   드~림   오브디   올~ 데이즈. 라이프 워즈   뷰~티풀   댄

I remember the time I knew what happiness was.
아이 리멤~버   더 타임 아이 뉴   왓   해피니스   워즈

Let the memory live again.
렛 더   메~모리   리브   어겐

Every street-lamp seems to beat a fatalistic warning.
에브리   스트릿 램프   씸스 투 비트 어 페이털리스틱   워~닝

Someone mutters, and the street-lamp sputters. And soon it will be morning.
썸원~   머털~스   앤 더   스트릿 램프   스퍼털스.   앤   쑨~ 잇 윌 비   모~닝

Daylight, I must wait for the sunrise.
데이~라잇, 아이 머슷   웨잇 훠 더   썬라이즈

I must think of a new life and I musn't give in.
아이 머스트 씽크 오브어 뉴 라잎 앤 아이 머슨트   기브 인

When the dawn comes, tonight will be a memory too.
웬 더 돈~ 컴스,   투나잇 윌 비 어 메~모리   투

And a new day will begin.
앤 어 뉴~ 데이 윌   비간~

Burned-out ends of smoky days, the stale, cold smell of morning
버언드 아웃   엔즈 오브 스모키 데이즈, 더 스테일   콜드   스맬 오브 모~닝

A street-lamp dies. Another night is over. Another day is dawning.
어   스트릿램프   다이즈.   언어덜   나잇 이즈 오버.   언어~덜 데이 이즈 도~닝

Touch me, it's so easy to leave me. All alone with a memory of my days in the sun.
터~치 미, 잇츠 쏘 이지 투 라~브 미. 올 얼론   위드 어 메~모리 오브 마이 데이즈 인 더 썬~

If you touch me, you'll understand what happiness is. Look, a new day has begun.
이퓨   터~치 미,   유월   언덜스땐~   왓   해피니스 이즈.   룩, 어 뉴 데~이 해즈   비건~

MUSIC STORY

노래 이야기

이 노래는 세계 최고의 뮤지컬 중 하나로 꼽히는 Andrew Lloyd Webber '앤드류 로이드 웨버'의 뮤지컬 〈캐츠〉에 삽입된 세기의 명곡입니다. 1981년에 초연된 뮤지컬 〈캐츠〉에서 한물간 창녀고 양이(그리자벨라)가 한을 담아 부른 곡으로 덧없는 인생, 그리고 청춘을 되돌아보게 하는 가사로 많은 사람들에게 깊은 감동을 주었습니다. 비참한 현실 속에서도 행복하고 아름다웠던 시절의 기억을 되새기면서 내일에 대한 희망을 잃지 않는다는 내용입니다. 수많은 가수들이 불렀지만 바브라 스트라이샌드의 안정된 열정적인 보컬이 가사의 애절함을 더욱 잘 표현하는 것 같습니다.

가수 이야기

Barbra Streisand는 1942년 4월 24일 미국 뉴욕에서 출생, 미국의 가수 겸 배우입니다. 또한 영화 제작자이자 감독이며 정치적 행동주의자이기도 합니다. 그녀는 아카데미 여우주연상과 음악상을 받았고, 에미상, 그래미상, 골든 글로브상 등을 받았으며 역사적으로 가장 성공한 여성 연예인 중 한 사람입니다. 미국에서 가장 많은 앨범판매고를 올린 여가수이며, 전 세계적으로 약 1억4천5백만 장의 앨범이 팔린 전설적인 팝의 여왕입니다. 수많은 곡 중에서 한국인들이 좋아하는 그녀의 대표 히트곡으로 The Way We Were, A Star Is Born, Memory, Woman In Love 등이 있습니다.

My Love

내 사랑

★ Sung by Westlife

가사 익히기 노래를 들으며 가사를 차근차근 읽어보세요.

❶ An empty street, an empty house,
A hole inside my heart.
I'm all alone
And the rooms are getting smaller.

....

I wonder how, I wonder why.
I wonder where they are.
The days we had, the songs we sang together.
And oh my love, I'm holding on forever
Reaching for a love that seems so far.

....

❷ So I say a little prayer.
Hope my dreams will take me there
Where the skies are blue
To see you once again, my love.
Overseas from coast to coast
Find the place I loved the most

Where the fields are green.
See you once again, my love.
I try to read, I go to work.
I'm laughing with my friends.
But ❸ I can't stop to keep myself from thinking.

·········· Repeat

To hold you in my arms,
To promise you my love,
To tell you from the heart,
❹ You're all I'm thinking of.
❺ I'm reaching for a love that seems so far.

우리말 해석

한글 가사를 읽으며 내용을 더 정확하게 이해해요.

텅 빈 거리, 텅 빈 집,
구멍 난 듯 허전한 내 마음
나 홀로 있는데
방들이 작아지는 것 같네요.

어떻게, 왜 그렇게 됐는지 알 수가 없어요.
다 어디로 사라져버린 걸까요?
우리가 함께 했던 그날들과 우리 함께 불렀던 그 노래들은
오, 내 사랑, 멀게만 느껴지는 사랑을 향해
난 언제까지라도 물러서지 않아요.

그래서 난 기도드려요.
나의 꿈이 그 곳으로 인도해주길 바랍니다.
파란 하늘이 있고

내 사랑 당신을 다시 볼 수 있는 그곳으로 말이에요.
해안을 거치고 바다를 건너
내가 가장 사랑했던 곳을 찾으러 갈게요.
파란 초원이 펼쳐진 그곳에서
당신을 다시 만나겠어요, 내 사랑.
난 책도 읽어 보고, 일하러 나가도 보고
친구들과 웃어 보려고 애를 쓰지만
당신 생각을 떨쳐버릴 수가 없어요.

·········· 반복

내 품에 당신을 안기 위해서,
내 사랑 당신께 약속하려고,
내 마음을 당신께 말해 주려니,
당신은 내가 생각하는 전부입니다.
멀리 있는 것 같은 사랑을 향해 난 다가서렵니다.

1 An empty street, an empty house, a hole inside my heart.

텅 빈 거리, 텅 빈 집, 구멍 난 듯 허전한 내 마음.

a hole inside my heart는 직역하면 '내 가슴에 구멍이 나 있다'인데, 허전한 마음을 표현한 것입니다.

★ **You've made a hole inside my heart.** 당신이 내 마음을 허전하게 했어요.

2 So I say a little prayer.

그래서 난 기도드려요.

prayer는 '기도, 기도하는 사람'이라는 뜻인데, say(give) a prayer는 '기도하다'라는 뜻입니다.

★ **I say a prayer for my family's happiness.** 난 가족의 행복을 위해 기도합니다.

3 I can't stop to keep myself from thinking.

난 당신 생각을 떨쳐버릴 수가 없어요.

[keep from+-ing]은 '~을 삼가다, ~을 하지 않다'라는 뜻입니다.

★ **I could not keep from laughing.** 난 웃지 않을 수 없었다.

4 You're all I'm thinking of.

당신은 내가 생각하는 전부입니다.

think of는 '~에 대해 생각하다'라는 뜻이고, 이 문장은 오직 당신 생각뿐이라는 말입니다.

★ **I think of you every moment.** 난 매순간 당신을 생각합니다.

5 I'm reaching for a love that seems so far.

멀리 있는 것 같은 사랑을 향해 난 다가서렵니다.

reach for는 '~을 얻으려고 노력하다, 닿으려고 하다'라는 뜻으로 reach for a love는 '사랑을 얻으려고 노력하다'라는 말이죠. [선행사(a love)+주격 관계대명사(that)+동사(seems)]인 문형입니다. 즉, 내가 얻고자 하는 사랑이 멀리 있는 것 같다는 말입니다.

 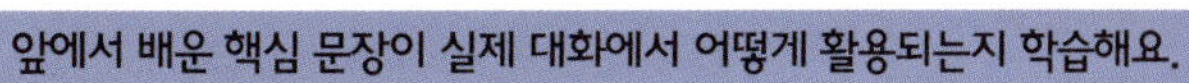

핵심 문장 활용하기

A: ❶ **I'm getting hungry now.** Let's go somewhere and ❷ **have a bite to eat.** 이제 배가 고파지는데. 우리 어디 가서 뭣 좀 먹자.

B: Okay, where shall we go?
좋아, 어디로 갈까?

A: How about going to the school cafeteria?
구내식당으로 가는 것 어때?

B: The food there is not good. Let's go outside.
거기 음식은 맛이 없어. 밖으로 나가자.

A: Well, ❸ **we have no time to lose.** We have to study for the exams.
글쎄, 우리는 허비할 시간이 없어. 시험공부를 해야 하잖아.

B: Oh, you're right. We had better save time and ❹ **hit the books.**
아, 네 말이 맞아. 우린 시간을 절약해서 공부를 더 하는 게 낫겠다.

표현 익히기

❶ get hungry는 '배고파지다'라는 동작을 의미하고, be hungry는 '배고프다'라는 상태를 뜻합니다. [get+형용사]는 '~해지다(=become)'라는 뜻이 됩니다.
  ★ **I get tired at this time of the day.** 난 하루 중 이때쯤에 피곤해진다.

❷ have a bite는 '한 입 먹다'라는 뜻이므로 간단히 먹는다는 말입니다.
  ★ **Can I have a bit?** 한 입 먹어봐도 되나요?

❸ no time to lose는 '낭비할 시간, 허비할 시간'이라는 뜻으로 서둘러야(hurry up) 한다는 말입니다.

❹ hit the books는 study '공부하다'라는 뜻입니다.
  ★ **I hit the books all day.** 난 하루 종일 공부했다.

My love
내 사랑

★ Sung by Westlife

An empty street, an empty house,
언 엠~티 스트릿, 언 엠~티 하우스

A hole inside my heart.
어 홀 인씨잇 마이 할~트

I'm all alone and the rooms are getting smaller.
아임 올 얼론 앤 더 룸스 아 게링 스몰러

....

I wonder how, I wonder why.
아 원~더 하우, 아이 원~더 와이

I wonder where they are.
아이 원~더 웨어 데이 아

The days we had, the songs we sang together.
더 데이즈 위 햇, 더 쏭스 위 쌩 투게덜

And oh my love, I'm holding on forever.
앤 오우 마이 러브, 아임 홀~딩 온 포에버

Reaching for a love that seems so far.
라~칭 휘 어 러브 댓 씸스 쏘 파

....

So I say a little prayer.
쏘 아이 쎄이어 리를 프레이어

Hope my dreams will take me there
홉 마이 드림스 윌 테익 미 데어

Where the skies are blue to see you once again, my love.
웨어 더 스카이즈아 블루 투 씨 유 원스 어겐~, 마이 러브

Overseas from coast to coast,
오버씨즈 프롬 코스트 투 코스트

Find the place I loved the most
파인 더 플레이스아이 러브 더 모스트

Where the fields are green.
웨어 더 필즈 아 그린

See you once again, my love.
씨 유 원스 어겐, 마이 러브

I try to read, I go to work.
아이 추라이투 리드, 아고우투 월크.

I'm laughing with my friends.
아임 래핑 위드 마이 프렌즈

But I can't stop to keep myself from thinking.
밧아이 캔트 스땁 투 킵 마이셀프 프롬 씽킹~

.... Repeat

To hold you in my arms.
투 홀쥬 인 마이 이암즈

To promise you my love.
투 프라미쓰 유 마이 러브

To tell you from the heart.
투 텔 유 프롬 더 할~트

You're all I'm thinking of.
유아 올 아임 씽킹 오브

I'm reaching for a love that seems so far.
아임 라~칭 휘 어 러브 댓 씸스 쏘 파

MUSIC STORY

사랑했던 사람과 이별 후 허전한 마음을 달래보려고 책도 읽어보고 일도 열심히 해보고 친구들 만나 웃어보기도 하지만 소용이 없네요. 거리는 텅 비어있고 집도 텅 빈 느낌이 가슴에 구멍(a hole inside my heart)이라도 난 느낌입니다. 함께하며 즐거웠던 시간들을 그리워하며 멀어져간 사랑을 되찾아 보려고 노력하는 마음을 노래한 것입니다.

Westlife는 1998년 7월에 결성되어 14년간 활발한 활동을 하다가 2011년에 해체된 아일앤드 남성 5인조 팝음악 그룹입니다. 원조 아이돌 그룹인 그들은 모든 멤버들의 잘생긴 외모와 노래실력으로 많은 팬들을 사로잡았습니다. 1999년 MTV에서 선정된 최고의 영국그룹으로 2001, 2002년에 영국최고의 권위를 자랑하는 브릿어워드를 수상한 최고의 팝 밴드입니다. 그들의 빅 히트 곡으로 My Love, Uptown Girl, Angel 등이 있습니다. 부드러운 발라드 화음으로 2000년대를 풍미했던 웨스트라이프는 지난 14년 동안 전 세계에서 4천4백만 장이 넘는 앨범을 판매했으며 국내에서도 세 차례 공연을 열고 한국 팬을 열광시켰습니다.

노래를 들으며 가사를 차근차근 읽어보세요.

❶ After some time I've finally made up my mind.
She is the girl and I really want to make her mine.
I'm searching everywhere to find her again,
To tell her I love her
And ❷ I'm sorry 'bout the things I've done.
I find her standing in front of the church,
The only place in town where I didn't search.
❸ She looks so happy in her wedding dress.
But she's crying while she's saying this.

....

Boy I've missed your kisses all the time,
But this is twenty five minutes too late.
Though you travelled so far,
Boy I'm sorry you are twenty five minutes too late.

....

Against the wind I'm going home again
Wishing me back to the time
❹ When we were more than friends.

But still I see her in front of the church,
The only place in town where I didn't search.
She looks so happy in her wedding dress,
But she's crying while she's saying this.

·········· Repeat

⑤ Out in the streets
Places where hungry hearts have nothing to eat.
Inside my head still I can hear the words she say.

·········· Repeat

I can still hear her say.

우리말 해석

한글 가사를 읽으며 내용을 더 정확하게 이해해요.

얼마의 시간이 흐른 뒤 난 마침내 마음을 정했어요.
그녀가 바로 내가 찾던 여인이고 그녀를 진정 내 사랑으로
만들고 싶어요.
난 그녀를 다시 찾기 위해 여기저기 헤매고 있어요.
그녀를 사랑한다고 말하기 위해
그리고 내 잘못을 사과하려고요.
난 교회 앞에 서 있는 그녀를 발견했어요.
마을에서 찾아보지 않은 유일한 장소가 바로 교회였어요.
그녀는 웨딩드레스를 입고 아주 행복해 보였어요.
하지만 그녀가 이렇게 말하며 울었어요.

·········· 반복

저런, 항상 당신의 키스를 그리워했어요.
하지만 25분 늦게 왔군요.
당신은 지금까지 멀리 헤맸지만,
저런, 유감스럽게도 당신은 25분 늦어버렸어요.

·········· 반복

바람을 맞으며 난 다시 집으로 향해 갔어요.
그때로 돌아가기를 바라면서요.
그녀와 내가 친구 이상이었던 때로 말이에요.
하지만 아직도 그녀가 교회 앞에 서 있는 모습이 보여요.
교회는 마을에서 내가 찾아보지 않은 유일한 장소였어요.
웨딩드레스를 입고 있는 그녀는 행복해 보였어요.
하지만 그녀가 이렇게 말하면서 울었어요.

·········· 반복

굶주린 영혼들이 배를 채울 것이 아무것도 없는 거리에서
내 머릿속에서는 아직도 그녀가 한 말이 들리네요.

·········· 반복

난 아직도 그녀의 말이 들려요.

① After some time I've finally made up my mind.

얼마의 시간이 흐른 뒤 난 마침내 마음을 정했어요.

[make up one's mind to+동사]는 '~하기로 마음을 먹다, ~하기로 결심하다'라는 뜻으로 [decide to+동사]와 유사표현입니다.

★ **I've made up my mind to study English hard.** 나 영어공부 열심히 하기로 마음먹었어요.

② I'm sorry 'bout the things I've done.

그리고 내 잘못을 사과하려고요.

'bout은 about의 줄임말이며, 이 문장은 I'm sorry about the things that I've done. '그동안 내가 한 것들에 대해 미안해요.'에서 목적격 관계대명사 that이 생략된 문장입니다.

③ She looks so happy in her wedding dress.

그녀는 웨딩드레스를 입고 아주 행복해 보였어요.

[look+형용사]는 '~해 보인다'라는 뜻으로 회화에 자주 쓰입니다. 전치사 [in+옷]이 나오면 in은 '입고, 입고서(wearing)'라는 뜻입니다.

★ **You look very happy today.** 당신은 오늘 행복해 보여요.

④ When we were more than friends.

우리가 친구 이상이었던 때로 말이에요.

more than은 '~이상, ~보다 더'라는 뜻으로 이 문장에서 우리는 연인이었다는 말입니다.

★ **Don't take a nap for more than 30 minutes.** 30분 이상 낮잠을 자지 마세요.

⑤ Out in the streets places where hungry hearts have nothing to eat.

굶주린 영혼들이 배를 채울 것이 아무것도 없는 거리에서.

Hungry hearts have nothing to do. '굶주린 사람들이 먹을 것이 없다.'라는 말은 사랑을 잃고 사랑에 굶주린 자신의 모습을 그린 것입니다.

★ **I'm starving. I have nothing to eat.** 배고파 죽겠어요. 저는 먹을 것이 아무것도 없어요.

A: You look wonderful today. You've got a new dress.
너 오늘 근사해 보이는구나. 새 옷을 사 입었구나.

B: Yes, mom. I bought it yesterday. Does it ❶ **look good on** me?
네, 엄마. 어제 샀어요. 내게 잘 어울리나요?

A: Yeah, you look nice in blue. You seem to enjoy too much shopping.
응, 파란색을 입으니 멋져 보인다. 너 쇼핑을 너무 즐기는 것 같구나.

B: Certainly, but I've made up my mind to ❷ **save money from now on**.
물론이죠, 하지만 지금부터 돈을 절약하기로 마음먹었어요.

A: That's a ❸ **good decision**. I was worried about your bad spending habit.
그것 참 좋은 결정이다. 난 너의 나쁜 소비습관을 걱정하고 있었다.

B: Oh, I'm sorry about the things I've done.
오, 그동안 제가 한 짓에 대해 죄송해요.

표현
익히기

❶ look good on은 '~에 잘 어울리다'라는 뜻으로 go well with/become/match와 유사한 표현입니다.

❷ save money는 '돈을 절약하다, 저축하다'라는 뜻이고, from now on은 '앞으로, 지금부터'라는 뜻이며, starting today '오늘부터'와 유사표현으로 쓰입니다.
★ **I save money for a rainy day.** 난 궂은 날을 대비해서 돈을 저축합니다.

❸ decision은 명사로 '결정, 결단, 결심'이라는 뜻이고, 동사로는 decide라고 합니다.
★ **You made a good decision.** 너 좋은 결정을 내렸구나.

25 Minutes
25분

*Sung by Michael Learns To Rock

After sometime I've finally made up my mind.
에프터 썸타임 아이브 파이널리 메이덥 마이 마인드

She is the girl and I really want to make her mine.
쉬 이즈 더 걸~ 앤 아 뤼얼리 원 투 메이크 허 마인

I'm searching everywhere to find her again,
아임 썰~칭 에브리웨어 투 파인덜 어겐,

To tell her I love her
투 텔 허 아일러브 허

And I'm sorry 'bout the things I've done.
앤 아임 쏘~리 바웃 더 씽즈 아이브 던

I find her standing in front of the church,
아이파인 덜 스탠딩 인 프론트 옵 더 철~치,

The only place in town
디 온니 플레이스 인 타운

Where I didn't search.
웨어 아이 디든트 썰~치.

She looks so happy in her wedding dress.
쉬 룩스 쏘 해피 인 허 웨딩 드레스

But she's crying while she's saying this.
밧 쉬즈 크라잉 와일 쉬즈 쎄잉 디스

....

Boy I've missed your kisses all the time.
보이 아이브 미쓰트 유어 키쎄스 올 더 타임

But this is twenty five minutes too late
밧 디스 이즈 투웨니 파이브 미닛츠 투 레잇

Though you travelled so far.
도우 유 추레블드 쏘 파

Boy I'm sorry you are twenty five minutes too late.
보이 아임 쏘리 유 아 투웨니 파이브 미닛츠 투 레잇

....

Against the wind I'm going home again
어겐~스 더 윈~드 아임 고잉 홈 어겐

Wishing me back to the time
위싱 미 백 투 더 타임

When we were more than friends.
웬 위 워 모어 댄 프렌즈

But still I see her in front of the church,
밧 스틸 아이씨 허 인 프론트 옵 더 철~치,

The only place in town
디 온니 플레이스 인 타운

Where I didn't search.
웨어 아이 디든 썰~치.

She looks so happy in her wedding dress.
쉬 룩스 쏘 해피 인 허 웨딩 드레스

But she's crying while she's saying this.
밧 쉬즈 크라잉 와일 쉬즈 쎄잉 디스

.... Repeat

Out in the streets places
아웃 인 더 스트릿츠 플레이씨즈

Where hungry hearts have nothing to eat.
웨어 헝그리 할~츠 해브 낫~씽 투 잇

Inside my head still I can hear the words she say.
인싸잇 마이 해드 스틸아이 캔 히어 더 워즈 쉬 쎄이

.... Repeat

I can still hear her say.
아이캔 스틸 히어러 쎄이

MUSIC STORY

이 노래는 사랑하는 그녀에게 고백하기 위해 찾아
갔으나 이미 다른 사람과의 결혼식이 25분 전에 끝
나버렸다는 가슴 아픈 내용입니다. 25 Minutes는 못
다 이룬 안타까운 사랑을 수려한 선율로 들려주고 있
어 우리나라 팝팬들의 많은 사랑을 받는 애창곡이 되
었습니다. 가사를 처음부터 음미해 보면 뮤직비디오 한
편을 보는 듯 선명하게 장면들이 그려집니다. 사랑 고백을 미루다
가는 사랑하는 사람을 잃게 되니 주저하지 말고 사랑을 느낄 때 고백해야
겠습니다.

Michael Learns To Rock(MLTR)은 1998년 덴마크에서 고등학교 선후배사이 4인조 남성으
로 결성된 록밴드입니다. 1991년 그들의 데뷔 앨범 〈Michael Learns To Rock〉에 수록된 곡
The Actor가 1992년 1월 덴마크 싱글 차트 1위에 올라 좋은 반응을 얻습니다. 1993년 두 번
째 앨범 〈Colours〉에 수록된 Sleeping Child, 25 Minutes, Out Of Blue가 연달아 히트하면
서 전 세계적인 사랑을 받게 됩니다.

1990년대 중반 친숙한 멜로디와 편안한 팝 사운드로 국내에서 많은 사랑을 받았던 그들은
'Rock을 배우는 마이클'이라는 밴드 명에 초보적인 느낌과 학구적인 자세가 풍깁니다. 한국
적인 취향에 잘 맞아 국내에서 더 많은 사랑을 받았으며 멜로디가 강조된 편안한 록 음악들
과 깔끔한 기타 사운드에 감미로운 보컬이 가슴을 파고드는 듯합니다.

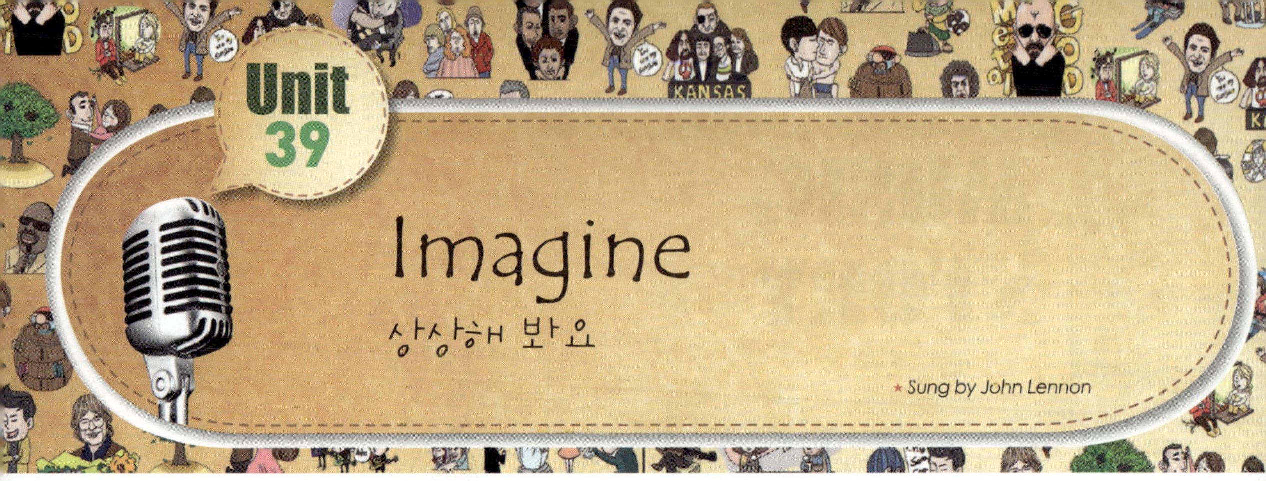

노래를 들으며 가사를 차근차근 읽어보세요.

❶ Imagine there's no heaven.
It's easy if you try.
No hell below us.
Above us only sky.
❷ Imagine all the people living for today.

Imagine there's no countries.
It isn't hard to do.
Nothing to kill or die for.
And no religion too.
Imagine all the people living life in peace.

....

❸ You may say that I'm a dreamer.
But I'm not the only one.
I hope someday you'll join us.
And ❹ the world will be as one.

....

Imagine no possessions.
I wonder if you can.
No need for greed or hunger.
A brotherhood of man.
❺ Imagine all the people sharing all the world.

.... Repeat

한글 가사를 읽으며 내용을 더 정확하게 이해해요.

천국이 없다고 상상해 봐요.
하려고만 하면 쉬운 일이랍니다.
우리 아래 지옥도 없고
우리 위에는 하늘만이 있다고요.
모든 사람이 오늘을 위해 사는 모습을 상상해 봐요.

나라가 없다고 상상해 봐요.
그렇게 어려운 일이 아니랍니다.
누군가를 죽여야 할 일도, 무엇인가를 위해 죽을 이유도 없는
그리고 종교도 없고
모든 사람들이 평화롭게 사는 모습을 상상해 봐요.

....

당신은 나를 몽상가라고 할지도 모르죠.
하지만 나 혼자만은 아니랍니다.
언제가 당신도 우리와 함께하길 바랍니다.
그러면 세상은 하나가 될 거예요.

....

소유가 없는 세상을 상상해 보세요.
당신이 그럴 수 있을지 모르겠지만
욕심이나 굶주림이 필요 없는
인간끼리 서로 사랑하는 마음만 있을 뿐
모든 사람들이 함께 나누며 사는 세상을 상상해 봐요.

.... 반복

words

imagine 상상하다

heaven 천국

try 시도하다, 노력하다

hell 지옥

country 나라

kill 죽이다

die for ~을 위해 죽다

religion 종교

peace 평화

dreamer 몽상가

someday (미래의) 언젠가

join 함께하다, 가입하다, 동참하다

possession 소유

need 필요

greed 욕심

hunger 굶주림, 배고픔

brotherhood 형제애

share 함께 쓰다, 나누다

1 Imagine there's no heaven. It's easy if you try.

천국이 없다고 상상해 봐요. 하려고만 하면 쉬운 일이랍니다.

easy는 '쉬운', 반대말은 hard '힘든', difficult '어려운'입니다. try는 '노력하다, 시도하다'라는 뜻입니다. [try to+동사원형]은 '~하려고 시도하다, 노력하다'입니다.

2 Imagine all the people living for today.

모든 사람이 오늘을 위해 사는 모습을 상상해 봐요.

이 문장은 원래 Imagine (that) all the people (who are) living for today.인데 목적절을 이끄는 접속사 that과 주격 관계대명사 who, be동사(are)가 생략된 것입니다.

3 You may say that I'm a dreamer.

당신은 나를 몽상가라고 할지도 모르죠.

may는 조동사로 '~일지도 모른다.', 즉 추측을 나타냅니다. dreamer는 '꿈꾸는 사람. 몽상가'란 뜻으로 유사어는 idealist '이상주의자'입니다.

★ **I think you're an unrealistic dreamer.** 난 당신이 비현실적인 공상가라고 생각합니다.

4 And the world will be as one.

그러면 세상은 하나가 될 거예요.

as one은 '(의견 등이) 일치하여, 하나 되어'라는 뜻으로 세상이 하나의 마을으로 일치하여 돌아가면 좋겠다는 말입니다.

★ **We were as one in our opinion.** 우리는 의견이 일치했었다.

5 Imagine all the people sharing all the world.

모든 사람들이 함께 나누며 사는 세상을 상상해 봐요.

이 문장도 역시 [주격 관계대명사+be동사]가 생략된 문장으로 원래는 all the people (who are) sharing all the world입니다. share는 '나눠 쓰다, 공유하다'라는 뜻입니다.

★ **Share your love with others.** 당신의 사랑을 다른 사람들과 나누세요.

A: Oh, we need a break. I'm so thirsty. ❶ **I am dying for water.**
오, 우리 쉬어야 해요. 난 너무 목말라요. 물 마시고 싶어 죽겠어요.

B: Okay, let's take a break here. I've got some water. Here it is.
좋아요, 여기서 휴식합시다. 내가 물이 좀 있어요. 자 여기요.

A: Thanks a lot. Imagine there's no water in the world.
고맙습니다. 이 세상에 물이 없다고 상상해 봐요.

B: That will be terrible. You know ❷ **we can't live without water.**
그건 끔찍할 거예요. 알다시피 우린 물 없이 살 수 없어요.

A: ❸ **Absolutely**, but many people don't know the value of water and just waste it. 당연하죠, 하지만 많은 사람들이 물의 가치를 모르고 그냥 낭비합니다.

B: I know what you mean.
무슨 말인지 알겠어요.

❶ die for는 '~을 위해 죽다, ~을 몹시 갖고 싶다, ~을 몹시 원하다'라는 뜻으로 여기서는 '물을 간절히 원한다.'라는 말입니다. [be dying to+동사]는 '을 하고 싶어 죽겠다'라는 뜻으로 [I really want to+동사]와 유사표현입니다.
★ **I'm dying to see you.** 당신이 보고 싶어 죽겠어요.

❷ without은 전치사로 '없이, ~을 가지지 않고'라는 뜻입니다.
★ **I can't live without you.** 난 당신 없이 못살아요.

❸ absolutely는 절대적으로 동의 · 찬성할 때 '전적으로 그렇다, 물론(quite so)이다'라는 뜻으로 씁니다. 유사표현으로 Of course '당연하죠'/Certainly '확실히, 그럼요'/Sure '확실히'가 있습니다.

Imagine

상상해 보요

★ Sung by John Lennon

Imagine there's no heaven.
이메~진 데얼스 노 해~븐

It's easy if you try. No hell below us. Above us only sky.
잇츠 이지 이퓨 추라이. 노 헬 빌로우 어스. 어바브 어스 온니 스카이

Imagine all the people living for today.
이메~진 올 더 파~플 라~빙 훠 투데이

Imagine there's no countries.
이메~진 데얼스 노 컨추리즈

It isn't hard to do. Nothing to kill or die for. And no religion too.
잇 이즌 할~투 두. 낫~씽 투 킬 오어 다이 훠. 앤 노 릴라~전 투

Imagine all the people living life in peace.
이메~진 올 더 파~플 리빙 라이프 인 피스

....

You may say that I'm a dreamer.
유 메이 쎄이 댓 아임 어 드리머

But I'm not the only one.
밧 아임 낫 디 온니 원

I hope someday you'll join us.
아이 홉 썸~데이 유월 조인 어스

And the world will be as one.
앤 더 워얼드 윌 비 애즈 원

....

Imagine no possessions. I wonder if you can.
이메~진 노 포제~션스. 아이 원~더 이프 유 캔

No need for greed or hunger. A brotherhood of man.
노 니드 훠 그릿 오어 헝~거. 어 브라덜~훗 오브 맨

Imagine all the people sharing all the world.
이메~진 올 더 파~플 쉐어링 올 더 월~드

.... Repeat

MUSIC STORY

Imagine은 비틀즈의 멤버인 존 레논이 1970년에 솔로로 독립해서 1971년에 발표한 곡인 그 자신의 생각을 잘 표현한 곡입니다. 영화 〈Killing Field〉의 마지막 장면에 삽입되면서 더욱 사랑받았던 명곡입니다.

이 노래처럼 모든 사람들이 싸우지 않고 아무 근심 없이 평화롭게 살면 얼마나 좋을까요? 전쟁과 굶주림이 없는 세상, 소유와 욕심이 없는 세상, 국경도 나라도 없는 그런 세상, 천국과 지옥도 없이 그저 오늘을 위해 살고 모든 걸 나누며 사는 그런 유토피아를 꿈꾸며 부른 이 노래는 존 레논을 평화의 상징, 전도사로 만들었습니다.

지금까지도 이 노래는 평화를 상징하는 노래로 시위나 특별한 행사 때 많이 불리고 있으며, 미국의 WABC 라디오 방송은 히트곡 중심의 음악방송에서 뉴스토크 방송으로 형식을 바꿀 때 마지막 곡으로 이 노래를 틀기도 했습니다. 또한 Amnesty International '국제사면위원회'의 공식 노래이기도 합니다.

John Lennon의 본명은 John Winston Ono Lennon입니다. 1940년 10월 9일 영국 잉글랜드 리버풀 출신으로 영국의 록 싱어송라이터이자 평화 운동가였습니다. 20세기 중반 가장 영향력 있는 음악그룹, 세계적인 록그룹 비틀즈의 창립멤버로 그룹을 맡아 이끌었던 작사가이며 그래픽아티스트, 솔로가수로도 활동했습니다. 그는 16세에 음악그룹 비틀즈를 결성했고 글쓰기와 시각예술 분야에서 천부적 재능을 보였으며 록 리듬을 잘 표현한 뛰어난 기타연주자였습니다.

비틀즈 해체 이후 그는 〈John Lennon/Plastic Ono Band〉와 〈Imagine〉 등의 앨범과 노래 Imagine, Give Peace A Chance, Love 등으로 성공적인 솔로 경력을 쌓았고, 1973년에 미국으로 건너가 1978년 미국 시민권을 취득했습니다.

불행히도 1980년 12월 8일 맨해튼에 있는 자신의 아파트 앞에서 열혈 팬이었던 정신이상자 마크 데이비드 채프먼에게 피살되면서 그의 생은 끝이 났습니다.

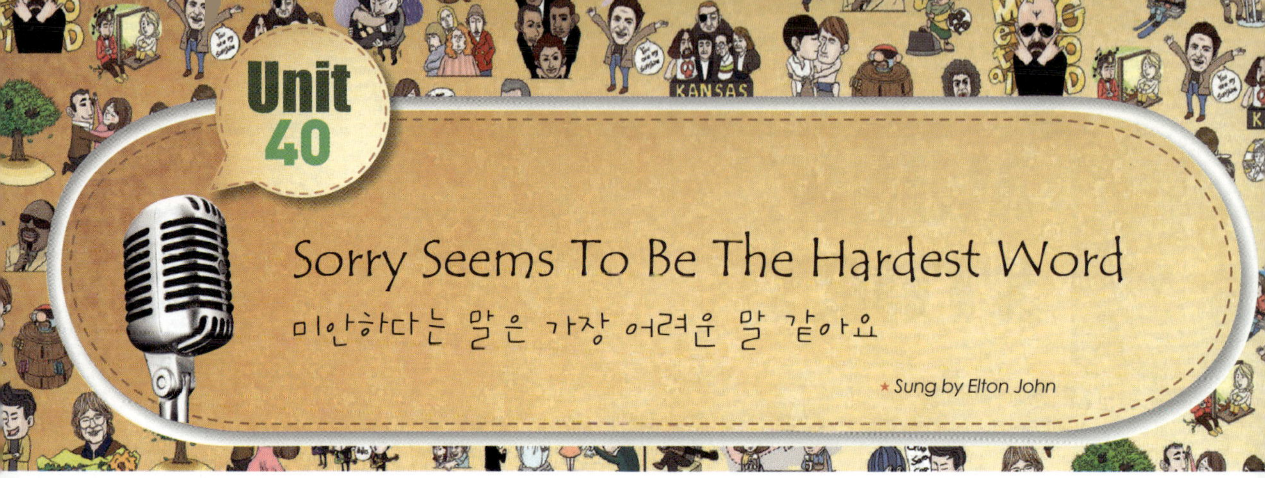

가사 익히기 노래를 들으며 가사를 차근차근 읽어보세요.

❶ What have I got to do to make you love me?
What have I got to do to make you care?
What do I do when lightning strikes me
And I wake to find that you're not there?

What do I do to make you want me?
What have I got to do to be heard?
❷ What do I say when it's all over?
And ❸ sorry seems to be the hardest word.

....

It's sad, so sad. It's a sad, sad situation.
And ❹ it's getting more and more absurd.
It's sad, so sad. ❺ Why can't we talk it over?
Oh, it seems to me
Sorry seems to be the hardest word.

....

.... Repeat

What do I do to make you love me?
What have I got to do to be heard?
What do I do when lightning strikes me?
What have I got to do?
What have I got to do?
When sorry seems to be the hardest word.

우리말 해석

한글 가사를 읽으며 내용을 더 정확하게 이해해요.

내가 어떻게 해야 당신이 날 사랑하게 될까요?
내가 어떻게 해야 당신이 나에게 관심을 가져줄까요?
번개가 치고 내가 깨어났을 때
당신이 없으면 어떻게 해야 하죠?

내가 어떻게 해야 당신이 날 원하게 될까요?
당신이 내 말을 듣게 하려면 어떻게 해야 하죠?
모든 게 끝나면 나는 무슨 말을 해야 하죠?
미안하다는 말은 가장 어려운 말 같아요.

....

슬퍼요, 정말 슬퍼요. 너무 슬픈 상황이에요.
그리고 점점 더 불합리한 상황이 되어가고 있네요.

슬퍼요, 너무 슬퍼요. 왜 우리는 더 이상 얘기할 수 없는 건가요?
오, 미안하다는 말은 가장 어려운 것 같군요.

....

.... 반복

내가 어떻게 해야 당신이 나를 사랑할까요?
내가 어떻게 해야 당신이 내 말을 들어줄까요?
번개가 치고 당신이 없으면 난 어떻게 해야 하죠?
난 어떻게 해야 하죠?
난 어떻게 해야 하죠?
미안하다는 말은 가장 어려운 말인 것 같아요.

① What have I got to do to make you love me?

내가 어떻게 해야 당신이 날 사랑하게 될까요?

[have got to+동사원형]은 '~해야만 한다'의 조동사 [have to+동사]와 같은 말로 got to를 gotta [가라]로 발음한 것입니다. [make+목적어(사람)+동사원형]은 '~가 ~하게 만들다'로 make가 사역동사로 쓰인 것입니다.

② What do I say when it's all over?

모든 게 끝나면 나는 무슨 말을 해야 하죠?

It's all over.는 모든 것이 끝났다, 즉 '어떤 일이나 사람관계가 끝나다'라는 뜻입니다.

★ **School is over.** 학교수업은 끝났어요.

③ Sorry seems to be the hardest word.

미안하다는 말은 가장 어려운 말 같아요.

[seem to+동사원형]은 '~인 것 같다'라는 뜻이고, hardest '가장 어려운'은 hard '어려운'의 최상급입니다.

④ It's getting more and more absurd.

점점 더 불합리한 상황이 되어가고 있네요.

[get+형용사]는 become '~되다'라는 뜻이고, more and more는 '점점 더'입니다.

★ **It's getting colder and colder.** 점점 더 추워지고 있다.

⑤ Why can't we talk it over?

왜 우리는 더 이상 얘기할 수 없는 건가요?

talk over는 '설득하다, ~에 관해 얘기하다, ~하면서 얘기하다'라는 뜻입니다.

★ **Let's talk over the matter.** 그 일에 관해 얘기해 봅시다.
★ **Let's talk over a cup of tea.** 차 한잔하면서 얘기하자.

 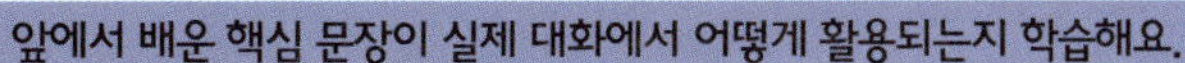

핵심 문장 활용하기

A: Hi, Sally, long time no see.
안녕, 샐리. 오랜만이에요.

B: Hello, Maria, ❶ **it's nice to see you here**.
안녕하세요, 마리아. 여기서 만나니 반갑군요.

A: How are you ❷ **getting along** these days?
요즘 어떻게 지내세요?

B: I'm doing okay. You know it's getting colder and colder.
저는 잘 지내요. 그런데 날씨가 점점 더 추워지고 있어요.

A: Yes, right. ❸ **Take good care of yourself**.
네, 맞아요. 건강 조심하세요.

B: Thanks. Let's talk over a cup of tea over there.
고마워요. 우리 저쪽에 가서 차 한잔하면서 얘기해요.

표현 익히기

❶ 누군가를 처음 만났을 때는 동사 meet '만나다'를 써서 It's nice to meet you. '만나서 반가워요.'라고 하고, 아는 사이를 만났을 때 see '만나다'를 써서 It's nice to see you. '반가워요.'라고 합니다.

★ **It's good to see you again.** 당신을 다시 만나니 좋군요.

❷ get along은 '그럭저럭 잘 지내다'라는 뜻이고, [get along well with+사람]은 '～와 사이좋게 잘 지내다'라는 뜻으로 회화에 자주 쓰입니다.

★ **Do you get along well with your neighbors?** 당신은 이웃들과 잘 지내세요?

❸ take care of oneself는 '～의 몸을 돌보다'라는 뜻으로 건강을 조심하라는 말입니다.

Sorry Seems To Be The Hardest Word
미안하다는 말은 가장 어려운 말 같아요

★ Sung by Elton John

What have I got to do to make you love me?
윗　해브이이 가라　두 투　메이큐　러브　미

What have I got to do to make you care?
왓　해브 아이 가라　두 투　메이큐　케어

What do I do when lightning strikes me
왓　두 아이 두　웬　라이트닝　스트라익스 미

And I wake to find that you're not there?
앤 아이 웨익　투 파인드 댓　유아　낫 데얼

What do I do to make you want me?
왓　두 아이 두 투　메이큐　원트 미

What have I got to do to be heard?
왓　해브 아이 가라　두 투 비　헐〜드

What do I say when it's all over?
왓　두 아이 쎄이　웬　잇츠 올　오버

And sorry seems to be the hardest word.
앤　쏘〜리　씸스　투 비 더　하디스트 워〜드

....

It's sad, so sad. It's a sad, sad situation.
잇츠 쎄드, 쏘 쎄드. 잇츠 어 쎄드, 쎄드 씨추에이션

And it's getting more and more absurd.
앤　잇츠 게〜링　모어　앤　모어　업절드

It's sad, so sad. Why can't we talk it over?
잇츠 쎄드, 쏘 쎄드. 와이　캔트 위　토킷　오버?

Oh, it seems to me sorry seems to be the hardest word.
오, 잇 씸스 투 미 쏘〜리 씸스 투 비 더 하디스트 워〜드

....

.... Repeat

What do I do to make you love me?
왓　두 아이 두 투　메이큐　러브　미

What have I got to do to be heard?
왓　해브아이　가라 두 투 비　헐〜드

What do I do when lightning strikes me?
왓　두 아이 두　웬　라이트닝　스트라익스 미

What have I got to do? What have I got to do?
왓　해브아이　가라 두　왓　해브아이　가라 두

When sorry seems to be the hardest word.
웬　쏘〜리　씸스 투 비 더　하디스트 워〜드

MUSIC STORY

이 노래는 사랑하는 사람과 이별 후 뭔가를 잘못했는지 미안하다는 말을 해야겠는데 도저히 말은 안 나오고, 어떻게 하면 나를 사랑하게 만들 수 있을지, 무엇을 어떻게 해야 나를 좋아하게 만들지 고민히면서 슬픈 자신의 상황을 말하며 그 사랑을 얻기 위해 몸부림치는 한 남자의 마음을 그렸습니다. 미안하다는 말이 그렇게도 어려운 걸까요? 영국 출신의 남성가수 엘튼 존의 1976년 작품으로 사랑의 감정이 잘 표현된 노래로 알려져 있죠. Blue Movie에 수록된 이 곡은 Goodbye Yellow Brick Road와 함께 국내에서 큰 인기를 얻고 있는 엘튼 존의 대표적인 히트곡입니다.

Elton John은 1947년 3월 25일 영국출생으로 본명은 Reginald Dwight '레지날드 드와이트'입니다. 중산층 가정에서 태어나 4살 때부터 피아노를 연주했습니다. 아버지는 그가 음악 하는 것을 반대했지만 어머니의 적극적인 지지로 음악을 할 수 있었습니다. 1968년 솔로로 나섰고, 1969년 1집 앨범 〈Empty Sky〉를 발표하면서 데뷔했고, 1970년 〈Your Song〉을 발표해 미국시장에서 큰 성공을 거두면서 스타의 자리에 올라섭니다. 71년의 〈Tumbleweed Connection〉 앨범과 72년의 〈Honky Chateau〉가 빅 히트해 비틀즈 이후 4개의 앨범을 동시에 Top 10에 랭크 시킨 최초의 아티스트로 기록되기도 했습니다. 그의 대표 히트곡으로 Goodbye Yellow Brick Road, Rocket Man, Sorry Seems To Be The Hardest Word, Don't Let The Sun Go Down On Me, Can You Feel The Love Tonight, Candle In The Wind 등이 있습니다.

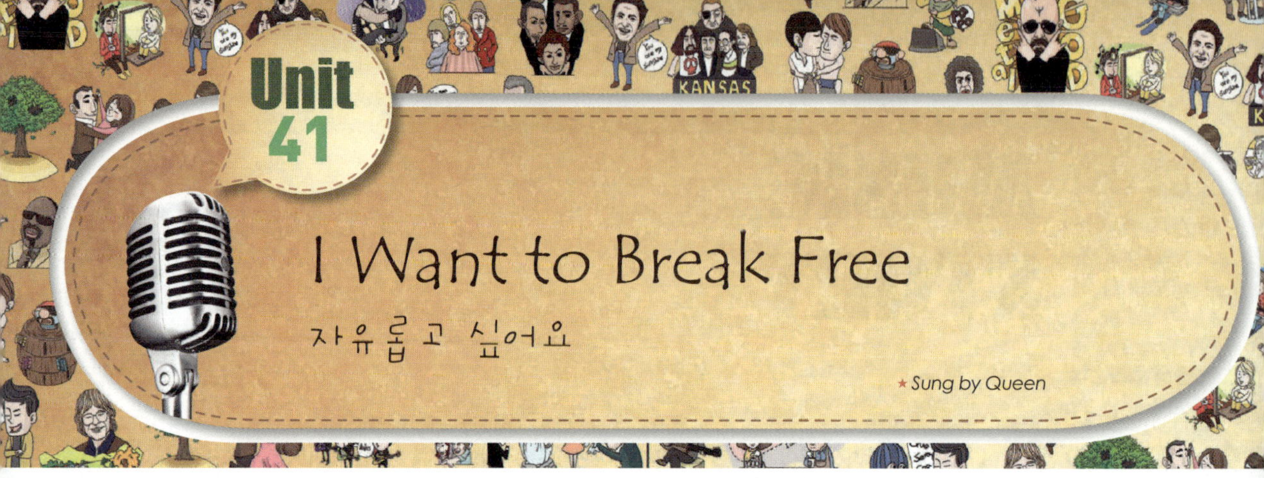

노래를 들으며 가사를 차근차근 읽어보세요.

I want to break free. I want to break free.
❶ I want to break free from your lies.
You're so self-satisfied. I don't need you.
I've got to break free. God knows.
❷ God knows I want to break free.

I've fallen in love.
❸ I've fallen in love for the first time.
This time I know it's for real.
I've fallen in love.
God knows, God knows I've fallen in love.

It's strange but it's true.
I can't get over the way you love me like you do.
But I have to be sure when I walk out that door.
Oh how I want to be free, baby. Oh how I want to be free,
Oh how I want to break free.

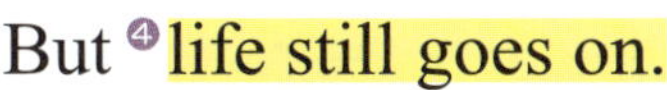

But ^④ ==life still goes on.==
^⑤ ==I can't get used to living without, living without,==
==Living without you by my side.==
I don't want to live alone.
Hey God knows, I got to make it on my own.
So baby, can't you see?
I've got to break free. I've got to break free
I want to break free, yeah.
I want, I want, I want, I want to break free.

want to+동사 ~하길 원하다	
break free 도망치다, 벗어나다	
lie 거짓말	
self-satisfied 자기 만족한	
fall in love 사랑에 빠지다	
for the first time 처음으로	
real 사실의	
strange 이상한, 낯선	
true 사실의	
get over 극복하다, 회복하다	
go on 계속되다	
get used to+ing ~하는 데 익숙하다	
without ~없이	

우리말 해석

한글 가사를 읽으며 내용을 더 정확하게 이해해요.

자유롭고 싶어요. 자유롭고 싶어요.
당신의 거짓말로부터 자유롭고 싶어요.
스스로에게 만족해하는 당신이 난 필요 없어요.
난 도망쳐야 해요. 아무도 몰라요.
내가 도망치고 싶은 걸 아무도 몰라요.

난 사랑에 빠졌어요.
처음으로 사랑에 빠졌어요.
이번엔 정말이라는 걸 난 알아요.
난 사랑에 빠졌어요.
아무도 몰라요 내가 사랑에 빠졌다는 걸요.

이상하게 들리겠지만 사실입니다.
난 당신처럼 날 사랑하는 방식을 도무지 극복할 수 없어요.

내가 그 문을 나설 때 확신했어요.
오, 내가 얼마나 자유로워지고 싶은지
얼마나 자유로워지고 싶은지
오, 얼마나 도망치고 싶은지.

하지만 삶은 아직도 계속되고 있어요.
당신 없이 당신 없이 사는 게 익숙하지 않아요.
내 옆에 당신 없이 살아갈 수 없어요.
혼자 살고 싶지 않아요.
아무도 몰라요. 나 혼자서 해냈다는 걸
그대여, 보이지 않나요?
난 도망쳐야 해요. 난 도망쳐야 해요.
도망치고 싶어요.
난 원해요, 원해요, 원해요, 벗어나길 원해요.

❶ I want to break free from your lies.

당신의 거짓말로부터 자유롭고 싶어요.

[want to+동시원형]은 '~히기를 원하다, ~을 하고 싶다'라는 뜻으로 [would like to+동사원형]과 같은 말입니다. break free는 '해방되다, 벗어나다, 자유로워지다'라는 뜻입니다.

★ **I want to live free from care.** 난 걱정 없이 살고 싶다.

❷ God knows I want to break free.

내가 도망치고 싶은 걸 아무도 몰라요.

God knows.는 '하나님만이 안다.', 즉 '아무도 모른다.(=Nobody knows.)'라는 뜻입니다.

❸ I've fallen in love for the first time.

난 처음으로 사랑에 빠졌어요.

[fall in love with+사람]은 '~와 사랑에 빠지다'라는 뜻이고, for the first time은 '처음으로'라는 뜻입니다.

★ **I talked to a foreigner for the first time yesterday.**
난 어제 처음으로 외국인과 얘기를 했다.

❹ Life still goes on.

삶은 아직도 계속되고 있어요.

go on은 '계속되다, 살아가다, 나아가다'라는 뜻으로 사랑하는 사람과 이별 후 죽을 것 같았는데 삶이 계속된다는 말입니다.

★ **My heart will go on.** 내 마음은 계속될 거예요.

❺ I can't get used to living without you by my side.

내 옆에 당신 없이 사는 게 익숙하지 않아요.

[get used to+명사/동명사]는 '~에 익숙해지다'라는 뜻으로 get accustomed to와 같은 뜻입니다. without you는 '당신 없이'라는 말입니다.

★ **I can't get used to changing my lifestyle.** 나는 생활방식을 바꾸는 것이 익숙하지 않아.

A: ❶ **How do you like** your life in Korea?

한국에서의 생활은 어떠신가요?

B: ❷ **So far, so good.** But I can't get used to using chopsticks.

지금까지는 좋아요. 하지만 젓가락 사용하는 것이 익숙하지 않아요.

A: Don't worry. You'll soon get used to it. Do you like Korean food?

걱정 마세요. 곧 익숙해질 거예요. 당신은 한국음식을 좋아하나요?

B: Yes, I love it. I want to learn how to make Bulgoggi.

네, 아주 좋아해요. 저는 불고기를 만드는 법을 배우고 싶어요.

A: Oh, really? Let me teach you if you want.

아, 그래요? 당신이 원하면 제가 가르쳐드릴게요.

B: That would be great. ❸ **Thank you for your kind offer.**

그것 좋지요. 친절한 제안에 감사합니다.

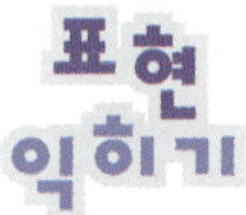

표현 익히기

❶ [How do you like+명사~?]는 '~은 어떻습니까?'라는 뜻으로 상대방의 의견을 물을 때 사용합니다. 유사표현으로 [What do you think about+명사~?]가 있습니다.

❷ So far, so good.은 '지금까지는 괜찮다.'라는 뜻이고, So-so.는 '그저 그래요.'라는 의미입니다.

★ **Everything's looking so far so good.** 아직까지는 모든 게 좋아 보여요.

❸ [Thank you for+명사/동명사]는 '~에 대해 감사하다, 고맙다'라는 뜻입니다.

★ **Thanks for your concern.** 걱정해줘서 감사해요.
★ **Thank you for asking me.** 제게 물어봐줘서 고마워요.

I Want to Break Free

자유롭고 싶어요

*Sung by Queen

I want to break free. I want to break free.
아이 원 투 브레익 프리. 아이 원 투 브레익 프리

I want to break free from your lies.
아이 원 투 브레익 프리 프롬 유어 라이즈

You're so self-satisfied. I don't need you.
유아 쏘 셀프쎄티스파잇 아이 돈 니 쥬

I've got to break free. God knows.
아이브 갓 투 브레익 프리. 갓 노우즈.

God knows I want to break free.
갓 노우즈 아이 원 투 브레익 프리

I've fallen in love. I've fallen in love for the first time.
아이브 폴린 인 러브. 아이브 폴린 인 러브 훠 더 퍼스트 타임

This time I know it's for real. I've fallen in love.
디스 타임 아이 노우 잇츠 훠 라~얼. 아이브 폴린 인 러브

God knows, God knows I've fallen in love.
갓 노우즈, 갓 노우즈 아이브 폴린 인 러브

It's strange but it's true.
잇츠 스트레인지 밧 잇츠 추루

I can't get over the way you love me like you do.
아이캔트 갓 오버 더 웨이 유 러브 미 라익 유 두

But I have to be sure when I walk out that door.
밧 아이해브 투 비 슈어 웬 아이 웍 아웃 댓 도어

Oh how I want to be free. Oh how I want to be free.
오 하우아이 원 투 비 프리. 오 하우아이 원 투 비 프리

Oh how I want to break free.
오 하우아이 원 투 브레익 프리

But life still goes on.
밧 라이프 스틸 고즈 온

I can't get used to living without, living without,
아이캔트 갓 유스 투 라~빙 위다웃, 라~빙 위다웃

Living without you by my side.
라~빙 위다웃 유 바이 마이 싸이드

I don't want to live alone.
아이 돈 원 투 리브 얼론~

Hey God knows, I got to make it on my own.
헤이 갓 노우즈, 아 갓투 메이 킷 온 마이 온

So baby, can't you see?
쏘 베이비, 캔 추 씨~

I've got to break free. I've got to break free.
아이브 갓 투 브레익 프리. 아이브 갓 투 브레익 프리

I want to break free. yeah.
아이 원 투 브레익 프리. 예.

I want, I want, I want, I want to break free.
아이 원, 아이 원, 아이 원, 아이 원 투 브레익 프리

MUSIC STORY

퀸의 명곡 I want to break free는 1984년 앨범 〈The Works〉로 발매된 음반의 수록된 곡으로 신나고 경쾌한 곡입니다. 보컬인 프레드 머큐리의 코믹스런 여장을 볼 수도 있있던 곡으로 당시 한국 내에서도 디스코장에서 엄청난 인기를 끌었던 곡입니다. 내용은 구속된 사랑에서 자유롭고 싶고 벗어나고 싶은 사람의 마음을 간절히 표현하고 있습니다. 당신의 거짓말로부터 벗어나고 싶고 너무 이기적인 당신이 이제 필요 없다고 외치며 당신의 그 사랑하는 방식을 이해할 수 없다고 하네요. 사랑의 방식이 사람마다 다르겠지만 상대가 달아나고 싶을 정도로 구속한다면 잘못된 사랑일 겁니다.

Queen은 영국의 록 밴드로 1970년대 중반부터 1990년대 초반까지 인기를 끌었고 현재까지 전 세계적으로 수많은 팬을 보유하고 있습니다. 또한 그들은 전 세계적으로 3억 장 이상의 앨범판매고를 올렸으며, 아레나 록, 글램 록, 하드 록, 헤비메탈, 프로그레시브 록 등 다양한 장르를 시도한 그룹입니다.

퀸은 여러 후세 아티스트들에게 강한 영향을 미쳐 2001년에는 로큰롤 명예의 전당에, 2003년에는 최초이자 유일하게 한 명 한 명이 아닌 밴드의 단위로 작곡가 명예의 전당에 올랐으며 2004년에는 영국음악 명예의 전당에도 오르는 영광을 누렸습니다. 1975년 앨범 〈A Night at the Opera〉의 싱글 Bohemian Rhapsody는 그들을 최고의 밴드의 자리로 올려줍니다. 그리고 투어 중에는 방송에 참가할 수 없는 점으로 인해 Freddie Mercury는 Bohemian Rhapsody의 뮤직 비디오를 찍을 것을 제안했고 이것은 세계 최초의 뮤직 비디오가 되었습니다. 그 이후에도 Somebody To Love, We Will Rock You, We Are The Champions, Another one Bites The Dust, Crazy Little Thing Called Love, The Works, I Want to Break Free 등의 수많은 히트곡이 있습니다.

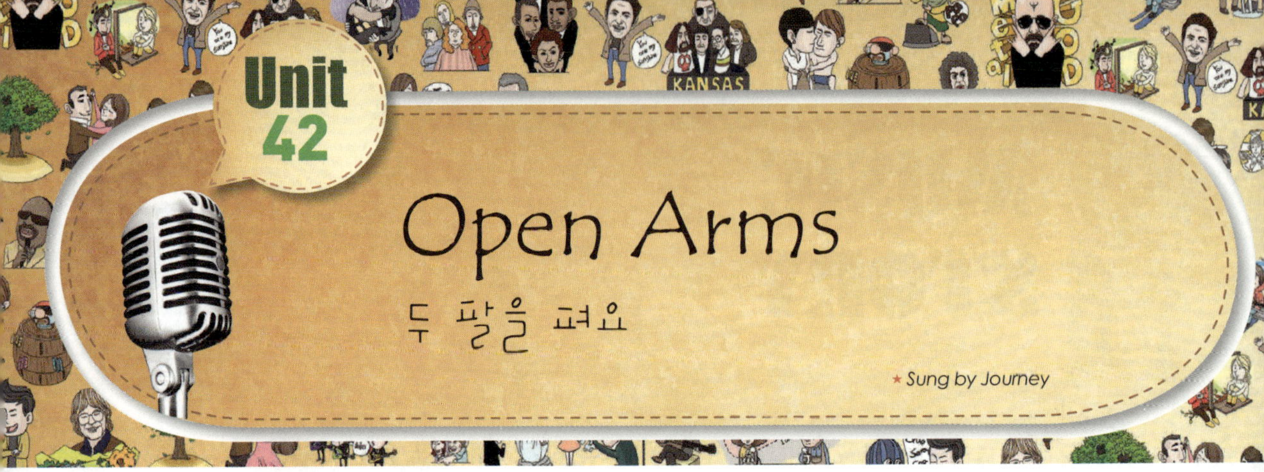

노래를 들으며 가사를 차근차근 읽어보세요.

Lying beside you here in the dark
Feeling your heartbeat with mine
Softly you whisper, you're so sincere.
❶ How could our love be so blind.
We sailed on together. We drifted apart.
And here you are by my side.

....

❷ So now I come to you with open arms.
Nothing to hide, believe what I say.
So here I am, with open arms
Hoping you'll see what your love means to me. Open arms.

....

Living without you, living alone
❸ This empty house seems so cold.
Wanting to hold you, Wanting you near.
How much I wanted you home.
❹ Now that you've come back turned night into day.
I need you to stay.

·········· Repeat

우리말 해석

한글 가사를 읽으며 내용을 더 정확하게 이해해요.

여기 어둠 속에서 당신 곁에 누워
당신의 심장고동이 나와 같이 뛰고 있음을 느낍니다.
당신은 진심이라고 부드럽게 속삭이는군요.
우리 사랑은 어쩜 이렇게 맹목적일까요
우리는 함께 항해를 했고
각자 표류하며 떠돌기도 했지만
이제 당신은 내 곁에 있습니다.

··········

나 이제 두 팔 활짝 펴고 그대에게 갑니다.
숨기는 것은 아무것도 없으니 내 말을 믿어 주세요.
나 여기 두 팔 활짝 펴고 있잖아요.
당신의 사랑이 내게 무엇을 의미하는지 알기를 바라면서요.
두 팔을 활짝 펴 봐요.

··········

당신 없이 홀로 살고 있으니
이 텅 빈 집이 너무 추운 것 같아요.
당신을 안고 싶어요. 당신을 가까이 두고 싶어요.
당신이 집에 돌아오길 내가 얼마나 원하는지.
이제야 당신이 돌아와서 밤을 환한 낮으로 바꾸었어요.
내 곁에 머물러 줘요.

·········· 반복

① How could our love be so blind.

우리 사랑은 어쩜 이렇게 맹목적일까요.

Love is blind. '사랑을 하면 눈이 먼다.'라는 말이 있습니다. 이 말은 사랑은 맹목적이다, 즉 사랑을 하면 상대의 단점이 안 보인다는 뜻입니다.

② So now I come to you with open arms.

그래서 나 이제 두 팔 활짝 펴고 그대에게 갑니다.

come은 원래 '오다'라는 뜻이지만, 상대방(you)에게 간다는 뜻이 있습니다. with open arms는 '두 팔을 벌려, 열린 마음으로, 진심으로'라는 말입니다.

★ **I will come to you if you call me.**　내게 전화하면 너에게 갈게.

③ This empty house seems so cold.

이 텅 빈 집이 너무 추운 것 같아요.

[seem to+동사]는 '~일 것 같다, ~처럼 보이다', [seem+형용사]는 '~인 것 같다'라는 뜻입니다. 당신이 없는 이 빈 집은 너무 추운 것 같다는 뜻입니다.

★ **They seem to know everything.**　그들은 모든 것을 알고 있는 것 같다.

④ Now that you've come back turned night into day.

이제야 당신이 돌아와 밤을 환한 낮으로 바꾸었어요.

[now that+주어+동사]는 '이제~했으니'라는 뜻이고 원래는 Now that you've come back and turned night into day.로 접속사 and가 생략된 것입니다.

★ **Now that I've gotten a job, I will think about getting married.**
이제 나도 직업을 잡았으니, 결혼에 대해 생각해봐야겠다.

A: Hey, John, where are you? We have a date at 7 o'clock, don't we?
이봐, 존, 어디에 있는 거야? 우리 7시에 약속 있잖아, 그렇지 않니?

B: Yes, you're right. ❶ **I'm coming now. I'm on my way.**
응, 맞아. 나 지금 가고 있어. 가는 중이야.

A: You're late again?
너 또 늦는 거야?

B: I'm sorry I'm late. I missed the bus today. I'll be there ❷ **in 10 minutes**.
늦어서 미안해. 오늘 버스를 놓쳤어. 10분 후면 도착할 거야.

A: Come on, ❸ **hurry up**. I'll be waiting for you here.
어서 빨리 와. 여기서 널 기다리고 있을게.

B: Thanks. ❹ **I'll treat you to dinner tonight**.
고마워. 내가 오늘 밤 저녁 한턱 살게.

표현 익히기

❶ 상대방에게 '가다'라는 말을 쓸 때는 상대방 입장에서 오는 것이니까 go를 쓰지 않고 come을 씁니다. be on one's way는 '도중에, 가는 중에'라는 뜻입니다.

★ **May I come in?** 들어가도 될까요?

❷ [in+시간개념]은 '~후에, 지나서'라는 뜻입니다.

★ **I'll see you in three days.** 3일 후에 뵙겠습니다.

❸ treat는 동사로 '대접하다, 접대하다, 다루다' 등의 뜻으로 여기서는 대접한다는 말입니다. 명사로는 '접대, 대접'으로 쓰입니다.

★ **This is my treat.** 이것은 제가 내는 겁니다.

Open Arms

두 팔을 펴요

★ Sung by Journey

Lying beside you, here in the dark
라~잉 비사잇 유 히어 인 더 다크

Feeling your heartbeat with mine.
휠~링 유어 핫비트 윗 마인

Softly you whisper, you're so sincere.
소프틀리 유 위스퍼, 유어 쏘 씬씨어

How could our love be so blind.
하우 쿳 아워 러브 비 쏘 블라인드

We sailed on together. We drifted apart. And here you are by my side.
위 쎄일드 온 투게덜. 위 드리프티드 어파트. 앤 히어 유 아 바이 마이 싸잇

....

So now I come to you with open arms.
쏘우 나우 아이 컴~ 투 유, 윗 오픈 암스

Nothing to hide, believe what I say. So here I am, with open arms
낫~씽 투 하이드 빌리브 와라이 세이. 쏘우 히어아이 엠, 윗 오픈 암스

Hoping you'll see what your love means to me. Open arms.
호우핑 유윌 씨 왓 유어 러브 민스 투 미 오픈 암스.

....

Living without you, living alone This empty house seems so cold.
라~빙 위다웃 유 리빙 얼로운 디스 엠~티 하우스 씸스 쏘우 코올드

Wanting to hold you, Wanting you near.
원~팅 투 호울 듀 원닝 유 니어

How much I wanted you home.
하우 머치 아이 원니드 유 호움

Now that you've come back turned night into day.
나우 댓 유브 컴 백 턴드 나잇 인투 데이,

I need you to stay.
아 니드 유 투 스테이

.... Repeat

MUSIC STORY

Open Arms는 미국의 록 밴드 저니의 가장 인기 있었던 곡으로 역사상 가장 위대한 러브 송 중 하나입니다. 이 곡은 영화 〈Heavy Metal〉에 삽입되었고, 또한 당시 인기차트 3위에 올라 그룹의 음악성을 돋보이게 해 주었던 노래입니다. 두 팔을 활짝 벌려 그대가 내게 오기만을 간절히 바라는 사랑의 마음을 그린 노래입니다.

Journey는 미국의 록 밴드로 1973년 샌프란시스코에서 조직된 5인조 그룹입니다. 그들은 첫 무대로 하와이에서 있었던 '하와이 선 페스티벌'에 참가했는데 폭발적인 인기를 얻자 그룹 활동을 계속했습니다. 1975년에 첫 앨범 〈Journey〉를 발표하며 데뷔했습니다. 1981년 앨범 〈Escape〉의 수록곡이 미국 빌보드차트 2위까지 오르면서 70~80년대 인기 있었던 미국 Hard Rock의 대표주자입니다. 1980년대 초반 전 세계적으로 4,000만 장에 가까운 앨범판매고를 올렸던 당시 최고의 하드록 밴드였으며, 주요 히트곡으로 Who's Crying Now, Don's Stop Believin', Open Arms 등이 있습니다.

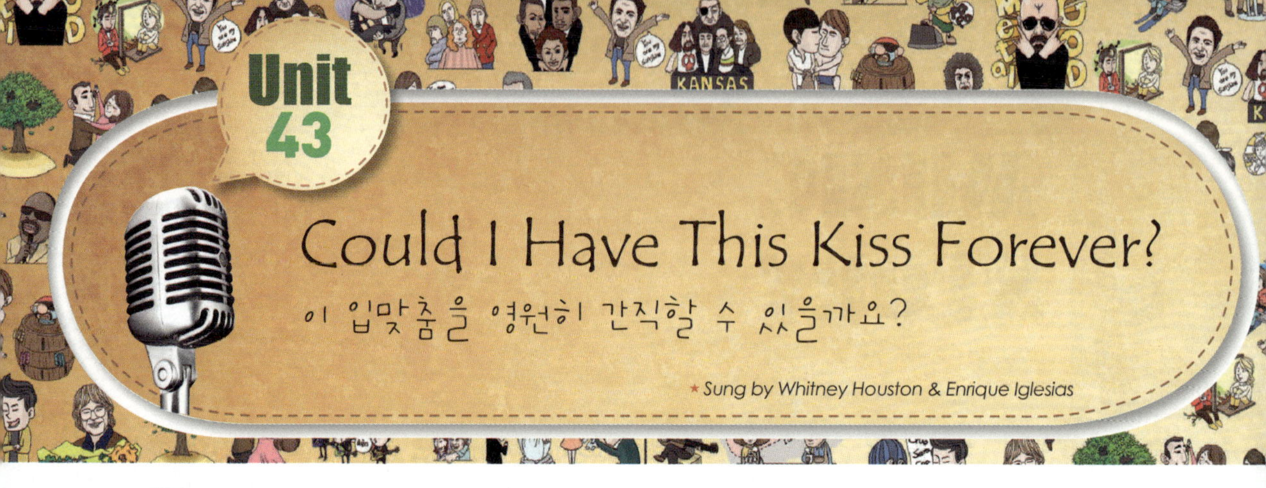

가사 익히기 노래를 들으며 가사를 차근차근 읽어보세요.

❶ Over and over I look in your eyes.
❷ You are all I desire. You have captured me.
I want to hold you. I want to be close to you.
I never want to let go.
I wish that this night would never end. I need to know.

....

❸ Could I hold you for a lifetime?
Could I look into your eyes?
Could I have this night to share this night together?
Could I hold you close beside me?
Could I hold you for all time?
❹ Could I could I have this kiss forever?
Could I could I have this kiss forever? Forever

....

Over and over I've dreamed of this night.
Now you're here by my side. You are next to me.
I want to hold you and touch you and taste you.

And make you want no one but me.
I wish that this kiss could never end.
Oh, baby please.

·········· Repeat

I don't want any night to go by without you
by my side.
❺ I just want all my days spent being next to you
Lived for just loving you.
And baby, oh by the way.

·········· Repeat

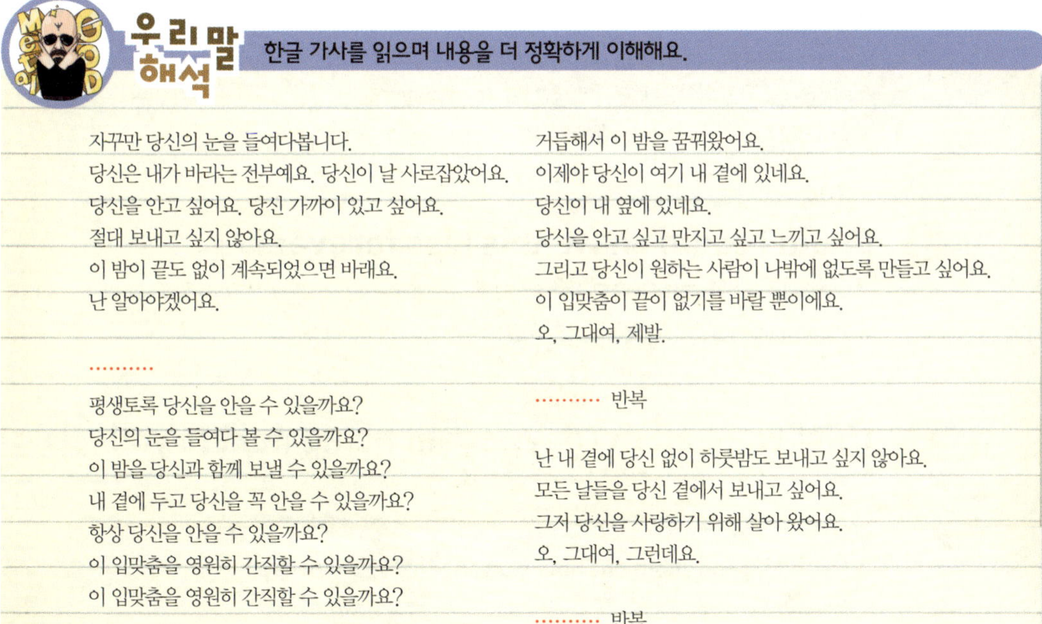

우리말 해석 — 한글 가사를 읽으며 내용을 더 정확하게 이해해요.

자꾸만 당신의 눈을 들여다봅니다.
당신은 내가 바라는 전부예요. 당신이 날 사로잡았어요.
당신을 안고 싶어요. 당신 가까이 있고 싶어요.
절대 보내고 싶지 않아요.
이 밤이 끝도 없이 계속되었으면 바래요.
난 알아야겠어요.

··········

평생토록 당신을 안을 수 있을까요?
당신의 눈을 들여다 볼 수 있을까요?
이 밤을 당신과 함께 보낼 수 있을까요?
내 곁에 두고 당신을 꼭 안을 수 있을까요?
항상 당신을 안을 수 있을까요?
이 입맞춤을 영원히 간직할 수 있을까요?
이 입맞춤을 영원히 간직할 수 있을까요?

··········

거듭해서 이 밤을 꿈꿔왔어요.
이제야 당신이 여기 내 곁에 있네요.
당신이 내 옆에 있네요.
당신을 안고 싶고 만지고 싶고 느끼고 싶어요.
그리고 당신이 원하는 사람이 나밖에 없도록 만들고 싶어요.
이 입맞춤이 끝이 없기를 바랄 뿐이에요.
오, 그대여, 제발.

·········· 반복

난 내 곁에 당신 없이 하룻밤도 보내고 싶지 않아요.
모든 날들을 당신 곁에서 보내고 싶어요.
그저 당신을 사랑하기 위해 살아 왔어요.
오, 그대여, 그런데요.

·········· 반복

① Over and over I look in your eyes.

자꾸만 당신의 눈을 들여다봅니다.

over and over는 '거듭해서(again and again), 반복해서(repeatedly), 여러 번, 몇 번이고'라는 뜻입니다.

★ **They say the same thing over and over again.** 그들은 계속해서 같은 말을 반복한다.

② You are all I desire. You have captured me.

당신은 내가 바라는 전부예요. 당신이 날 사로잡았어요.

desire는 동사로 '바라다, 원하다(want)'라는 뜻이고, 명사로 '욕망, 욕구'라는 뜻입니다. capture는 '붙잡다, 사로잡다'라는 뜻입니다.

★ **The man captured my attention.** 그 남자는 나의 주의를 끌었다.

③ Could I hold you for a lifetime?

평생토록 당신을 안을 수 있을까요?

[Could I+동사원형~?]은 [Can I+동사원형~?]보다 공손한 표현으로 '제가 ~할 수 있을까요?'라는 뜻으로 가능성 또는 허락을 표현할 때 씁니다. for a lifetime은 '일생동안, 평생 동안'이라는 뜻입니다.

★ **Could I have another coffee?** 커피 한 잔 더 마실 수 있을까요?

④ Could I could I have this kiss forever?

이 입맞춤을 영원히 간직할 수 있을까요?

이 말은 '당신과 영원히 사랑하며 살 수 있을까?'라는 의미입니다.

⑤ I just want all my days spent being next to you.

난 모든 날들을 당신 곁에서 보내고 싶어요.

[spend+시간+동사+-ing] '~하면서 시간을 보내다'라는 뜻입니다.

★ **I usually spend about one hour studying English every day.**
나는 대개 매일 약 한 시간 동안 영어공부를 하며 시간을 보낸다.

A: ❶ **Could I ask you a question**?

제가 질문을 하나 해도 될까요?

B: Certainly, go ahead. What is it?

그럼요, 그렇게 하세요. 뭔데요?

A: You are a good speaker of English. How could I speak English well?

당신은 영어를 잘 말합니다. 제가 어떻게 해야 영어를 잘할 수 있을까요?

B: You need to ❷ **practice speaking** it over and over again.

반복해서 말하기를 연습해야 합니다.

A: You mean ❸ **practice makes perfect**, right?

연습하면 완벽해진다는 말이군요. 맞죠?

B: ❹ **You got it**.

맞습니다.

표현 익히기

❶ May I ask you a question?과 같은 말로 허락을 구하는 말입니다.

❷ [practice+-ing]는 '～하는 연습하다, 훈련하다'라는 뜻입니다.

★ **So practice smiling to live a happier life.**

그러니 더 행복한 삶을 살기 위해서 웃는 연습을 하세요.

❸ 여기서는 practice가 명사로 쓰여 '연습, 실행'이라는 뜻입니다.

❹ You got it.은 '잘했어, 이해했군, 맞아.' 등의 뜻으로 여기서는 You're right, That's right, You can say that again.과 유사표현입니다.

Could I have this kiss forever?
이 입맞춤을 영원히 간직할 수 있을까요?

★ Sung by Whitney Houston & Enrique Iglesias

Over and over I look in your eyes.
오~버 앤 오~버 아이룩 인 유어 아이즈

You are all I desire. You have captured me.
유 아 올아이디자이어. 유 해브 캡~철드 미.

I want to hold you.
아이 원 투 홀 쥬

I want to be close to you. I never want to let go.
아이 원 투 비 클로즈 투 유. 아이 네벌 원 투 렛 고우

I wish that this night would never end. I need to know.
아이위시 댓 디스 나잇 웃 네버 엔드. 아이 닛 투 노우

··········

Could I hold you for a lifetime?
쿳 아이 홀 쥬 훠 어 라이프타임

Could I look into your eyes?
쿳 아이 룩 인투 유어 아이즈

Could I have this night to share this night together?
쿳 아이 해브 디스 나잇 투 쉐어 디스 나잇 투게~더

Could I hold you close beside me?
쿳 아이 홀 쥬 클로즈 비싸이드 미

Could I hold you for all time?
쿳 아이 홀 쥬 훠 올 타임

Could I could I have this kiss forever?
쿳 아이 쿳 아이 해브 디스 키스 포에버

Could I could I have this kiss forever? Forever
쿳 아이 쿳 아이 해브 디스 키스 포에버? 포에버

··········

Over and over I've dreamed of this night.
오~버 앤 오~버 아이브 드림드 오브 디스 나잇

Now you're here by my side. You are next to me.
나우 유아 히어바이 마이 싸이드. 유 아 넥스투 미.

I want to hold you and touch you and taste you.
아이원 투 홀 쥬 앤 터치 유 앤 테이스트 유

And make you want no one but me.
앤 메익 유 원 노 원 밧 미

I wish that this kiss could never end.
아이 위시 댓 디스 키스 쿳 네버 엔드.

Oh, baby please.
오, 베이비 플리즈

·········· Repeat

I don't want any night to go by
아이돈 원트 애니 나잇 투 고우 바이

Without you by my side.
위드아웃 유 바이 마이 싸이드

I just want all my days spent being next to you
아이저스트 원 올 마이 데이즈 스펜트 빙 넥스트 투 유

Lived for just loving you.
리브드 훠 저스트 라~빙 유.

And baby, oh by the way.
앤 베이비, 오 바이 더 웨이

·········· Repeat

MUSIC STORY

이 곡은 스페인 출신가수 엔리케 이글레시아스와 미국 최고의 여가수 휘트니 휴스턴이 듀엣으로 부른 사랑 노래입니다. 남녀가 사랑의 눈빛으로 함께 바라보면서 이 노래를 부르는 모습은 참으로 애절하고 아름답습니다. 좀 섹시한 느낌의 룸바춤을 출 때 자주 트는 곡으로 신이 나면서도 가슴을 뭉클하게 하는 애절한 사랑을 표현한 곡이죠.

내가 간절히 원하고 늘 함께하기를 꿈꿔왔던 사람과 드디어 이 밤을 보내게 되니, 이 밤의 끝이 없기를 바라면서 사랑하는 당신을 곁에서 바라보며 평생 함께하고 싶은 마음을 Could I have this kiss forever? '우리의 이 입맞춤을 영원히 하고 싶다.'라고 표현합니다.

Enrique Iglesias는 1975년 5월 스페인 마드리드 출생 가수이고, Whitney Houston은 1963년 8월 출생, 미국의 R&B, Pop 가수, 배우, 전직 패션모델입니다. 1985년 첫 데뷔음반 〈Whitney Houston〉을 발매했고, 이는 솔로 여가수 데뷔 음반으로는 가장 많이 팔린 음반으로 기록됩니다. 1987년 그녀의 두 번째 정규음반 〈Whitney〉는 빌보드차트 1위를 차지했고 이는 여자가수로서는 최초로 1위 데뷔를 한 음반이었습니다. 또한 1992년 영화 〈보디가드〉를 통해 배우로도 활동했고 영화의 오리지널 사운드 트랙 I Will Always Love You는 1994년 열린 그래미상에서 올해의 앨범 상을 받았습니다. 2010년까지 총 415번의 수상을 받아 세계에서 가장 많은 상을 받은 여성 아티스트로 기네스 세계기록에도 올랐으며, 세계의 베스트셀러 음악가로 세계적으로 1억7천만 장의 음반판매고를 올렸습니다. 지금까지 총 여섯 장의 정규 음반과 세 장의 사운드트랙 음반을 발매했는데, 모두 다이아몬드, 멀티 플래티넘, 플래티넘, 골드 인증을 받았습니다. 아쉽게도 2012년 2월 그녀의 나이 52세에 팬들은 그녀의 사망소식을 들었습니다.

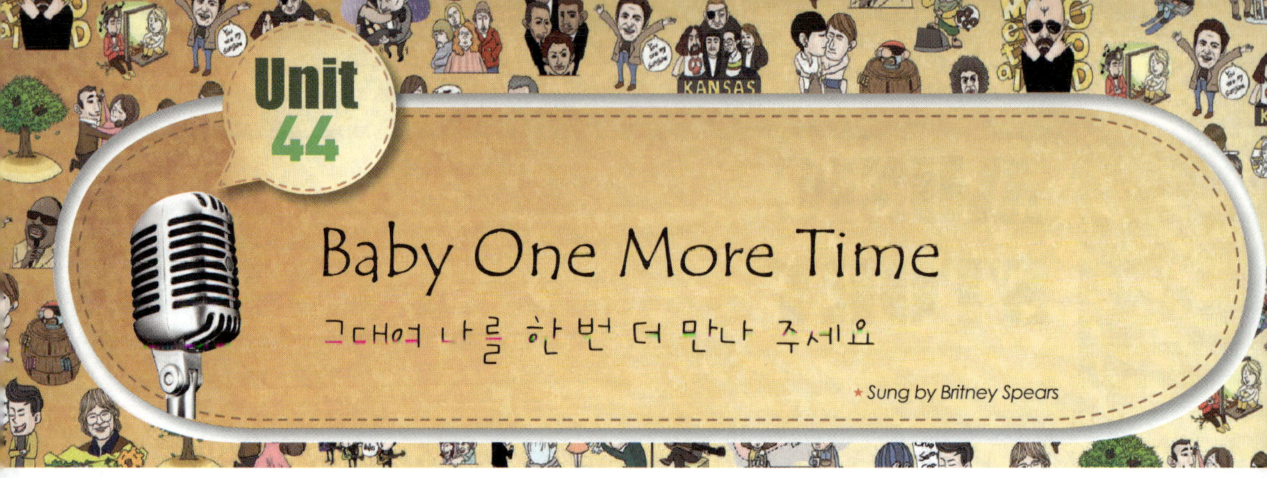

Baby One More Time
그대여 나를 한 번 더 만나 주세요

★ *Sung by Britney Spears*

가사 익히기

노래를 들으며 가사를 차근차근 읽어보세요.

Oh baby, baby, ❶ how was I supposed to know
That something wasn't right here.
Oh baby, baby, ❷ I shouldn't have let you go
And ❸ now you're out of sight, yeah.
Show me how you want it to be.
Tell me baby cuz I need to know now. Oh because

....

❹ My loneliness is killing me and I.
I must confess I still believe 'still believe'
When I'm not with you I lose my mind.
Give me a sign. Hit me baby one more time.

....

Oh baby, baby. The reason I breathe is you.
Boy, you've got me blinded.
Oh pretty baby. There's nothing that I wouldn't do.
❺ That's not the way I planned it.
Show me how you want it to be.
Tell me baby cuz I need to know now. Oh because

·········· Repeat

Oh baby, baby, how was I supposed to know?
Oh pretty baby, I shouldn't have let you go.
I must confess that my loneliness is killing me now.
Don't you know I still believe that you will be here.
And give me a sign. Hit me baby one more time.

·········· Repeat

우리말 해석

한글 가사를 읽으며 내용을 더 정확하게 이해해요.

오, 그대여, 내가 어떻게 알겠어요.
여기에 뭔가 잘못되었다는 것을.
오, 그대여, 당신을 보내지 말았어야 했는데.
이제 당신은 보이지 않는군요.
어떻게 하길 원하는지 제게 알려줘요.
말해줘요 그대여, 지금 알아야겠어요. 왜냐하면

··········

외로움을 견딜 수가 없어요. 그리고 난
고백해야겠어요. 내가 아직도 믿고 있다고요.
당신과 함께 없으면 난 미칠 것 같아요.
내게 신호라도 보내줘요. 그대여 나를 한 번 더 만나 주세요.

··········

오, 그대여, 내가 살고 있는 이유는 당신 때문이에요.
이런, 당신이 날 눈멀게 했어요.

오, 아름다운 그대여, 난 무엇이든 하겠어요.
그것은 내가 계획했던 게 아니에요.
어떻게 하길 원하는지 제게 알려줘요.
말해줘요 그대여, 지금 알아야겠어요. 왜냐하면

·········· 반복

오, 그대여, 내가 어떻게 알았겠어요?
오, 아름다운 그대여, 당신을 보내지 말았어야 했는데.
난 고백해야겠어요. 이제 외로움을 견딜 수가 없어요.
모르겠어요? 난 당신이 여기로 올 거라고 아직도 믿고 있단
말이에요.
그러니 내게 신호라도 보내줘요. 나를 한 번 더 만나 주세요.

·········· 반복

① How was I supposed to know that something wasn't right here?

여기에 뭔가 잘못되었다는 것을 내가 어떻게 알겠어요?

[be supposed to+동사]는 '~하기로 되어있다, ~예정되어 있다'라는 뜻입니다.

★ **I am supposed to see a doctor this afternoon.** 나는 오늘 오후에 진찰받기로 되어있다.

② I shouldn't have let you go.

당신을 보내지 말았어야 했는데.

[shouldn't have+p.p]는 '~하지 말았어야 했는데'라는 뜻으로 과거 사실에 대한 비난이나 후회를 말할 때 씁니다. let는 사역동사로 '~하게 하다, ~하게 허락하다'라는 뜻입니다.

★ **I should have come here earlier.** 여기에 더 일찍 왔어야만 했는데.

③ Now you're out of sight.

이제 당신은 보이지 않는군요.

out of sight는 '눈에서 멀어지다, 떠나다', 즉 눈에 안 보인다, 떠났다는 의미입니다.

★ **Out of sight, out of mind.** 눈에서 멀어지면 마음에서도 멀어진다. (속담)

④ My loneliness is killing me.

외로움을 견딜 수가 없어요.

kill은 원래 타동사로 '죽이다, 살해하다'라는 뜻인데, 여기서는 '참지 못하게 하다, 압도하다'라는 뜻입니다.

★ **Your joke is killing me.** 너의 농담이 웃겨 죽겠다.
★ **This recession is killing me.** 불경기 때문에 죽을 지경입니다.

⑤ That's not the way I planned it.

그것은 내가 계획했던 게 아니에요.

직역하면 '그것은 내가 계획했던 방식이 아니다', 즉 그것은 내가 의도한 게 아니라는 뜻입니다.

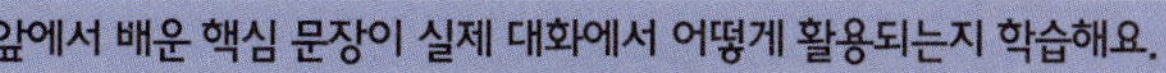

A: I **① shouldn't have left** my hometown.
내가 고향을 떠나지 말았어야 했는데.

B: What are you talking about?
무슨 얘기하는 거예요?

A: I've **② lost track of** my old friends. I miss them very much.
난 옛 친구들과 연락이 끊겼어요. 그들이 아주 그립네요.

B: There's a saying that out of sight, out of mind.
눈에서 멀어지면 마음에서도 멀어진다는 말이 있잖아요.

A: Yes, that's right. We need to **③ keep in touch with** friends.
맞아요. 우리는 친구들과 연락을 유지하며 지내야 해요.

B: I think **④ it takes a lot of effort to** maintain a friendship.
우정을 지키는 데 많은 노력이 필요한 것 같아요.

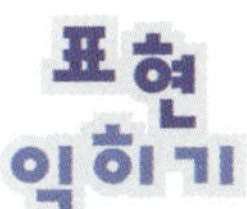

❶ [should have+p.p]는 '~했어야만 했는데'라는 뜻으로 하지 않아서 후회 혹은 비난을 할 때 씁니다. [shouldn't have+p.p]는 '~하지 말았어야 했는데'라는 뜻으로, 해서 후회한다는 말입니다.

❷ lose track of는 '~을 놓치다, ~을 잃어버리다'라는 뜻으로 lose contact with '~와 연락이 끊기다'와 같은 뜻입니다.
★ **I lost track of time.** 시간 가는 줄 몰랐다.

❸ [keep in touch with+사람]은 '~와 연락하다, 연락을 유지하다'라는 뜻으로 contact, get in touch with와 같은 말입니다.
★ **How can I get in touch with you?** 제가 당신과 어떻게 연락을 할까요?

❹ [It takes a lot of effort(time) to+동사]는 '~하는 데 많은 노력(시간)이 필요하다, 노력이 들다'라는 뜻입니다.

Baby One More Time

그대여 나를 한 번 더 만나 주세요

★ Sung by Britney Spears

Oh baby, baby, how was I supposed to know
오 베이비, 베이비. 하우 워즈 아이 써포즈 투 노우

That something wasn't right here.
댓 썸~씽 워즌 롸잇 히어

Oh baby, baby, I shouldn't have let you go
오 베이비, 베이비, 아이 슈든 해브 렛 유 고우

And now you're out of sight, yeah.
앤 나우 유아 아웃 오브 싸잇, 예

Show me how you want it to be.
쇼~우 미 하우 유 원 잇 투 비

Tell me baby cuz I need to know now.
텔~ 미 베이비 코즈아이 닛 투 노우 나우.

Oh because
오 비코오즈

··········

My loneliness is killing me and I.
마이 론리니스 이즈 킬~링 미 앤 아이

I must confess I still believe 'still believe'
아이머슷 컨패스 아이 스틸 빌리브 스틸 빌리브

When I'm not with you I lose my mind.
웬 아임 낫 워드 유아이 루즈 마이 마인드

Give me a sign. Hit me baby one more time.
깁 미 어 싸인. 힛 미 베이비 원 모어 타임

··········

Oh baby, baby. The reason I breathe is you.
오 베이비, 베이비. 더 라~즌 아이 브리드 이즈 유

Boy, you've got me blinded.
보이, 유브 갓 미 블라인딛

Oh pretty baby. There's nothing
오 프리티 베이비. 데얼즈 낫~씽

That I wouldn't do.
댓 아이 우든~ 두

That's not the way I planned it.
댓츠 낫 더 웨이 아이 플랜딧.

Show me how you want it to be.
쇼우 미 하우 유 원 잇투 비

Tell me baby cuz I need to know now.
텔 미 베이비 코즈아이 닛 투 노우 나우.

Oh because
오 비코오즈

·········· Repeat

Oh baby, baby, how was I supposed to know?
오 베이비, 베이비, 하우 워즈 아이 써포즈드 투 노우

Oh pretty baby, I shouldn't have let you go.
오 프리티 베이비, 아이 슈든~ 해브 렛 유 고우

I must confess that my loneliness is killing me now.
아이머슷 컨패스 댓 마이 론리니스 이즈 킬링 미 나우

Don't you know I still believe that you will be here.
돈 추 노우 아이스틸 빌리브 댓 유 윌 비 히어

And give me a sign. Hit me baby one more time.
앤 깁 미 어 싸인. 힛 미 베이비 원 모어 타임

·········· Repeat

MUSIC STORY

Baby one more time은 사랑하는 사람에게 한 번만 더 만나달라는 말입니다. 뭔가 잘못된 것이 있었는지 사랑하는 사람과 헤어진 후 보내지 말았어야 했다며 후회합니다. 그대가 떠나니 외로움을 견딜 수가 없고 숨을 쉴 수가 없습니다. 이렇게 헤어지리고 의노한 게 아닌데 이별을 한 후 한 번만 더 내게 연락을 해달라고 Hit me baby one morc time.이라고 말하며 애원하는 노래입니다.

Britney Jean Spears는 1981년 12월 2일 미국 미시시피주 매콤에서 출생한 댄스 팝가수이며 연예인입니다. 어렸을 때부터 TV에 출연하며 연예인 활동을 시작했고, 1999년 1집 앨범 〈Baby One More Time〉으로 데뷔합니다. 데뷔앨범이 2,600만 장 이상이 팔리며 10대 솔로가수 중 가장 높은 앨범판매고를 기록합니다.

그녀는 화려하고 아름다운 외모와 춤 솜씨로 많은 팬들을 매료시켰고 2000년대 가장 대표적인 팝스타 중 한 명이며, 지금까지 세계적으로 총 1억 장 이상의 음반 판매고를 올렸습니다. 음악업계에서 주류 Pop music과 Pop culture에서 가장 잘 알려진 인물 중 한 명으로 '팝의 공주, 팝의 여왕'으로 불리기도 했습니다. 2012년 VH1이 선정한 '가장 위대한 여자 가수 100인' 순위 중 11위에 올랐습니다. 주요 히트곡으로 Baby One More Time, Oops! I Did It Again, Toxic 등이 있습니다.

웰컴샘의
My LOVE,
POPS
ENGLISH